Emilie Roth

AUS MEINER KÜCHE

AUFLÄUFE & GRATINS

ÜBER 400 KÖSTLICHE REZEPTE

Emilie Roth

AUS MEINER KÜCHE

AUFLÄUFE & GRATINS

ÜBER 400 KÖSTLICHE REZEPTE

Liebe Leser,

statt Auflauf, sagt der Duden, könne man auch Ansammlung, Zusammenrottung, Aufmarsch, Gedränge, Getümmel, Gewimmel oder Gewühl sagen. Natürlich ist damit nicht der Gemüseauflauf, sondern ein Menschauflauf gemeint – aber irgendwie stimmt's schon: Im Auflauf drängelt sich vieles auf engstem Raum zusammen und wird dadurch zur dichten, untrennbaren Masse – ein Getümmel und Gewühle eben, in dem die Einzelheiten oft gar nicht mehr so richtig zu unterscheiden sind.

Allerdings nur optisch. Denn das wunderbare an einem gelungenen Auflauf – wie übrigens an jedem gelungenen Essen – ist es ja gerade, dass man die einzelnen Zutaten zwar nicht sehen, sehr wohl aber schmecken kann. Selbst wenn also eine dichte Käsehaube unseren Blicken zur Gänze entzieht, was sich in der großen Form verbirgt, die gerade aus dem Ofen gezogen und mit dicken Topflappen zum Esstisch transportiert wurde, und die nun dampfend vor uns steht – selbst wenn wir also gar nicht erkennen können, aus welchen Zutaten dieses aufs Leckerste duftende Etwas vor unseren Augen besteht, unsere Nase errät es doch. Und wenn es sich dann ein bisschen abgekühlt hat, wenn schließlich die bräunliche Kruste mit dem Servierlöffel durchstoßen ist und sich die Leckerbissen in passenden Portionen auf unseren Tellern befinden – dann dürfen endlich auch Gaumen und Zunge testen.

Nicht der geringste Reiz der Mahlzeit besteht ja oftmals darin, mit detektivischem Spürsinn und dem Einsatz sämtlicher Geschmacksnerven herauszu finden, „was da alles drin ist".

Der Auflauf – ein weites Thema. Seit jeher hat er wohl dazu gedient, übrige Speisen, die einzeln keine volle Mahlzeit mehr ergaben, zu einer neuen zu kombinieren. Oftmals, meist in den sogenannten „schlechten Zeiten" – noch unsere Großeltern können sich gut daran erinnern – wurden im Auflauf auch solche Zutaten „versteckt", die man eigentlich nicht mehr servieren konnte, weil sie ihr „Verfallsdatum" schon überschritten hatten. Was schon ein bisschen ranzig war, gar schon schimmelig – es kam in den Auflauf, und keiner hat's gemerkt.

So brauchen wir's heute nicht mehr zu halten, und so sollten wir's auch nicht halten: Auch in den Auflauf gehören die besten Zutaten. Denn wir wollen – wie gesagt – keinen Auflauf zubereiten, in dem die Zutaten verschwinden, sondern einen, aus dem wir jede Einzelheit herausschmecken können.

Bei diesen Einzelheiten allerdings können wir unserer Phantasie freien Lauf lassen. Wenn Sie die nachfolgenden Rezepte einmal durchblättern, um einen ersten Überblick zu bekommen, werden Sie schnell feststellen, dass der Auflauf prinzipiell keine Grenzen kennt. Von süß bis salzig passt fast alles in Ihre Auflaufform, was Ihnen in den Sinn kommt, lässt sich fast alles herrlich überbacken. Von der italienischen Lasagne bis zum herrlichen Reisauflauf.

Prinzipiell ergibt jede Art von Gemüse, jede Art von Obst einen geschmackvollen Auflauf, und deshalb sollte eines für Sie die oberste Regel sein: Rezepte sind keine verbindlichen Gesetze, sondern immer nur Vorschläge. Es braucht gar nicht so viel Übung, um mit ihnen ein wenig „jonglieren" zu lernen. Wenn die eine Zutat nicht da ist, nehmen Sie eben eine andere passende. Wenn keine Zucchini greifbar sind – wie wär's denn mit Möhren? Wenn es gerade keine Zwetschgen gibt – warum nicht mal Kirschen probieren? Und statt Frischobst oder Frischgemüse darf's selbstverständlich auch mal eine Konserve sein – so etwas ist durchaus erlaubt, auch wenn Spitzenköche womöglich die Nase rümpfen würden.

Ihre Küche ist schließlich nicht die eines Nobelrestaurants. Und trotzdem können Sie es schaffen, Ihre Familie, Ihre Gäste oder auch „nur" sich selbst zu verwöhnen wie den anspruchsvollsten Gourmet. Dafür sind nicht nur die Zutaten und Ihre Kocherfahrung entscheidend, sondern Ihre Phantasie, Ihre Begeisterung – und die Rezepte dieses Buches. Sie sollen Ihnen nicht nur das nötige „Handwerkszeug" für die Zubereitung leckerer Speisen an die Hand geben, sondern auch ein wenig von dem Spass vermitteln, den auch ich beim Kochen immer wieder aufs Neue habe.

Wenn das gelingt, werden Sie am Ende sehen, dass der Duden womöglich doch ein wenig recht hat: Ein gelungener Auflauf kann durchaus auch einen kleinen Menschenauflauf oder mindestens ein großes Gedränge an Ihrem Esstisch zur Folge haben.

Ich wünsche Ihnen viel Spass beim Kochen und – beim Essen!

Ihre
Emilie Roth

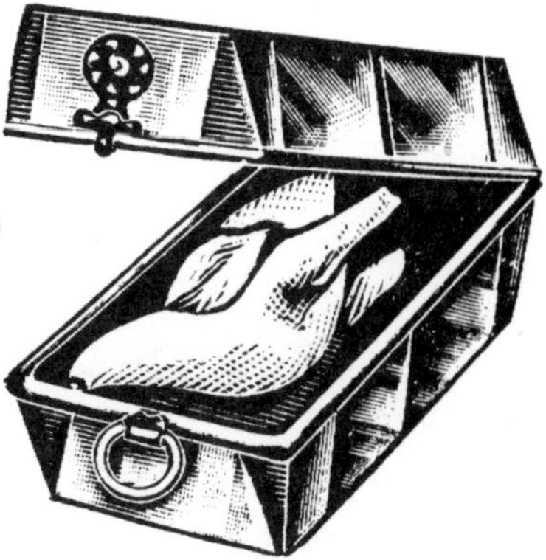

Rosenkohlgratin mit Tomaten

• 600 g Rosenkohl • 1/2 l Gemüsebrühe • 8 kleine Tomaten • 3/8 l Béchamelsauce • 1 Becher Crème fraîche • 125 g geriebenen Parmesankäse • 1-2 EL Butter oder Margarine • 2 EL grüne Pfefferkörner • 1 EL Thymian • 1 EL Majoran • Salz • Pfeffer aus der Mühle • 1 Prise Cayennepfeffer • 1 Bund Basilikum

• Den Rosenkohl verlesen, putzen, waschen, gut abtropfen lassen.
• Die Gemüsebrühe in einem Topf erhitzen, den Rosenkohl darin bissfest garen, herausnehmen und in Eiswasser kurz abschrecken.
• Die Tomaten enthäuten und halbieren.
• Die Béchamelsauce mit der Crème fraîche verrühren, den geriebenen Parmesankäse unterziehen.
• Eine Auflaufform mit Butter oder Margarine ausfetten, den Rosenkohl mit den Tomatenhälften einschichten, mit den grünen Pfefferkörnern, dem Thymian und dem Majoran bestreuen.
• Das Ganze mit Salz, Pfeffer und Cayennepfeffer würzen. Die Käse-Béchamelsauce gleichmäßig darauf verteilen und das Ganze im auf 180-200° C vorgeheizten Backofen 15-20 Minuten garen.
• Nach Ende der Garzeit das Rosenkohlgratin dekorativ anrichten, mit dem verlesenen, gewaschenen und fein geschnittenen Basilikum bestreuen, ausgarnieren und sofort servieren.

Kartoffel-Rote-Bete-Gratin

• 500 g Kartoffeln • 500 g Rote Bete • 2-3 EL Olivenöl • 2 Knoblauchzehen • 1 TL Salz • 2 Zwiebeln • 1 TL Kümmel • 1 Schuss Weißwein • 1 Tasse Gemüsebrühe • Salz • Pfeffer aus der Mühle • 1 Prise Muskat • Butter oder Margarine zum Ausfetten • 1 Becher Sahne • 2 Eier • 150 g geriebenen Butterkäse • 1 Tasse geschälte Mandeln • Kräuterzweige zum Garnieren

• Die Kartoffeln unter fließendem Wasser mit einer Bürste säubern, schälen und in Scheiben schneiden.
• Die Rote-Bete ebenfalls schälen und in dünne Scheiben schneiden.
• Das Olivenöl in einer Pfanne erhitzen und die geschälten, mit Salz zerriebenen Knoblauchzehen darin anschwitzen.
• Die Zwiebeln fein hacken, ins Knoblauchfett geben und glasig schwitzen. Mit Kümmel würzen, mit Weißwein ablöschen, mit der Gemüsebrühe auffüllen und kurz garen.
• Die Zwiebeln mit Salz, Pfeffer und Muskat abrunden.
• Eine Auflaufform mit Butter oder Margarine ausfetten und schichtweise Kartoffel- und Rote-Bete-Scheiben sowie die Zwiebelmischung einschichten.
• Die Sahne mit den Eiern und dem geriebenen Käse verrühren, mit Salz, Pfeffer und Muskat abschmecken und gleichmäßig auf dem Auflauf verteilen.
• Den Auflauf im auf 180-200 °C vorgeheizten Backofen 25-30 Minuten garen. 5 Minuten vor Garende die geschälten Mandeln darüber streuen und kurz Farbe nehmen lassen.
• Das Kartoffel-Rote-Bete-Gratin dekorativ anrichten, mit Kräuterzweigen ausgarnieren und sofort servieren.

Tomaten-Mangold-Gratin

• 800 g Mangold • 2 Zwiebeln • 4 EL Butter • 6 EL Weißwein • Salz • weißen Pfeffer aus der Mühle • 1 Prise Zucker • 1 Prise Muskat • 150 g gekochten Putenschinken • 4 Tomaten • 1 EL Butter • 250 g geriebenen Parmesankäse • 1 Bund Basilikum

• Den Mangold verlesen, waschen und kurz blanchieren, kalt abschrecken und beiseite stellen.
• Die Zwiebeln schälen und fein würfeln. Die Butter in einer Pfanne erhitzen und die Zwiebeln darin andünsten.
• Den Mangold dazugeben und mit dem Wein aufgießen. Mit Salz, Pfeffer, Zucker und Muskat kräftig abschmecken und fünf Minuten dünsten.
• Den Putenschinken in Würfel schneiden.
• Die Tomaten kurz in kochendes Wasser tauchen, häuten, vierteln und entkernen, dann in Streifen schneiden.
• Eine feuerfeste Form mit Butter ausfetten, den Mangold einfüllen, die Schinkenwürfel und Tomatenstreifen darauf verteilen und das Ganze mit dem Parmesankäse bestreuen.
• Im auf 200 °C vorgeheizten Backofen 15 Minuten überbacken, mit den verlesenen und gewaschenen Basilikumblättchen bestreuen, ausgarnieren und sofort servieren.

Zucchini-Gratin

• 700 g Zucchini • 2 Zwiebeln • 4 EL Butter • 6 EL Gemüsebrühe • Salz • weißen Pfeffer aus der Mühle • einige Tropfen Zitronensaft • 150 g geräucherten, durchwachsenen Speck • 2 Tomaten • 1 EL Butter 250 g geriebenen Käse • 1 Bund Schnittlauch

• Die Zucchini waschen, abtropfen lassen und in Scheiben schneiden.
• Die Zwiebeln schälen, in Würfel schneiden und in der erhitzten Butter glasig schwitzen.
• Die Zucchini dazugeben, die Gemüsebrühe angießen und das Ganze mit Salz, Pfeffer und Zitronensaft abschmecken.10 Minuten dünsten.
• Den Speck in Würfel schneiden und in einer trockenen Pfanne auslassen.
• Die Tomaten kurz in kochendes Wasser tauchen, häuten, vierteln, entkernen und in Streifen schneiden.
• Eine feuerfeste Form mit Butter ausfetten, die Zucchini einfüllen und die Speckwürfel sowie die Tomatenstreifen darüber verteilen.
• Das Ganze mit dem geriebenen Käse bestreuen und im auf 200 °C vorgeheizten Backofen 25 Minuten backen.
• Den Schnittlauch verlesen, waschen, in Röllchen schneiden, über das Gratin streuen, ausgarnieren und sofort servieren.

Fenchelgratin

• 500 g Fenchel • 1 Bund Frühlingszwiebeln • 4 EL Butter • 1 Tasse Gemüsebrühe • Salz • weißen Pfeffer aus der Mühle • einige Tropfen Zitronensaft • 150 g gekochten SChinken • 2 Tomaten • 1 EL Butter • 250 g geriebenen Gouda • 1 Bund Petersilie

• Den Fenchel waschen, abtropfen lassen und in Scheiben schneiden.
• Die Frühlingszwiebeln schälen, in Ringe schneiden und in der erhitzten Butter glasig schwitzen.
• Den Fenchel dazugeben, die Gemüsebrühe angießen und das Ganze mit Salz, Pfeffer und Zitronensaft abschmecken.15 Minuten dünsten.
• Den Schinken in Würfel schneiden.
• Die Tomaten kurz in kochendes Wasser tauchen, häuten, vierteln, entkernen und in Streifen schneiden.
• Eine feuerfeste Form mit Butter ausfetten, den Fenchel einfüllen und die Schinkenwürfel sowie die Tomatenstreifen darüber verteilen.
• Das Ganze mit dem geriebenen Gouda bestreuen und im auf 200° C vorgeheizten Backofen 25 Minuten backen.
• Die Petersilie verlesen, waschen,fein hacken, über das Gratin streuen, ausgarnieren und sofort servieren.

Spargelgratin mit Putenbrust

• 800 g weißen Spargel • 2 Zwiebeln • 4 EL Butter • 6 EL Gemüsebrühe • Salz • weißen Pfeffer aus der Mühle • einige Tropfen Zitronensaft • 250 g gegarte Putenbrust • 2 Tomaten • 1 EL Butter • 250 g geriebenen Butterkäse • 2-3 EL Schnittlauchröllchen

• Den Spargel schälen und die holzigen Enden abschneiden.
• Die Zwiebeln schälen, fein würfeln und in der erhitzten Butter anschwitzen. Den Spargel dazugeben und mit der Gemüsebrühe auffüllen. Mit Salz, Pfeffer und Zitronensaft abschmecken und 10-15 Minuten dünsten.
• Die Putenbrust in Würfel schneiden.
• Die Tomaten kurz in kochendes Wasser tauchen, häuten, vierteln, entkernen und in Streifen schneiden.
• Eine Auflaufform mit Butter ausfetten, den Spargel einlegen, die Putenbrustwürfel und die Tomatenstreifen darauf geben und mit dem geriebenen Butterkäse bestreuen.
• Im auf 200° C vorgeheizten Backofen 25-30 Minuten backen.
• Die Schnittlauchröllchen über das Spargelgratin mit Putenbrust streuen, ausgarnieren und sofort servieren.

Reisgratin mit Lauch

• 1/2 l Gemüsebrühe • 250 g Langkornreis • 750 g Lauch • 2-3 EL Butter oder Margarine • 1/8 l Weißwein • Salz • Pfeffer aus der Mühle • 250 g Fleischwurst • 250 g Gouda • Butter für die Form • 2 Eier • 4 EL Semmelbrösel • 1 Schuss Sahne • 2-3 EL Schnittlauchröllchen

• Die Gemüsebrühe zum Kochen bringen und den Reis darin zugedeckt 20 Minuten quellen lassen.
• Den Lauch putzen, waschen, in feine Ringe schneiden und in der erhitzten Butter oder Margarine andünsten.
• Mit dem Weißwein ablöschen, mit Salz und Pfeffer würzen und 10 Minuten garen.
• Eine feuerfeste Form mit Butter ausfetten, die halbe Reismenge und die Hälfte der fein gewürfelten Fleischwurst einfüllen, die Hälfte des fein geriebenen Gouda darüber streuen. Mit dem restlichen Reis und der Fleischwurst abdecken.
• Den restlichen Käse mit den Eiern, der Sahne und den Semmelbröseln verrühren und über die Reismasse gießen.
• Im auf 200-220° C vorgeheizten Backofen 35-40 Minuten backen, herausnehmen, mit den Schnittlauchröllchen bestreuen und servieren.

Reisgratin mit Zucchini

• 1/2 l Gemüsebrühe • 250 g Langkornreis • 750 g grob geraspelte Zucchini • 2-3 EL Butter oder Margarine • 1/8 l Weißwein • Salz • Pfeffer aus der Mühle • 250 g gekochten Schinken • 250 g Bergkäse • Butter für die Form • 2 Eier • 4 EL Semmelbrösel • 2-3 EL gemischte, gehackte Kräuter

Zubereitung wie „Reisgratin mit Lauch"

Kartoffelgratin

• 1 kg Kartoffeln • 2 Knoblauchzehen • 1 TL Salz • Salz • Pfeffer aus der Mühle • 1 Prise Kümmelpulver • 1 Tasse gemischte Kräuter (Petersilie, Zitronenmelisse, Estragon, Majoran, Minze) • Butter für die Form • 200 g geriebenen Gouda • 3 Eier • 2 Becher süße Sahne • Butterflöckchen

• Die Kartoffeln schälen, waschen und in dünne Scheiben schneiden. Die Knoblauchzehen schälen und mit Salz zu einer Paste zerreiben.
• Die Kartoffelscheiben in einer Schüssel mit der Knoblauchpaste vermischen und mit Salz, Pfeffer und Kümmelpulver würzen. Die Kräuter dazugeben und untermischen.
• Eine feuerfeste Form mit Butter ausfetten und lagenweise die Kartoffeln und den geriebenen Gouda einschichten. Mit einer Lage Käse abschließen.
• Die Eier mit der Sahne verquirlen und über den Auflauf gießen. Zum Schluss die Butterflöckchen aufsetzen und das Ganze im auf 220° C vorgeheizten Backofen 40 Minuten backen. Herausnehmen, anrichten, ausgarnieren und servieren.

Kartoffelgratin französisch

• 1 kg Kartoffeln • 2 Knoblauchzehen • 1 TL Salz • Salz • Pfeffer aus der Mühle • 1 Prise Kümmelpulver • 1/2 Bund Thymian • 1/2 Bund Oregano • 1 Zweig Rosmarin • Butter für die Form • 200 g geriebenen Gouda • 3 Eier • 2 Becher Crème fraîche • Butterflöckchen

Zubereitung wie „Kartoffelgratin"

Kartoffelgratin mit Frühlingszwiebeln

• 1 kg Kartoffeln • 2 Knoblauchzehen • 1 TL Salz • Salz • Pfeffer aus der Mühle • 1 Prise Kümmelpulver • 1 Bund Frühlingszwiebeln • 1 Bund Petersilie • Butter für die Form • 200 g geriebenen Emmentaler • 3 Eier • 2 Becher Crème fraîche • Butterflöckchen

Zubereitung wie „Kartoffelgratin"

Kartoffelgratin mit Majoran

• 1 kg Kartoffeln • 2 Knoblauchzehen • 1 TL Salz • Salz • Pfeffer aus der Mühle • 1 Prise Kümmelpulver • 1 Bund Majoran • Butter für die Form • 200 g geriebenen Parmesankäse • 3 Eier • 2 Becher Crème fraîche • Butterflöckchen

Zubereitung wie „Kartoffelgratin"

Kartoffelgratin mit Tilsiter

• 1 kg festkochende Kartoffeln • Salzwasser • 1-2 EL Kümmel • 2 Lorbeerblätter • 1-2 EL Butter oder Margarine • 100 g durchwachsenen, geräucherten Speck • 2 Zwiebeln • 200 g geriebenen Tilsiter • Salz • Pfeffer aus der Mühle • 1 Prise Muskat • 1 Prise Cayennepfeffer • 1 Bund Schnittlauch • 1 Bund Petersilie

• Die Kartoffeln unter fließendem Wasser gründlich abbürsten, waschen und in einen Topf geben.
• Das Salzwasser angießen, Kümmel und Lorbeerblätter dazugeben und die Kartoffeln in etwa 20 Minuten garen.
• Die Kartoffeln abgießen, leicht erkalten lassen, pellen und grob raspeln.
• Die Butter oder Margarine in einer großen Pfanne erhitzen und den in feine Würfel geschnittenen Speck darin auslassen.
• Die Zwiebeln schälen, fein hacken, zum Speck geben und kurz mitbraten.
• Die Kartoffeln unterheben und mit Salz, Pfeffer, Muskat und Cayennepfeffer kräftig würzen. Den geriebenen Käse darüber streuen und das Ganze im auf 200-220° C vorgeheizten Backofen goldgelb überbacken.
• Das Kartoffelgratin mit Tilsiter herausnehmen, dekorativ anrichten und mit den verlesenen, gewaschenen und fein gehackten bzw. geschnittenen Kräutern bestreuen, ausgarnieren und sofort servieren.

Fruchtiges Kartoffelgratin

• 500 g gekochte Kartoffeln • 2 mittelgroße Äpfel • 2 mittelgroße Birnen • Saft von 1 Zitrone • 100 g weiße und blaue Weintrauben • 250 g frische Champignons • Kräutersalz • Pfeffer aus der Mühle • 1 Prise Muskat • 1 Prise Cayennepfeffer • 1 Becher Kefir • 2-3 Eier • 250 g Camembert • 1 Tasse gemischte, gehackte Kräuter (Estragon, Dill, Kerbel Basilikum) • Paprikapulver zum Bestreuen

• Die gekochten Kartoffeln in Scheiben schneiden. Die Äpfel und die Birnen schälen, entkernen, in Scheiben schneiden und mit Zitronensaft beträufeln.
• Die weißen und blauen Weintrauben verlesen, halbieren, je nach Bedarf entkernen. Die Champignons putzen, waschen und in Scheiben schneiden.
• Die Kartoffeln, die Äpfel, die Birnen, die Champignons in einer ausgefetteten Auflaufform dekorativ anrichten. Mit Kräutersalz, Pfeffer, Muskat und Cayennepfeffer würzen.
• Den Kefir mit den Eiern verrühren und gleichmäßig auf dem Gratin verteilen.
• Den Camembert in Scheiben schneiden, darauf legen und das Ganze im auf 180-200° C vorgeheizten Backofen 20-25 Minuten garen.
• Nach Ende der Garzeit das Fruchtige Kartoffelgratin herausnehmen, mit den verlesenen, gewaschenen und fein gehackten Kräutern und dem Paprikapulver bestreuen, ausgarnieren und sofort servieren.

Selleriegratin

• 1-2 Sellerieknollen (1 kg) • 3/4 l Gemüsebrühe • Salz • Pfeffer aus der Mühle • 1 Prise Zucker • einige Tropfen Zitronensaft • Butter für die Form • 150-200 g geriebenen alten Gouda • 65 g gemahlene Mandeln • 2-3 EL Semmelbrösel

• Den Sellerie schälen, waschen, gut abtropfen lassen und grob raspeln oder in Würfel schneiden.
• Die Gemüsebrühe in einem Topf erhitzen, den Sellerie einlegen und bissfest garen.
• Anschließend den Sellerie herausnehmen, gut abtropfen lassen, in eine Schüssel geben, mit Salz, Pfeffer und Zucker sowie Zitronensaft würzen.
• Eine Auflaufform mit Butter ausfetten und die Sellerieraspeln oder -würfel einsetzen.
• Den geriebenen Gouda mit den Mandeln und den Semmelbröseln vermischen und gleichmäßig über den Sellerie streuen.
• Den Selleriegratin im auf 200-220° C vorgeheizten Backofen goldgelb überbacken, herausnehmen, anrichten, ausgarnieren und servieren.

Auberginengratin

• 2 große Auberginen • 1 EL Salz • 1/2 l Gemüsebrühe • 2-3 EL Olivenöl • 2 Knoblauchzehen • 1 TL Salz • 150 g durchwachsenen, geräucherten Speck • 1 große Dose geschälte Tomaten • 1 Tasse Semmelbrösel • 1 Tasse gemischte, gehackte Kräuter (Oregano, Basilikum, Schnittlauch) • Salz • Pfeffer aus der Mühle • 1 Prise Cayennepfeffer • 1 Prise Zucker • 75 g geriebenen Emmentaler • 200 g Mozzarella

• Die Auberginen putzen, in Scheiben schneiden, mit Salz bestreuen, zehn Minuten im Kühlschrank ziehen lassen. Anschließend unter fließendem Wasser waschen, gut abtropfen lassen.
• Die Gemüsebrühe erhitzen und die Auberginen darin blanchieren, herausnehmen und bereitstellen.
• Das Olivenöl in einer Pfanne erhitzen und die mit Salz zerriebenen Knoblauchzehen darin anschwitzen.
• Den Speck in feine Würfel schneiden, ins Knoblauchöl geben und auslassen.
• Die Tomaten gut abtropfen lassen und in Streifen schneiden.
• Die Auberginenscheiben in eine ausgefettete Auflaufform schichten, die Tomatenstreifen darauf verteilen. Mit den Speckwürfeln, den Semmelbröseln und den verlesenen, gewaschenen und fein gehackten Kräutern bestreuen, mit Salz, Pfeffer, Cayennepfeffer und Zucker kräftig würzen.
• Den geriebenen Emmentaler darüber geben, den Mozzarella in Scheiben schneiden und darauf legen.
• Die Auberginen im auf 200-220° C vorgeheizten Backofen in 15-20 Minuten gratinieren.
• Das Auberginengratin herausnehmen, dekorativ anrichten, ausgarnieren und sofort servieren.

Bohnengratin mit Fleischwurst

• 600 g festkochende Kartoffeln • Salzwasser • 1 EL Kümmel • 500 g grüne Bohnen • 1/4 l Gemüsebrühe • Butter für die Form • 400 g geschnittene Fleischwurst • 1/8 l Sahne • Salz • Pfeffer aus der Mühle • 1 Prise Muskat • 1 Prise Cayennepfeffer • 150-200 g in Scheiben geschnittenen Butterkäse • 1 Bund Kerbel

• Die Kartoffeln unter fließendem Wasser waschen, abbürsten, abtropfen lassen und in einen Topf geben.
• Das Salzwasser und den Kümmel dazugeben und die Kartoffeln in 20-25 Minuten bissfest garen.
• Die Kartoffeln abgießen, leicht erkalten lassen, pellen und in Scheiben schneiden.
• Die Bohnen putzen, die Enden abschneiden. Die Gemüsebrühe erhitzen und die Bohnen in der Brühe bissfest garen.
• Eine Auflaufform ausfetten. Die Kartoffeln, die grünen Bohnen und die zu Tütchen geformten Fleischwurstscheiben dekorativ in die Auflaufform schichten.
• 125 ml Gemüsesud abmessen, mit der Sahne verrühren, mit Salz, Pfeffer, Muskat und Cayennepfeffer kräftig abschmecken und das Gemüse damit beträufeln.
• Die Butterkäsescheiben in Streifen schneiden, gitterförmig darauf legen und das Ganze im auf 200-220° C vorgeheizten Backofen goldgelb überbacken.
• Das Bohnengratin mit Fleischwurst herausnehmen, anrichten, mit dem verlesenen, gewaschenen und fein gehackten Kerbel bestreuen, ausgarnieren und servieren.

Gratiniertes Roastbeef

• 1,5 kg Roastbeef • Salz • 1-2 EL grob geschroteten Pfeffer • 2 Zwiebeln • 1 große Fleischtomate • 1/4 l Gemüsebrühe • 1-2 EL Butter • 2 Zwiebeln • 300 g Bergkäse • 1 Ei • 1/2 Bund Petersilie • Pfeffer aus der Mühle • 1 Prise Cayennepfeffer • 1 Becher Crème fraîche • Speisestärke zum Binden

• Das küchenfertige Roastbeef waschen, trockentupfen, mit Salz und grob geschrotetem Pfeffer kräftig würzen.
• Die Zwiebel schälen und in feine Würfel schneiden. Die Tomate enthäuten und ebenfalls würfeln, mit den Zwiebeln und der Gemüsebrühe in die Fettauffangform des Backofens geben.
• Den Grillrost darüber geben, den Ofen auf 180-200° C vorheizen, das Roastbeef einsetzen und je nach Dicke des Fleisches 30-40 Minuten garen.
• In der Zwischenzeit für die Kruste die Butter erhitzen und die geschälten und fein gehackten Zwiebeln darin glasig schwitzen. Vom Feuer nehmen, erkalten lassen und in eine Schüssel geben.
• Den Bergkäse fein reiben, mit dem Ei und der verlesenen, gewaschenen und fein gehackten Petersilie unter die Zwiebeln mischen.
• Die Masse mit Salz, Pfeffer und Cayennepfeffer kräftig würzen und 10 Minuten vor Garende das Roastbeef damit gleichmäßig abdecken.
• Nach Ende der Garzeit das Roastbeef in Alufolie wickeln und kurz ruhen lassen.
• Die Sauce in der Fettauffangpfanne loskochen, mit der Crème fraîche verfeinern und mit Stärkemehl leicht binden.
• Das Roastbeef in Stücke schneiden, anrichten, mit der Sauce überziehen und servieren.

Kohlrabi-Karotten-Gratin

• 800 g Kohlrabi • 3 Karotten • 3/4 l Gemüsebrühe • Butter oder Margarine zum Ausfetten • Salz • Pfeffer aus der Mühle • 1 Prise Muskat • 2 Tassen Semmelbrösel • 2 Tassen geriebenen Emmentaler • Butterflöckchen zum Belegen

• Die Kohlrabi und die Karotten schälen, in mundgerechte Stücke schneiden und in der Gemüsebrühe bissfest garen.
• Eine feuerfeste Form mit Butter oder Margarine ausfetten, das Gemüse einsetzen und mit Salz, Pfeffer und Muskat würzen
• Die Semmelbrösel mit dem geriebenen Emmentaler vermischen und auf das Gemüse streuen.
• Das Ganze mit Butterflöckchen belegen und im auf 180-200° C vorgeheizten Backofen 10 Minuten garen.
• Das Kohlrabi-Karotten-Gratin herausnehmen, anrichten, ausgarnieren und sofort servieren.

Hörnchennudelgratin mit Blumenkohl

• 300 g Hörnchennudeln • Salzwasser • 1-2 EL Olivenöl • 1-2 EL Butter oder Margarine • 1 Zwiebel • 2 Knoblauchzehen • 1 TL Salz • 800 g Blumenkohlröschen • Gemüsebrühe • 2 Becher Sahne • Salz • Pfeffer aus der Mühle • 1 Prise Zucker • 1 Prise Cayennepfeffer • 300 g Schafskäse • 1 Tasse gemischte, gehackte Kräuter (Oregano, Basilikum, Petersilie, Estragon)

• Die Hörnchennudeln im Salzwasser mit dem Olivenöl bissfest garen, herausnehmen, abgießen, abschrecken, gut abtropfen lassen und bereitstellen.
• Die Butter oder Margarine in einer Pfanne erhitzen und die geschälte und fein gehackte Zwiebel darin glasig schwitzen.
• Die Knoblauchzehen schälen, mit Salz zu einer Paste zerreiben, zu den Zwiebeln geben und kurz mitschwitzen.
• Die Blumenkohlröschen verlesen, waschen, gut abtropfen lassen. Je nach Bedarf klein schneiden, zu den Knoblauchzwiebeln geben, kurz mitschwitzen, mit etwas Gemüsebrühe auffüllen und bissfest garen.
• Die Gemüsebrühe bei starker Hitze einreduzieren lassen, anschließend die Sahne unterziehen und einmal aufkochen lassen.
• Die Hörnchennudeln unter den Blumenkohl ziehen, erhitzen, mit Salz, Pfeffer, Zucker und Cayennepfeffer kräftig abschmecken.
• Die Nudel-Blumenkohlmischung in eine ausgefettete Auflaufform geben und den in Würfel geschnittenen Schafskäse darauf verteilen.
• Das Ganze im auf 200-220° C vorgeheizten Backofen goldgelb überbacken, herausnehmen, anrichten, mit frisch gehackten Kräutern bestreuen, ausgarnieren und sofort servieren.

Spaghettigratin

• 300 g Gabelspaghetti • Salzwasser • 1-2 EL Olivenöl • 2-3 EL Butter oder Margarine • 100 g frische Pfifferlinge • einige Tropfen Zitronensaft • 1 große Zwiebel • 4 Karotten • 1 Stück Knollensellerie • 2 Knoblauchzehen • 1 Glas Weißwein • Salz • Pfeffer aus der Mühle • 1 Tasse gehackte Petersilie • 1 Becher Sahne • 2 Eier • 250 g Bergkäse

• Die Gabelspaghetti im Salzwasser mit dem Olivenöl bissfest garen, abgießen, abschrecken, gut abtropfen lassen und bereitstellen.
• Die Butter oder Margarine in einer Pfanne erhitzen und die geputzten und klein geschnittenen Pfifferlinge darin anbraten, mit Zitronensaft beträufeln, herausnehmen und bereitstellen.
• Die Zwiebel schälen, in feine Würfel schneiden. Die Karotten und den Sellerie ebenfalls putzen und würfeln. Die Knoblauchzehen schälen und fein hacken.
• Das Gemüse mit der Zwiebel ins verbliebene Bratfett geben und kurz anschwitzen. Mit Weißwein ablöschen und bissfest dünsten.
• Die Pfifferlinge und die Spaghetti unterheben und das Ganze zusammen erhitzen. Mit Salz und Pfeffer kräftig würzen.
• Die gehackte Petersilie mit der Sahne und den Eiern verschlagen und unter die Spaghettimischung heben. Das Ganze in eine feuerfeste Form füllen.
• Den Bergkäse grob raspeln, gleichmäßig auf den Nudeln verteilen. Im auf 200-220° C vorgeheizten Backofen kurz überbacken.
• Das Spaghettigratin herausnehmen, anrichten, ausgarnieren und servieren.

Frühlingsgratin

• 1 kg Kohlrabi • 2 EL Butter oder Margarine • 1 Zwiebel • Salz • weißen Pfeffer aus der Mühle • 1 Tasse Gemüsebrühe • 100 g Frühstücksspeck in Scheiben • 100 g Leerdamer • 1 Bund Petersilie

• Die Kohlrabi dünn schälen und in 4-5 mm dicke Scheiben schneiden.
• Mit einem Ausstecher dekorative Formen aus den Kohlrabischeiben ausstechen und bereitstellen, das restliche Kohlrabifleisch fein hacken.
• Die Butter oder Margarine in einer Pfanne erhitzen und die geschälte und fein gehackte Zwiebel darin glasig schwitzen.
• Das gehackte Kohlrabifleisch dazugeben und unter ständigem Rühren kurz mitschwitzen.
• Die Kohlrabischeiben dazugeben, die Gemüsebrühe angießen, das Ganze mit Salz und Pfeffer abschmecken und zugedeckt bei mäßiger Hitze 10 Minuten garen.
• Die Kohlrabischeiben gut abtropfen lassen, das gehackte Gemüse auf vier Gratinförmchen verteilen und mit den Scheiben belegen.
• Den Frühstücksspeck in dünne Streifen schneiden, mit dem geriebenen Leerdamer gleichmäßig auf den Kohlrabischeiben verteilen und das Ganze im auf 180-200° C vorgeheizten Backofen in 10-15 Minuten goldgelb ausbacken.
• Das Kohlrabigratin dekorativ anrichten, mit der verlesenen, gewaschenen und grob gehackten Petersilie bestreuen, ausgarnieren und sofort servieren.

Kartoffel-Käse-Gratin

• 1 kg festkochende Kartoffeln • Salzwasser • 1-2 EL Kümmel • 2 Lorbeerblätter • 1-2 EL Butter oder Margarine • 100 g gekochten Schinken • 1 Bund Frühlingszwiebeln • 200 g geriebenen Butterkäse • Salz • Pfeffer aus der Mühle • 1 Prise Muskat • 1 Prise Cayennepfeffer • je 1 Bund Schnittlauch und Petersilie

• Die Kartoffeln waschen und in einen Topf geben. Das Salzwasser angießen, Kümmel und Lorbeerblätter dazugeben und die Kartoffeln in etwa 20 Minuten garen.
• Die Kartoffeln abgießen, leicht erkalten lassen, pellen und grob raspeln oder in Würfel schneiden.
• Die Butteroder Margarine in einer großen Pfanne erhitzen und den in feine Würfel geschnittenen Schinken darin leicht anbraten.
• Die Frühlingszwiebeln in feine Ringe schneiden, zum Schinken geben und kurz mitbraten.
• Die Kartoffeln unterheben und den geriebenen Käse darüber streuen. Mit Salz, Pfeffer, Muskat und Cayennepfeffer würzen und im auf 200-220° C vorgeheizten Backofen goldgelb überbacken.
• Das Kartoffel-Käse-Gratin herausnehmen, anrichten, mit den Schnittlauchröllchen und der fein gehackten Petersilie bestreuen, ausgarnieren und servieren.

Kartoffel-Gemüse-Gratin

• 1 Stange Lauch • 1 Aubergine • 2 Karotten • 600 g gekochte Kartoffeln • 1 Becher Kefir • 1-2 Knoblauchzehen • 4 Eier • 1 TL Salz • Saft von 1 Zitrone • Salz • Pfeffer aus der Mühle • 1 Prise Muskat • 1 Prise Cayennepfeffer • 100 g geriebenen Gouda • Margarine und Semmelbrösel für die Form • 2-3 EL Schnittlauchröllchen

• Den Lauch waschen und in Ringe schneiden, die Aubergine waschen und in Scheiben schneiden. Die Karotten dünn schälen und raspeln, die Kartoffeln schälen und in Scheiben schneiden.
• Den Kefir mit den Eiern in einer Schüssel glatt rühren, die mit Salz zerriebenen Knoblauchzehen und den Zitronensaft untermischen, mit Salz, Pfeffer, Muskat und Cayennepfeffer würzen.
• Den geriebenen Gouda unter die Dickmilchmasse rühren.
• Eine Auflaufform ausfetten und mit Semmelbröseln ausstreuen. Das Gemüse schichtweise einlegen.
• Die Kefir-Eier-Masse auf dem Gratin verteilen und im auf 180-200° C vorgeheizten Backofen 20-25 Minuten backen.
• Das Kartoffel-Gemüse-Gratin herausnehmen, anrichten, mit den Schnittlauchröllchen bestreuen und servieren.

Kartoffelgratin mit Tomaten

• 500 g Kartoffeln • Salzwasser • 1 EL Kümmel • 1 große Dose geschälte Tomaten • Butter oder Margarine für die Form • Salz • Pfeffer aus der Mühle • 1 TL Oregano • 1 TL Basilikum • 1 Becher Sahne • 3-4 EL Crème fraîche • 150-200 g Ziegenkäse • 1 Bund Basilikum

• Die Kartoffeln mit dem Salzwasser in einen Topf geben, den Kümmel dazugeben und das Ganze zum Kochen bringen.
• Die Kartoffeln in 15-20 Minuten garen, anschließend abgießen, leicht erkalten lassen, pellen und in Scheiben schneiden.
• Die Tomaten gut abtropfen lassen und grob zerkleinern.
• Eine Auflaufform mit Butter oder Margarine ausfetten, die Tomaten und die Kartoffeln schichtweise in die Form geben. Das Ganze mit Salz, Pfeffer, Basilikum und Oregano würzen.
• Die Sahne mit der Crème Fraîche verrühren, gleichmäßig auf dem Kartoffelgratin verteilen.
• Den Ziegenkäse in kleine Würfel schneiden, auf den Auflauf geben und das Ganze im auf 180-200° C vorgeheizten Backofen 15-20 Minuten backen.
• Nach Ende der Garzeit das Kartoffelgratin mit Tomaten herausnehmen und dekorativ anrichten. Das Basilikum verlesen, waschen, gut abtropfen lassen, die Blättchen abpflücken und das Kartoffelgratin damit belegen, ausgarnieren und sofort servieren.

Truthahngratin

• 400 g küchenfertiges Truthahnfleisch aus der Oberkeule • 1-2 EL Butaris Butterschmalz • 500 g Kartoffeln • 1/2 Bund Frühlingszwiebeln • Butaris Butterschmalz für die Form • 1-2 Knoblauchzehen • Butterschmalzflöckchen • 100 g Bergkäse • 1/4 l Milch • 1/8 l Sahne • Salz • weißen Pfeffer aus der Mühle • 2-3 EL Schnittlauchröllchen

• Das Truthahnfleisch in 3 cm lange, dünne Streifen schneiden und im erhitzten Butterschmalz anbraten.
• Die Kartoffeln schälen, waschen, trockentupfen und in feine Scheiben hobeln.
• Die Frühlingszwiebeln dünn schneiden und mit den Kartoffelscheiben vermischen.
• Eine Auflaufform mit Butterschmalz ausfetten und mit den fein gehackten Knoblauchzehen ausstreuen.
• Abwechselnd Kartoffeln und Fleisch in die Form schichten, auf jede Schicht Butterschmalzflöckchen und etwas geriebenen Käse verteilen.
• Die Milch mit der Sahne verquirlen, mit Salz und Pfeffer würzen und über das Gratin gießen.
• Im auf 220° C vorgeheizten Backofen 60 Minuten backen, herausnehmen, dekorativ anrichten, mit den Schnittlauchröllchen bestreuen und servieren.

Nudel-Broccoli-Gratin

• 300 g Bandnudeln • Salzwasser • 1-2 EL Olivenöl • 1-2 EL Butter oder Margarine • 1 Zwiebel • 2 Knoblauchzehen • 1 TL Salz • 800 g Broccoli • Gemüsebrühe • 2 Becher Sahne • Salz • Pfeffer • 1 Prise Zucker • 1 Prise Cayennepfeffer • 300 g Mozzarellakäse • 1 Tasse gemischte, gehackte Kräuter (Oregano, Basilikum, Petersilie, Estragon)

• Die Nudeln im Salzwasser mit dem Olivenöl bissfest garen, herausnehmen, abgießen, abschrecken, gut abtropfen lassen und bereitstellen.
• Die Butter oder Margarine in einer Pfanne erhitzen und die fein gehackte Zwiebel darin glasig schwitzen.
• Die Knoblauchzehen schälen, mit Salz zu einer Paste zerreiben, zur Zwiebel geben und kurz mitschwitzen.
• Die Broccoliröschen verlesen, waschen, gut abtropfen lassen. Je nach Bedarf klein schneiden, zu den Knoblauchzwiebeln geben, kurz mitschwitzen, mit etwas Gemüsebrühe auffüllen und bissfest garen. Die Broccoliröschen herausnehmen und bereitstellen.
• Die Gemüsebrühe bei starker Hitze einreduzieren lassen und anschließend die Sahne unterziehen, einmal aufkochen lassen.
• Die Nudeln und den Broccoli dazugeben, erhitzen, mit Salz, Pfeffer, Zucker und Cayennepfeffer kräftig abschmecken.
• Die Broccoli-Nudeln in eine ausgefettete Auflaufform geben, den in Scheiben geschnittenen Mozzarellakäse darauf verteilen.
• Das Ganze im auf 200-220° C vorgeheizten Backofen goldgelb überbacken, herausnehmen, anrichten, mit frisch gehackten Kräutern bestreuen, ausgarnieren und sofort servieren.

Kartoffel-Lauch-Gratin

• 1 kg fest kochende Kartoffeln • Salzwasser • 2 dünne Stangen Lauch • Butaris Butterschmalz für die Form • 1/8 l Milch • 1/8 l süße Sahne • 2 Eier • Salz • weißen Pfeffer aus der Mühle • 50 g geriebenen Gruyére-Käse • Butterschmalzflöckchen

• Die Kartoffeln schälen und in sehr dünne Scheiben schneiden. Das Salzwasser erhitzen und die Kartoffelscheiben darin 15 Minuten vorgaren.
• Kurz vor Garende den gewaschenen, in Ringe geschnittenen Lauch dazugeben, mitgaren, dann in ein Sieb gießen und gut abtropfen lassen.
• Eine Auflaufform mit Butterschmalz ausfetten und die Kartoffel-Lauch-Mischung darin verteilen.
• Die Sahne und die Milch mit den Eiern verquirlen, mit Salz und Pfeffer würzen, den Gruyére-Käse einrühren und die Mischung über die Kartoffeln gießen.
• Butterschmalzflöckchen obenauf setzen und das Ganze im auf 200° C vorgeheizten Backofen 35-40 Minuten goldgelb backen. Herausnehmen, dekorativ anrichten, ausgarnieren und servieren.

Gratinierte Kartoffelscheiben

• 500 g Kartoffeln • 100 g geriebenen Gouda • 60 g Butaris Butterschmalz • 1/4 l süße Sahne • 1 TL Salz • 1 Msp. Muskat

• Die Kartoffeln schälen, waschen und in dünne Scheiben schneiden oder hobeln.
• Eine Auflaufform mit Butterschmalz ausfetten und die Kartoffelscheiben lagenweise, jeweils mit Käse und Butterschmalzflöckchen dazwischen, einschichten.
• Die Sahne mit Salz und Muskat abschmecken und über die Kartoffeln gießen.
• Im auf 180-200° C vorgeheizten Backofen in 40-45 Minuten goldgelb überbacken.

Bäckerofen

• 400 g Schweineschulter mit Knochen • 400 g Lammschulter mit Knochen • 5 mittelgroße Zwiebeln • 15 mittelgroße Kartoffeln • 2 EL Butaris Butterschmalz für die Form • Salz • Pfeffer aus der Mühle • 2 EL Butaris Butterschmalz in Flöckchen • 1 Schuss Weißwein • Kräuterzweige zum Garnieren

• Das Fleisch von den Knochen lösen, unter fließendem Wasser abwaschen, trockentupfen und in mundgerechte Stücke schneiden.
• Die Zwiebeln schälen und in feine Ringe schneiden, die Kartoffeln ebenfalls schälen, waschen, in dünne Scheiben hobeln und mit Salz und Pfeffer würzen.
• Eine Auflaufform mit dem Butterschmalz ausfetten, mit Zwiebelringen auslegen, darüber eine dicke Lage Kartoffeln geben.
• Die Fleischwürfel auf den Kartoffeln verteilen, ebenfalls salzen und pfeffern und mit einer Lage Zwiebeln sowie den restlichen Kartoffeln abdecken und das Butterschmalz in Flöckchen darauf setzen.
• Den Weißwein angießen und das Ganze im auf 220° C vorgeheizten Backofen in 90 Minuten garen.
• Herausnehmen, anrichten, mit Kräuterzweigen ausgarnieren und servieren.

Lauchgratin

• 1 kg Lauch • 1 Zwiebel • 3 EL Butter oder Margarine • 2 EL Sojasauce • 2 cl trockenen Sherry • Salz • Pfeffer aus der Mühle • 1 Prise frisch gemahlenen Kümmel • Butter für die Form • 4 Eier • 1 1/2 Becher Crème fraîche • 150 g geriebenen Parmesankäse • 1 Bund Petersilie

• Den Lauch putzen, waschen und in 3-4 cm lange Stücke schneiden. Die Zwiebel schälen und fein hacken.
• Die Butter oder Margarine in einem Topf erhitzen, die Zwiebel darin glasig schwitzen, die Lauchstücke, die Sojasauce und den Sherry dazugeben und das Ganze 10 Minuten dünsten. Mit Salz, Pfeffer und frisch gemahlenem Kümmel abschmecken.
• Eine Auflaufform mit Butter ausfetten und die Lauchstücke nebeneinander einsetzen.
• Die Eier trennen, das Eiweiß steif schlagen und das Eigelb mit der Crème fraîche und dem Parmesankäse verrühren. Das Eiweiß unterheben.
• Die Ei-Käse-Masse auf dem Lauch verteilen und das Ganze mit der verlesenen, gewaschenen und fein gehackten Petersilie bestreuen.
• Das Lauchgratin im auf 180-200° C vorgeheizten Backofen 20 Minuten backen, herausnehmen, dekorativ anrichten, mit Petersiliensträußchen ausgarnieren und sofort servieren.

Kartoffel-Blumenkohl-Gratin

• 500 g Blumenkohlröschen • 1/2 l Gemüsebrühe • 500 g gekochte Kartoffeln • 1-2 EL Butter oder Margarine • 1 Zwiebel • 1 Schuss Weißwein • 2 Becher Sahnedickmilch • Salz • Pfeffer aus der Mühle • einige Tropfen Zitronensaft • einige Tropfen Worcestersauce • 250 g geriebenen Leerdamer

• Die Blumenkohlröschen putzen, je nach Bedarf klein schneiden und in der Gemüsebrühe bissfest garen, herausnehmen, gut abtropfen lassen und bereitstellen.
• Die gekochten Kartoffeln pellen, in Scheiben schneiden, eine Auflaufform mit Butter oder Margarine ausfetten und schichtweise die Blumenkohlröschen sowie die Kartoffelscheiben einlegen.
• Die Butter oder Margarine in einer Pfanne erhitzen und die geschälte und fein gehackte Zwiebel darin glasig schwitzen.
• Mit Weißwein ablöschen, mit der Sahnedickmilch verfeinern, vom Feuer nehmen und das Ganze mit Salz, Pfeffer, Zitronensaft und Worcestersauce kräftig abschmecken.
• Den geriebenen Leerdamer untermischen und das Ganze gleichmäßig auf dem Gratin verteilen.
• Das Kartoffel-Blumenkohl-Gratin im auf 180-200° C vorgeheizten Backofen in 20-25 Minuten garen, herausnehmen, anrichten, ausgarnieren und servieren.

Zucchinigratin mit Hähnchenbrust

• 4 Hähnchenbrustfilets • 1/4 l Gemüsebrühe • 2 Zwiebeln • 500 g Zucchini • 2-3 EL Apfelessig • Salz • Pfeffer aus der Mühle • 1 Prise Muskat • 1 Prise Cayennepfeffer • einige Tropfen flüssigen Süßstoff • Butter oder Margarine für die Form • 1/4 l Béchamelsauce • 200 g Schmelzkäse mit Kräutern

• Die küchenfertigen Hähnchenbrustfilets waschen, trockentupfen, die Gemüsebrühe erhitzen und die Hähnchenbrustfilets darin garen.
• In der Zwischenzeit die Zwiebeln schälen, fein hacken, die Zucchini würfeln, beides in eine Schüssel geben und mit Apfelessig beträufeln.
• Das Gemüse mit Salz, Pfeffer, Muskat, Cayennepfeffer und Süßstoff kräftig abschmecken und anschließend in eine ausgefettete Auflaufform geben.
• Die fertigen Hähnchenbrustfilets in Streifen schneiden und gleichmäßig auf dem Gemüse verteilen.
• Die Béchamelsauce in einen Topf geben, mit dem Schmelzkäse vermischen, solange rühren, bis sich der Käse vollständig aufgelöst hat und anschließend das Ganze gleichmäßig über den Auflauf gießen.
• Das Zucchinigratin mit Hähnchenbrust im auf 200° C vorgeheizten Backofen in 15-20 Minuten garen, herausnehmen, anrichten, ausgarnieren und servieren.

Sauerkrautgratin mit Ananas

• 1-2 EL Butterschmalz • 1 Zwiebel • 200 g durchwachsenen, geräucherten Speck • 500 g Sauerkraut • 1 Schuss Sherry medium • 2 Lorbeerblätter • einige Wacholderbeeren • einige Pfefferkörner • 1 Tasse Gemüsebrühe • 2-3 Scheiben Ananas (Konserve) • 400 g gekochte Kartoffeln • Salz • Pfeffer aus der Mühle • 1 Bund Petersilie • 125 g geriebenen Gouda

• Das Butterschmalz in einer Pfanne erhitzen und die geschälte und fein gehackte Zwiebel darin glasig schwitzen.
• Den Speck in feine Würfel schneiden, zur Zwiebel geben und unter ständigem Rühren braten.
• Das zerpflückte Sauerkraut je nach Säure waschen, gut abtropfen lassen, zu den Speckzwiebeln geben und unter ständigem Rühren kurz braten.
• Mit Sherry ablöschen, die Lorbeerblätter, die Wacholderbeeren und die Pfefferkörner dazugeben, mit der Gemüsebrühe auffüllen und bei mäßiger Hitze 20 Minuten dünsten.
• In der Zwischenzeit die gut abgetropften Ananasscheiben in Stücke und die gepellten Kartoffeln in Scheiben schneiden.
• Das Sauerkraut mit den Ananasstücken und den Kartoffelscheiben lagenweise in eine ausgefettete Auflaufform geben und jede Schicht mit Salz und Pfeffer sowie der fein gehackten Petersilie bestreuen.
• Den Auflauf mit dem geriebenen Käse überziehen und das Ganze im auf 180-200° C vorgeheizten Backofen in 30-40 Min. garen.
• Herausnehmen, anrichten, ausgarnieren und servieren.

GRATINIERTES SCHOLLENFILET

• 4 Schollenfilets • einige Tropfen Zitronensaft • einige Tropfen Worcestersauce • Salz • Pfeffer aus der Mühle • 1-2 EL Butter oder Margarine • 2 Zwiebeln • 300 g rote, grüne und gelbe Paprikastreifen • 1 Glas mit Paprika gefüllte Oliven • 150 g gekochten Schinken • 1 TL Kräuter der Provence • 1 Schuss Weißwein • 1 Tasse Gemüsebrühe • 100 g Gouda • 1 Bund Petersilie

• Die küchenfertigen Schollenfilets waschen, trockentupfen, mit Zitronensaft und Worcestersauce beträufeln, mit Salz und Pfeffer würzen und im Kühlschrank 10-15 Minuten ziehen lassen.
• Die Butter oder Margarine in einer Auflaufform erhitzen und die geschälten und in Scheiben geschnittenen Zwiebeln darin glasig schwitzen. Die Paprikastreifen dazugeben und kurz mitbraten.
• Die Oliven in Scheiben schneiden, mit dem in Streifen geschnittenen Schinken zum Gemüse geben und ebenfalls kurz mitschwitzen, mit Salz, Pfeffer und Kräutern der Provence würzen.
• Den Weißwein und die Gemüsebrühe angießen, die Schollenfilets einsetzen und im auf 180-200° C vorgeheizten Backofen 10-15 Minuten garen. Herausnehmen und mit dem fein geriebenen Gouda bestreuen. Nochmals in den Backofen schieben und goldgelb überbacken.
Das gratinierte Schollenfilet dekorativ anrichten, mit der verlesenen, gewaschenen und fein gehackten Petersilie bestreuen, ausgarnieren und sofort servieren.

GRATINIERTER LACHS

• 8 Scheiben frischen Lachs à 100 g • einige Tropfen Zitronensaft • einige Tropfen Worcestersauce • Salz • Pfeffer aus der Mühle • 1/2 Bund Dill • je 1 kg weißen und grünen Spargel • 1 l Gemüsebrühe • 1 EL Butter oder Margarine • 1 Zitrone • 100 g geriebenen Bergkäse • 1/4 l Les Sauces Hollandaise

• Die Lachsscheiben waschen, trockentupfen, mit Zitronensaft und Worcestersauce beträufeln, mit Salz und Pfeffer würzen und im Kühlschrank 10-15 Minuten ziehen lassen.
• Den Dill verlesen, waschen, gut abtropfen lassen, klein schneiden und die Filets damit bestreuen.
• In der Zwischenzeit den weißen Spargel schälen und anschließend sowohl vom weißen als auch vom grünen Spargel die unteren Enden großzügig abschneiden.
• Die Spargelstangen gleicher Stärke bündeln und mit Küchengarn umwickeln.
• Die Gemüsebrühe mit der Butter oder Margarine und der halbierten Zitrone in einen Topf geben und zum Kochen bringen.
• Den Spargel darin bissfest garen, herausnehmen, gut abtropfen lassen, den weißen und den grünen Spargel mischen und in vier Portionen dekorativ auf feuerfesten Tellern anrichten.
• Die Lachsscheiben darauf verteilen, mit dem geriebenen Käse bestreuen und im auf 180-200° C vorgeheizten Backofen 5-8 Minuten garen.
• Die Sauce Hollandaise nach Anweisung zubereiten.
• Den Gratinierten Lachs herausnehmen, mit der Sauce Hollandaise anrichten und sofort servieren.

Gratinierte Hähnchenbrust

• 4 Hähnchenbrustfilets • Salz • Pfeffer aus der Mühle • 1/2 Bund Salbei • 8 Scheiben Frühstücksspeck • Butter oder Margarine zum Braten • 100 g Edelpilzkäse • 8 Scheiben Provolonekäse • Basilikumblättchen und Tomatenscheiben zum Garnieren

• Die Hähnchenbrustfilets waschen, trockentupfen, mit einem scharfen Messer quer halbieren, auseinanderklappen und mit Salz und Pfeffer würzen.
• Je 1 Salbeiblatt in die Mitte legen und den in Streifen geschnittenen Frühstücksspeck auf die Hähnchenbrustfilets streuen.
• Die Hähnchenbrustfilets zusammenklappen und mit Zahnstochern feststecken.
• Die Filets salzen, pfeffern und in der erhitzten Butter oder Margarine braten.
• Eine feuerfeste Form ausfetten, die Hähnchenbrustfilets einsetzen, mit dem geriebenen Edelpilzkäse bestreuen und mit dem Provolonekäse abdecken.
• Das Ganze im auf 180-200° C vorgeheizten Backofen 15-20 Minuten garen, herausnehmen, anrichten, mit Basilikumblättchen und Tomatenscheiben ausgarnieren und sofort servieren.

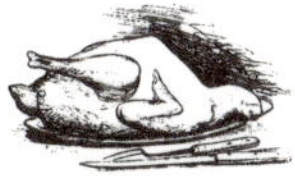

Gratiniertes Schweinefilet

• 1-2 EL Butter oder Margarine • 2 Zwiebeln • 1 Bund Suppengemüse • 1 Schuss Weißwein • 1-2 EL Apfeldicksaft • 1 Tasse Gemüsebrühe • Salz • Pfeffer aus der Mühle • Butterschmalz zum Braten • 800 g Schweinefilet • 4 cl Grappa • 200 g Gorgonzola • 4 EL gemischte Kerne (Pistazien, Sonnenblumen, Pinien)

• Die Butter oder Margarine in einem Topf erhitzen und die geschälten und in Scheiben geschnittenen Zwiebeln darin kurz anschwitzen.
• Das Suppengemüse putzen, in Stifte schneiden, zu den Zwiebeln geben und kurz mitschwitzen.
• Mit Weißwein ablöschen, den Apfeldicksaft einrühren und mit der Gemüsebrühe auffüllen.
• Das Gemüse mit Salz und Pfeffer kräftig abschmecken und bei mäßiger Hitze 6-8 Minuten dünsten.
• Das küchenfertige Schweinefilet in 2 cm dicke Scheiben schneiden, mit Salz und Pfeffer würzen.
• Das Butterschmalz in einer Pfanne erhitzen und die Schweinefiletscheiben darin medium oder durch braten.
• Den Grappa erhitzen, anzünden und die Schweinefilets damit flambieren, herausnehmen, in eine feuerfeste Form setzen, mit dem in Scheiben geschnittenen Gorgonzolakäse belegen und unter dem Grill kurz überbacken.
• Das Gemüse aus dem Sud nehmen, abtropfen lassen, auf heiße Teller legen, die Filets darauf verteilen, mit Pistazienkernen bestreuen, ausgarnieren und sofort servieren.

Gratinierte Auberginenscheiben

• 2 Auberginen • Saft von 1 Zitrone • Salz • Pfeffer aus der Mühle • Mehl zum Wenden • Olivenöl zum Braten • 250 g Krabben oder Crevetten • einige Tropfen Zitronensaft • einige Tropfen Worcestersauce • 100 g Cocktailtomaten • 1/2 Bund Salbei • 75 g fein geriebenen Emmentaler

• Die Auberginen putzen, in zentimeterdicke Scheiben schneiden, mit Zitronensaft beträufeln, mit Salz und Pfeffer würzen und im Mehl wenden.
• Das Olivenöl in einer Pfanne erhitzen, die Auberginenscheiben darin goldgelb backen, auf ein Backblech setzen und bereit stellen.
• Die Krabben oder Crevetten unter fließendem Wasser waschen, trockentupfen, mit Zitronensaft und Worcestersauce beträufeln, mit Salz und Pfeffer würzen und auf den Auberginenscheiben verteilen.
• Die Cocktailtomaten halbieren, ebenfalls auf die Auberginenscheiben setzen, je ein Salbeiblatt dazugeben und das Ganze mit Emmentaler bestreuen.
• Im auf 180-200° C vorgeheizten Backofen in 10-15 Minuten backen, herausnehmen, anrichten, ausgarnieren und sofort servieren.

Putenschnitzel mit Käsekruste

• 4 Putenschnitzel • Salz • Pfeffer aus der Mühle • 2-3 EL Sonnenblumenöl • Saft von 2 Zitronen • 1 Schuss Weißwein • 2 Tassen Gemüsebrühe • 1 Prise Zucker • 1 Prise Cayennepfeffer • 4 Tomaten • 150 g Gouda • 1/2 Bund Petersilie

• Die küchenfertigen Putenschnitzel waschen, trockentupfen, mit Salz und Pfeffer kräftig würzen.
• Das Öl in einer Pfanne erhitzen und die Putenschnitzel darin braten.
• Nach Ende der Garzeit die Putenschnitzel mit dem Zitronensaft beträufeln, herausnehmen und in eine feuerfeste Form setzen.
• Den Bratensaft mit dem Weißwein ablöschen, mit der Gemüsebrühe auffüllen, zum Kochen bringen, mit Salz, Pfeffer, Cayennepfeffer und Zucker abschmecken und bereit stellen.
• Die Tomaten waschen, in Scheiben schneiden, die Putenschnitzel damit belegen und die Tomaten ebenfalls mit Salz und Pfeffer würzen.
• Den geriebenen Gouda gleichmäßig auf die Tomaten streuen und unter dem Grill oder im auf 200-220° C vorgeheizten Backofen überbacken.
• Die Sauce auf heiße Teller geben, die überbackenen Putenschnitzel einsetzen, mit der verlesenen, gewaschenen und fein gehackten Petersilie bestreuen und sofort servieren.

Schweinesteaks mit Brotkruste

• 4 Schweinehalssteaks • Salz • Pfeffer aus der Mühle • 1 TL Majoran • 1 TL Thymian • 2 Knoblauchzehen • 1 TL Salz • 1 Tasse Olivenöl • 4 Scheiben dunkles Vollkornbrot • 100 g Gorgonzola • 1 Tasse gemischte, gehackte Kräuter • 50 g gehackte Mandeln

• Die Steaks waschen, trockentupfen, mit Salz und Pfeffer kräftig würzen und in eine Schüssel legen.
• Den Majoran, den Thymian und die mit Salz zerriebenen Knoblauchzehen ins Olivenöl einrühren, gleichmäßig auf den Steaks verteilen und im Kühlschrank mindestens 2-3 Stunden ziehen lassen.
• Das Vollkornbrot hacken, in eine Schüssel geben, mit dem klein geschnittenen Gorgonzola, den gehackten Kräutern und den gehackten Mandeln vermischen.
• Die Steaks mit dem Kräuteröl in eine Pfanne geben und braten. Herausnehmen, auf ein Backblech setzen, die Brotmasse gleichmäßig darauf verteilen und das Ganze unter dem Grill oder im auf 200-220° C vorgeheizten Backofen kurz überbacken.
• Die Schweinesteaks mit Brotkruste herausnehmen, anrichten, ausgarnieren und servieren.

Gratinierte Pfannkuchen

• 375 g Mehl • 1 Prise Salz • 6 Eier • 3/4 l Milch • Butterschmalz zum Ausbacken • 6 Fleischtomaten • Salz • Pfeffer aus der Mühle • 2 EL eingelegte grüne Pfefferkörner • 300 g Mozzarella • einige Tropfen Aceto balsamico • einige Tropfen Olivenöl • 1 Bund Basilikum

• Das Mehl mit dem Salz, den Eiern und der Milch in eine Schüssel geben und zu einem glatten Teig verarbeiten.
• Das Butterschmalz in einer Pfanne erhitzen, portionsweise den Teig einfüllen und Pfannkuchen ausbacken. Herausnehmen und warm stellen.
• Die Tomaten waschen und in Scheiben schneiden.
• Die Pfannkuchen auf feuerfeste Teller legen, die Tomaten dekorativ darauf verteilen, mit Salz und Pfeffer würzen und die grünen Pfefferkörner gleichmäßig darauf streuen.
• Den Mozzarella in Scheiben schneiden, auf die Tomaten legen, mit Aceto balsamico und Olivenöl beträufeln und unter dem Grill kurz überbacken.
• Die Pfannkuchen herausnehmen, mit Basilikumblättern belegen, ausgarnieren und sofort servieren.

Broccoli-Kohlrabi-Gratin

• 500 g Broccoliröschen • 400 g Kohlrabi • Salzwasser • 1-2 EL Butter oder Margarine • 1 Zwiebel • 1 rote Paprikaschote • 1 Schuss Sherry medium • 2 Packungen Gewürzmischung für Broccoli-Gratin • 1/2 l Wasser • 100 g Bergkäse

• Den Broccoli verlesen, waschen, gut abtropfen lassen und in mundgerechte Röschen zerteilen.
• Den Kohlrabi schälen und in mundgerechte Stücke schneiden.
• Das Gemüse im Salzwasser bissfest garen, herausnehmen, gut abtropfen lassen und bereitstellen.
• Die Butter oder Margarine in einer Pfanne erhitzen und die geschälte und fein gehackte Zwiebel darin glasig schwitzen. Die Paprikaschote halbieren, entkernen, in Würfel schneiden, zur Zwiebel geben und kurz mitschwitzen. Mit Sherry ablöschen und kurz durchkochen lassen.
• Die Gewürzmischung mit kaltem Wasser anrühren, in einen Topf geben und unter ständigem Rühren eine Minute kochen lassen.
• Die Broccoliröschen und die Kohlrabistücke miteinander vermischen und in eine ausgefettete Auflaufform geben. Mit der Sauce überziehen.
• Die Paprika-Zwiebel-Mischung gleichmäßig darauf verteilen und das Ganze mit dem geriebenen Bergkäse bestreuen.
• Im auf 180-200° C vorgeheizten Backofen 15-20 Minuten backen, herausnehmen, anrichten, ausgarnieren und servieren.

Blumenkohl-Wurst-Gratin

• 600 g festkochende Kartoffeln • Salzwasser • 1 EL Kümmel • 500 g Blumenkohlröschen • 1/4 l Gemüsebrühe • Butter zum Ausfetten • 400 g Kalbfleischwurst • 1/8 l Sahne • Salz • Pfeffer aus der Mühle • 1 Prise Muskat • 1 Prise Cayennepfeffer • 150-200 g Schnittkäse in Scheiben • 1 Bund Schnittlauch

• Die Kartoffeln waschen, abbürsten, abtropfen lassen und in einen Topf geben. Das Salzwasser und den Kümmel dazugeben und die Kartoffeln in 20 Minuten bissfest garen. Die Kartoffeln abgießen, leicht erkalten lassen, pellen und in Scheiben schneiden.
• Die Blumenkohlröschen putzen, je nach Bedarf klein schneiden. Die Gemüsebrühe erhitzen und die Blumenkohlröschen in der Brühe bissfest garen.
• Eine Form mit Butter oder Margarine ausfetten. Die Kartoffeln, die Blumenkohlröschen und in Würfel geschnittene Kalbfleischwurst dekorativ in die Auflaufform schichten.
• Einen Achtelliter Gemüsesud abmessen, mit der Sahne verrühren, mit Salz, Pfeffer, Muskat und Cayennepfeffer abschmecken und das Gemüse damit beträufeln.
• Den Schnittkäse darauf legen und das Ganze im auf 200-220° C vorgeheizten Backofen goldgelb überbacken.
• Das Gratin herausnehmen, dekorativ anrichten, mit dem verlesenen, gewaschenen und fein geschnittenem Schnittlauch bestreuen, ausgarnieren und servieren.

Schweinefleisch mit Käsekruste

• 600 Schweineschulter ohne Knochen • 2 Knoblauchzehen • 1 Bund Frühlingszwiebeln • je 2 rote und grüne Paprikaschoten • 3 EL Pflanzenöl • 500 g Kartoffeln • 1/2 l Fleischbrühe • 1 EL Essig • 1 Dose Tomatenmark • 1 EL braunen Zucker • Salz • schwarzen Pfeffer • 1 Bund Petersilie • 1/2 Becher Crème fraîche • 100 g geriebenen Emmentaler

• Die Schweineschulter kurz abwaschen, trockentupfen und in kleine Würfel schneiden.
• Die Knoblauchzehen schälen und fein hacken.
• Die Frühlingszwiebeln putzen, waschen und in 3 cm lange, schräge Streifen schneiden.
• Die Paprikaschoten waschen, halbieren, entkernen und in Streifen schneiden.
• Das Öl in einen Topf geben und erhitzen.
• Den Knoblauch, die Frühlingszwiebeln und die Paprikaschoten 5 Minuten andünsten. Anschließend das Fleisch zugeben und 5 Minuten unter Rühren anbraten.
• Die Kartoffeln schälen, würfeln und mit der Fleischbrühe zum Fleisch geben.
• Mit den Gewürzen abschmecken und nochmals 10 Minuten schmoren lassen.
• Die Petersilie verlesen, waschen, fein hacken und mit der Crème fraîche und dem Emmentaler vermischen. Über die Kartoffeln geben und im auf 200-220° C vorgeheizten Backofen kurz überbacken.
• Herausnehmen, dekorativ anrichten, mit Petersiliensträußchen ausgarnieren und sofort servieren.

Steckrüben-Zucchini-Gratin

• 600 g Steckrüben • 1/2 l Apfelwein (Cidre) • 1 Stück Ingwerwurzel • Salz • Pfeffer aus der Mühle • 1 Prise Nelkenpulver • 2 Zucchini • 1 TL Zitronenpfeffer • 2 EL Butter oder Margarine • 1 Tasse gehackte Mandeln • Butter für die Form • 200 g Crème fraîche • einige Tropfen Zitronensaft • einige Tropfen Worcestersauce • einige Tropfen Weißwein • 4 Eigelb • Kräuterzweige zum Garnieren

• Die Steckrüben schälen, würfeln und mit dem Cidre in einen Topf geben.
• Die Ingwerwurzel schälen, fein reiben und dazugeben.
• Mit Salz, Pfeffer und Nelkenpulver würzen und bissfest garen.
• In der Zwischenzeit die Zucchini putzen, würfeln, mit Zitronenpfeffer bestreuen und im Fett anschwitzen.
• Die gehackten Mandeln in einer trockenen Pfanne rösten.
• Eine Auflaufform mit Butter ausfetten und die Steckrüben- und Zucchiniwürfel in die Auflaufform schichten. Mit den gehackten Mandeln bestreuen.
• Die Crème fraîche mit Zitronensaft, Worcestersauce, Weißwein und dem Eigelb verrühren und mit Salz und Pfeffer abrunden.
• Auf dem Auflauf verteilen und im auf 180-200° C vorgeheizten Backofen 10-15 Minuten garen.
• Das Gratin aus dem Ofen nehmen, dekorativ anrichten, mit Kräuterzweigen ausgarnieren und servieren.

Gemüse-Gratin mit Kartoffeln

• 1 Bund Frühlingszwiebeln • 1 Zucchini • 2 Karotten • 600 g gekochte Kartoffeln • 2 Becher saure Sahne • 4 Eier • 1-2 Knoblauchzehen • 1 TL Salz • Saft von 1 Zitrone • Salz • Pfeffer aus der Mühle • 1 Prise Muskat • 1 Prise Cayennepfeffer • 50 g geriebenen Gouda • 50 g geriebenen Emmentaler • Butter oder Margarine und Semmelbrösel für die Form • 1 Bund Petersilie

• Die Frühlingszwiebeln waschen und Ringe schneiden. Die Zucchini putzen, waschen und in Scheiben schneiden. Die Karotten dünn schälen und grob raspeln. Die Kartoffeln schälen und in dünne Scheiben hobeln.
• Die saure Sahne mit den Eiern in einer Schüssel glatt rühren. Die mit Salz zerriebenen Knoblauchzehen und den Zitronensaft untermischen, mit Salz, Pfeffer, Muskat und Cayennepfeffer würzen.
• Den geriebenen Käse unter die Sahne-Eier-Masse rühren.
• Eine Auflaufform ausfetten und mit Semmelbröseln bestreuen. Das Gemüse schichtweise hineinlegen.
• Die Sahne-Eier-Masse auf dem Gratin verteilen und im auf 180-200° C vorgeheizten Backofen 20-25 Minuten backen.
• Das Gemüse-Gratin mit Kartoffeln herausnehmen, anrichten, mit der verlesenen, gewaschenen und fein gehackten Petersilie bestreuen und servieren.

Schweinefilet mit Kartoffelgratin

• 600 g Schweinefilet • Salz • Pfeffer aus der Mühle • 1-2 EL scharfen Senf • 1/2 Tasse Mehl • 1-2 EL Olivenöl • 2 Eier • je 1/2 Bund Petersilie und Schnittlauch • 2 EL gemahlene Mandeln • 2 EL geriebenen Emmentaler • 16 Stück Alufolie • Olivenöl zum Bestreichen • 750 g mehlig kochende Kartoffeln • 2 Knoblauchzehen • Butter zum Einfetten • 1 Prise Muskatpulver • 1/2 l Milch • 1/2 l Sahne • 1 Ei • 125 g Greyerzer Käse • Butterflöckchen

• Die Schweinefilets in 16 Scheiben schneiden, mit Salz und Pfeffer würzen, mit Senf bestreichen, in Mehl wenden.
• Das Olivenöl in einer Pfanne erhitzen und die Filetscheiben darin kurz anbraten. Vom Feuer nehmen und bereitstellen.
• Für die Kruste die Eier mit den fein gehackten Kräutern in einer Schüssel verschlagen. Die Mandeln und den Emmentaler untermischen. 16 entsprechend große Stücke Alufolie mit Olivenöl bestreichen, die Filetscheiben darauf legen und mit der Kräuter-Ei-Masse bestreichen.
• Die Folie verschließen und die Filets im auf 200° C vorgeheizten Backofen garen.
• Für das Gratin die Kartoffeln schälen und in hauchdünne Scheibchen schneiden.
• Eine Auflaufform mit den Knoblauchzehen ausreiben und das Ganze dick mit Butter einfetten.
• Die Kartoffeln einschichten und jede Lage mit Salz, Pfeffer und Muskat würzen.
• Die Milch mit der Sahne in einem Topf lauwarm werden lassen und das verquirlte Ei und 2/3 des geriebenen Käses einrühren.
• Über die Kartoffeln gießen, mit dem Käse bestreuen, die Butterflöckchen darauf setzen und im auf 180-200° C vorgeheizten Backofen 30-40 Minuten backen. Mit dem Überkrusteten Schweinefilet anrichten, ausgarnieren und servieren.

NUDEL-GEMÜSE-GRATIN

• 500 g Schmetterlingsnudeln • Salzwasser • 1-2 EL Olivenöl • 600 g Mischgemüse (TK-Produkt) • 1/4 l Gemüsebrühe • 30 g Butter oder Margarine • 30 g Weizenvollkornmehl • 1/8 l Milch • Salz • Pfeffer aus der Mühle • 1 Prise Muskat • 3 Eier • 1 Becher saure Sahne • Butter oder Margarine für die Form • 125 g geriebenen Käse • Kräuterzweige zum Garnieren

• Die Nudeln im Salzwasser mit dem Olivenöl bissfest garen, herausnehmen, abschrecken und gut abtropfen lassen.
• Das Mischgemüse kurz in Salzwasser blanchieren und ebenfalls abtropfen lassen.
• Für die Sauce die Butter oder Margarine in einem Topf erhitzen und das Mehl mit dem Schneebesen einrühren.
• Die kalte Milch angießen und alles gut miteinander verrühren.
• Die Gemüsebrühe dazugeben und das Ganze zu einer sämigen Sauce verkochen.
• Die Sauce vom Feuer nehmen, leicht erkalten lassen, die Eier und die saure Sahne mit dem Schneebesen kräftig darunter schlagen und mit Salz, Pfeffer und Muskat kräftig abschmecken,
• Die Nudeln und das Gemüse schichtweise in eine ausgefettete Form geben und die Sauce angießen.
• Den geriebenen Käse darüber streuen und das Ganze im auf 180-200° C vorgeheizten Backofen 30-35 Minuten backen. Herausnehmen, dekorativ anrichten, mit Kräuterzweigen ausgarnieren und servieren.

CHINAKOHL-GRATIN

• 800 g Chinakohl • 1-2 EL Butter oder Margarine • 1 Zwiebel • 1/4 l Gemüsebrühe • 1 Becher saure Sahne • 2 Eier • 100 g geriebenen Gouda • Salz • Pfeffer aus der Mühle • 1 Prise Muskat 1 Prise Cayennepfeffer • 1 Tasse gemischte, gehackte Kräuter (Petersilie, Dill, Schnittlauch)

• Den Chinakohl putzen, waschen und in mundgerechte Stücke schneiden.
• Die Butter oder Margarine in einer Pfanne erhitzen und die geschälte und in halbe Ringe geschnittene Zwiebel darin glasig schwitzen.
• Den Chinakohl dazugeben, kurz mitschwitzen, mit der Gemüsebrühe auffüllen und bei mäßiger Hitze 5-8 Minuten dünsten.
• Eine Auflaufform mit Butter oder Margarine ausfetten und das Gemüse hinein geben.
• Die saure Sahne mit den Eiern und dem Gouda verrühren, mit Salz, Pfeffer, Muskat und Cayennepfeffer abschmecken und gleichmäßig auf dem Chinakohl verteilen.
• Das Ganze im auf 180-200° C vorgeheizten Backofen 20-25 Minuten garen.
• Das Chinakohl-Gratin herausnehmen, anrichten, mit den gehackten Kräutern bestreuen, ausgarnieren und servieren.

Broccoli-Blumenkohl-Kohlrabi-Gratin

• 200 g Broccoli • 200 g Blumenkohl • 200 g Kohlrabi • 300 g Kartoffeln • Salzwasser • 1-2 EL Butter oder Margarine • 1 Zwiebel • 1 rote Paprikaschote • 1 Schuss Weißwein • 2 Packungen „Gewürzmischung für Broccoli-Gratin" • 1/2 l Wasser • 100 g jungen Gouda

• Den Broccoli und den Blumenkohl verlesen, waschen, gut abtropfen lassen und in mundgerechte Röschen zerteilen.
• Den Kohlrabi und die Kartoffeln schälen und grob raspeln.
• Die Broccoli- und Blumenkohlröschen im Salzwasser bissfest garen, kurz vor Garende die Kohlrabi- und Kartoffelraspeln dazugeben und blanchieren. Das Gemüse herausnehmen, gut abtropfen lassen und bereitstellen.
• Die Butter oder Margarine in einer Pfanne erhitzen und die geschälte und fein gehackte Zwiebel darin glasig schwitzen.
• Die Paprikaschote halbieren, entkernen, in Würfel schneiden, zur Zwiebel geben und kurz mitschwitzen.
• Mit Weißwein ablöschen und kurz durchkochen lassen.
• Die Gewürzmischung mit kaltem Wasser anrühren, in einen Topf geben und unter ständigem Rühren eine Minute kochen lassen.
• Das Gemüse in eine ausgefettete Auflaufform geben, mit der Sauce überziehen, die Paprika-Zwiebel-Mischung gleichmäßig darauf verteilen und das Ganze mit dem geriebenen Gouda bestreuen.
• Im auf 180-200° C vorgeheizten Backofen 15-20 Minuten backen. Herausnehmen, anrichten, ausgarnieren und servieren.

Kartoffel-Hackfleischgratin

• 1 kg Kartoffeln • 1 Zwiebel • 2-3 EL Butter oder Margarine • 2 Knoblauchzehen • 400 g Rinderhack • 2 kleine Stangen Lauch • Salz • Pfeffer aus der Mühle • 1 Prise Rosmarinpulver • 1 Becher Sahne • 250 g geriebenen Butterkäse • 75 g rohen Schinken

• Die Kartoffeln schälen, waschen und in dünne Scheiben schneiden.
• Die Zwiebel schälen, fein hacken, mit der Butter oder Margarine in einer Pfanne glasig schwitzen.
• Die Knoblauchzehen schälen, fein hacken, zur Zwiebel geben und anschwitzen.
• Das Rinderhack dazugeben und unter ständigem Rühren braten.
• Den gewaschenen und in Ringe geschnittenen Lauch zum Fleisch geben und kurz mitbraten.
• Das Ganze mit Salz, Pfeffer, Cayennepfeffer und Rosmarinpulver würzen.
• Eine ausgefettete Auflaufform mit einer Schicht Kartoffelscheiben auslegen. Mit Rosmarin, Salz und Pfeffer bestreuen und die Hackfleischmasse darauf verteilen.
• Die Sahne angießen, etwas geriebenen Käse darüber streuen und mit den restlichen Kartoffelscheiben abdecken.
• Das Kartoffelgratin mit dem restlichen Käse bestreuen, mit Butterflöckchen belegen und im auf 180-200° C vorgeheizten Backofen 45 Minuten garen.
• Den in Streifen geschnittenen Schinken über den Auflauf streuen und weitere 15 Minuten überbacken, herausnehmen, anrichten, ausgarnieren und servieren.

Buntes Gratin mit Knoblauch-Frischkäse

• 1 große Zucchini • 150 g frische Champignons • Saft von 1 Zitrone • 600 g gekochte Kartoffeln • 200 g Frischkäse mit Knoblauch • 1 Becher Sahne • 1 Ei • 75 g geriebenen Emmentaler • Salz • Pfeffer aus der Mühle • 1 Prise Muskat • 1 Prise Cayennepfeffer • Butter und Semmelbrösel für die Form

• Die Zucchini und die Champignons putzen, waschen, in Scheiben schneiden und mit Zitronensaft beträufeln.
• Die Kartoffeln pellen und ebenfalls in Scheiben schneiden.
• Den Knoblauch-Frischkäse mit der Sahne, dem Ei und dem Emmentaler in einer Schüssel glatt rühren, mit Salz, Pfeffer, Muskat und Cayennepfeffer abschmecken.
• Eine Auflaufform mit Butter ausfetten und mit Semmelbröseln bestreuen.
• Das Gemüse schichtweise einfüllen und das Ganze mit der Käse-Sahne-Creme überziehen.
• Das Gratin im auf 180-200° C vorgeheizten Backofen 20-25 Minuten goldbraun backen, herausnehmen, dekorativ anrichten, ausgarnieren und servieren.

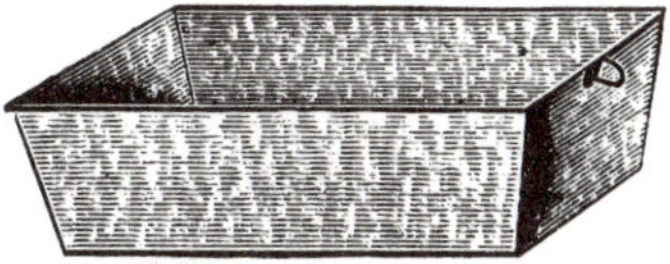

Frau Antjes Wintergratin

• 600 g Kartoffeln • 400 g Wintergemüse (Lauch, Karotten, Weißkohl) • 2-3 EL Butter oder Margarine • 1 Zwiebel • 1/4 l Sahne • 150 g geriebenen, mittelalten Holland-Gouda • Salz • Pfeffer aus der Mühle • 1 Prise Cayennepfeffer • 1 Prise Muskat • 1/2 Bund Schnittlauch • 1/2 Bund Petersilie

• Die Kartoffeln schälen und in feine Scheiben schneiden.
• Das Wintergemüse putzen, waschen und in mundgerechte Stücke schneiden.
• Die Butter oder Margarine in einer Auflauform erhitzen und die geschälte und fein gehackte Zwiebel darin glasig schwitzen.
• Das Gemüse dazugeben und kurz durchschwenken. Die Sahne mit dem geriebenen Käse vermischen, mit Salz, Pfeffer, Cayennepfeffer und Muskat abschmecken, gleichmäßig auf dem Gratin verteilen und im 180-200° C vorgeheizten Backofen 40-50 Minuten garen.
• Das Wintergratin herausnehmen, anrichten, mit den verlesenen, fein gehackten Kräutern bestreuen, ausgarnieren und servieren.

Kartoffelgratin mit jungem Gemüse

• 500 g Kartoffeln • Salzwasser • 1 EL Kümmel • 200 g junge Karotten • 300 g jungen Kohlrabi • 100 g junge Erbsen • 1/4 l Gemüsebrühe • 2-3 EL Butter oder Margarine • 1 Becher Sahne • 200 g geriebenen Butterkäse • Salz • Pfeffer aus der Mühle • 1 Prise Cayennepfeffer • 1 Prise Muskat • Butter- oder Margarineflöckchen • 100 g Frühstücksspeck

• Die Kartoffeln in Salzwasser mit dem Kümmel garen, abgießen, pellen, erkalten lassen und in Scheiben schneiden.
• Die Karotten und die Kohlrabi schälen, die Erbsen aus den Schoten lösen. Die Karotten in Stifte schneiden, die Kohlrabi halbieren und in Scheiben schneiden.
• Karotten, Kohlrabi und Erbsen in der Gemüsebrühe bissfest garen.
• Das Gemüse herausnehmen, gut abtropfen lassen und bereitstellen.
• Eine runde Gratinform mit Butter oder Margarine ausfetten und die Hälfte der Kartoffelscheiben einschichten.
• Die Sahne mit 75 g Käse vermischen, mit Salz, Pfeffer, Cayennepfeffer und Muskat abschmecken und über die Kartoffelscheiben gießen.
• Die restlichen Kartoffelscheiben, Möhrenstifte, Kohlrabischeiben und Erbsen dekorativ in die Form schichten und das Ganze mit dem restlichen Käse bestreuen.
• Einige Butter- oder Margarineflöckchen darauf setzen und im auf 180-200° C vorgeheizten Backofen 15-20 Minuten backen.
• Den Frühstücksspeck kurz vor Garende kross braten, das Kartoffelgratin anrichten, die Speckscheiben dazu geben, ausgarnieren und servieren.

Kartoffelgratin mit Schafskäse

• 1 kg Kartoffeln • 2 Zwiebeln • 2-3 EL Butter oder Margarine • 100 g durchwachsenen, geräucherten Speck • 4 hart gekochte Eier • 1/2 l Milch • Salz • Pfeffer aus der Mühle • 1/2 TL Kümmel • 1 Tasse gemischte, gehackte Kräuter (Schnittlauch, Petersilie, Dill) • 150 g Schafskäse • 1/2 Becher Sahnedickmilch

• Die Kartoffeln schälen, in feine Scheiben schneiden, unter fließendem Wasser gründlich abwaschen und abtropfen lassen.
• Die Zwiebel schälen und fein hacken.
• Eine Auflaufform mit der Butter oder Margarine ausfetten und die Kartoffeln, die Zwiebeln sowie den in Streifen geschnittenen, geräucherten Speck und die gepellten und in Scheiben geschnittenen Eier einschichten.
• Die Milch mit Salz, Pfeffer und Kümmel kräftig abschmecken und die gehackten Kräuter untermischen.
• Den gewürfelten Schafskäse und die Sahnedickmilch einrühren und das Ganze gleichmäßig über die Kartoffelmischung verteilen.
• Das Kartoffelgratin mit Schafskäse im auf 180-200° C vorgeheizten Backofen 25-30 Minuten garen, herausnehmen, anrichten, ausgarnieren und servieren.

Kohlrabi-Karottengratin

• 500 g Karotten • 500 g Kohlrabi • Gemüsebrühe zum Blanchieren • 250 g frische Champignons • Saft von 1 Zitrone • 100 g durchwachsenen, geräucherten Speck • Salz • Pfeffer aus der Mühle • 1 Prise Cayennepfeffer • 1 Prise Muskat • 150 g geriebenen, mittelalten Gouda • 1 Zwieback • Kräuterzweige zum Garnieren

• Die Karotten und die Kohlrabi schälen, grob raspeln und in der erhitzten Gemüsebrühe bissfest garen.
• Die Champignons putzen, waschen, in Scheiben schneiden, mit Zitronensaft beträufeln.
• Den in feine Würfel geschnittenen Speck in einer trockenen Pfanne auslassen, die Champignons dazugeben und kurz mitschwitzen.
• Mit Salz, Pfeffer, Cayennepfeffer und Muskat abschmecken.
• Eine Gratinform ausfetten, die Pilze, die Karotten und die Kohlrabi einfüllen, mit dem geriebenen Käse und dem zerbröselten Zwieback bestreuen.
• Das Ganze im auf 180-200° C vorgeheizten Backofen 20 Minuten überbacken, herausnehmen, dekorativ anrichten, mit Kräuterzweigen ausgarnieren und servieren.

Kartoffel-Spinat-Gratin

• 600 g gekochte Kartoffeln • 600 g frischen Spinat • 1-2 EL Butter oder Margarine • 1-2 Knoblauchzehen • 1 TL Salz • 2 Zwiebeln • 1 Schuss Weißwein • Salz • Pfeffer • 1 Prise Muskatpulver • Fett für die Form • 1 Becher Sahne • 3 Eier • 125 g geriebenen Butterkäse • 1 Tasse gemischte, gehackte Kräuter

• Die Kartoffeln pellen, in Scheiben schneiden und bereitstellen. Den Spinat verlesen, waschen und in mundgerechte Stücke schneiden.
• Die Butter oder Margarine erhitzen und die mit Salz zerriebenen Knoblauchzehen darin anschwitzen, die geschälte und fein gehackte Zwiebel dazugeben und glasig schwitzen.
• Den Spinat dazugeben und kurz mitschwitzen. Mit Weißwein ablöschen und 3-4 Minuten dünsten. Mit Salz, Pfeffer und Muskat abschmecken und den Spinat mit den Kartoffelscheiben in eine ausgefettete Auflaufform geben.
• Die Sahne mit den Eiern und dem Butterkäse verschlagen, mit Salz, Pfeffer und Muskat abschmecken und auf den Kartoffeln verteilen.
• Das Ganze im auf 180-200° C vorgeheizten Backofen 10-15 Minuten überbacken, herausnehmen, mit Kräutern bestreuen, ausgarnieren und servieren.

Röschensoufflé

• 200 g Blumenkohlröschen • 200 g Broccoliröschen • 200 g Romanesoröschen • 200 g Karotten • 2-3 EL Butterschmalz • 2 Frühlingszwiebeln • 2 Knoblauchzehen • 1 TL Salz • 2 Bananen • 1-2 EL Curry • 1 Schuss Weißwein • 1 Tasse Gemüsebrühe • 1 1/2 Becher Sahnedickmilch • 2 Eier • Salz • Pfeffer aus der Mühle • 1 Prise Cayennepfeffer • einige Tropfen flüssigen Süßstoff • 1 Bund Petersilie

• Die Blumenkohl-, Broccoli- und Romanescoröschen waschen und miteinander vermischen. Die Karotten schälen, in Streifen schneiden und dazugeben.
• Das Butterschmalz in einer Auflaufform erhitzen und die geputzten, in Ringe geschnittenen Frühlingszwiebeln darin glasig schwitzen.
• Die Knoblauchzehen schälen, mit Salz zu einer Paste zerreiben und zu den Zwiebeln geben. Die Bananen schälen, mit einer Gabel zerdrücken, zur Zwiebel geben und kurz mitschwitzen. Das Ganze mit Curry bestäuben, die Röschen-Karotten-Mischung dazugeben und mit Weißwein ablöschen. Die Gemüsebrühe angießen und bei mäßiger Hitze 8-10 Minuten dünsten lassen.
• Die Sahnedickmilch mit den Eiern verrühren, mit Salz, Pfeffer, Cayennepfeffer und Süßstoff würzen und das Ganze gleichmäßig über das Gemüse gießen.
• Im auf 180-200° C vorgeheizten Backofen 15-20 Minuten garen.
• Nach Ende der Garzeit das Röschensoufflé nochmals abschmecken, mit der verlesenen, gewaschenen und fein gehackten Petersilie bestreuen, anrichten, ausgarnieren und servieren.

Pikantes Quarksoufflé

• 2 EL Butter oder Margarine • 2 EL Mehl • knapp 1/4 l Vollmilch • 400 g Magerquark • 3 Eigelb • Salz • Pfeffer aus der Mühle • 1 Prise Muskat • 2 Tassen gemischte, gehackte Kräuter (Petersilie, Schnittlauch, Dill, Kresse) • 3 Eiweiß • 1 Prise Zucker • Gemüsesauce nach Geschmack

• Die Butter oder Margarine in einem Topf erhitzen, das Mehl einrühren und kurz anschwitzen.
• Die kalte Milch angießen und das Ganze zu einer Sauce verkochen.
• Vom Feuer nehmen, leicht erkalten lassen, den Quark und das Eigelb unterrühren, mit Salz, Pfeffer und Muskat abschmecken.
• Die verlesenen, gewaschenen und fein gehackten Kräutern unter die Masse rühren und das mit etwas Zucker steif geschlagene Eiweiß vorsichtig unterheben.
• Die Masse in ausgefettete Puddingförmchen füllen, in ein Wasserbad stellen und im Ofen bei 80° C etwa 40 Minuten pochieren.
• Das Quarksoufflé aus den Förmchen stürzen, anrichten und je nach Geschmack mit einer kalten Gemüsesauce servieren.

Maisgriess-Bananen-Soufflé

• 500 g gemischtes Gemüse (Karotten, Sellerie, Blumenkohl, Kohlrabi, grüne Bohnen) • 3/4 l Gemüsebrühe • 1 Dose geschälte Tomaten • 1 Becher Crème fraîche mit Kräutern • 200 g Maisgrieß • 3 Eier • 1 Bund Petersilie • 2 Bananen • Saft von 1 Zitrone • 200 g Doppelrahmfrischkäse mit Kräutern • 1 Becher Crème fraîche mit Kräutern • 50 g gehackte Mandeln • Salz • Pfeffer aus der Mühle • Fett zum Ausfetten • Semmelbrösel zum Bestreuen • Butterflöckchen

• Das Gemüse putzen, in mundgerechte schneiden und in der erhitzten Gemüsebrühe sortenweise bissfest garen. Herausnehmen und locker miteinander vermischen.
• Die Tomaten abtropfen lassen und den Saft auffangen. Die Crème fraîche mit den Kräutern verrühren und mit den Tomaten unter das Gemüse heben.
• Von der verbliebenen Brühe einen halben Liter abmessen und zum Kochen bringen.
• Den Maisgrieß unter ständigem Rühren dazu geben, einmal aufkochen lassen und bei mäßiger Hitze in 15 Minuten ausquellen lassen.
• Die Petersilie grob hacken. Die Bananen mit einer Gabel zerdrücken und sofort mit Zitronensaft beträufeln.
• Die Eier trennen, das Eigelb mit Wasser schaumig schlagen und den Doppelrahmfrischkäse, die Crème fraîche und die Petersilie darunter mischen.
• Den Maisgrieß und die gehackten Mandeln dazu geben vermischen.
• Die Masse mit Salz und Pfeffer abschmecken, das zu steifem Schnee geschlagene Eiweiß und den Bananenbrei unterheben.
• Eine Auflaufform ausfetten, mit Semmelbröseln bestreuen und die Hälfte des Maisgrießes darin gleichmäßig verteilen.
• Die Gemüsemischung darauf legen, mit der restlichen Maisgrieß-Mischung überziehen und diese glatt streichen.
• Mit den restlichen Semmelbröseln bestreuen, mit Butterflöckchen belegen und das Ganze im auf 180-200° C vorgeheizten Backofen 60-70 Minuten backen.
• Das Soufflé herausnehmen, anrichten, ausgarnieren und servieren.

Kartoffel-Käse-Soufflé

• 3/8 l Wasser • 1/4 TL Salz • 1/8 l kalte Milch • 1 Päckchen Kartoffelpüreepulver • 1-2 EL Butter oder Margarine • 150 g Kräuter-Frischkäse • 4 Eier • Salz • Pfeffer aus der Mühle • 1 Prise Muskat • 1 Prise Paprikapulver • Semmelbrösel für die Auflaufform

• Das Wasser mit dem Salz zum Kochen bringen, vom Feuer nehmen und die kalte Milch dazugeben.
• Die Püreeflocken einstreuen, die Butter oder Margarine und den Kräuter-Frischkäse unterrühren.
• Die Eier trennen. Das Eigelb unter die Kartoffelmasse heben, das Ganze mit Salz, Pfeffer, Muskat und Paprikapulver kräftig abschmecken.
• Das Eiweiß mit etwas Wasser steif schlagen und vorsichtig unter die Masse heben.
• Die Käse-Kartoffelmasse in eine gebutterte und ausgebröselte Auflaufform geben und im 180-200° C vorgeheizten Backofen 30-35 Minuten goldgelb backen.
• Das Käse-Kartoffel-Soufflé herausnehmen, anrichten, ausgarnieren und sofort servieren.

Paprika-Pilz-Flan

• je 1 rote und gelbe Paprikaschote • 250 g Austernpilze • 100 g Bierschinken • 2-3 EL Butter • Salz • weißen Pfeffer aus der Mühle • 1 Prise Muskat • Butter für die Form • 100 g Crème fraîche • 3 Eier • 150 g geriebenen Käse

• Die Paprikaschoten waschen, halbieren, entkernen und in feine Streifen schneiden.
• Die Austernpilze putzen, in Stücke schneiden, den Bierschinken würfeln.
• Die Butter in einem Topf erhitzen und das Gemüse darin andünsten. Mit Salz, Pfeffer und Muskat abschmecken.
• Eine Auflaufform mit der Butter ausfetten, das Gemüse und die Bierschinkenwürfel einfüllen. Die Crème fraîche mit den Eiern verquirlen, den Käse dazugeben und das Ganze über das Gemüse gießen.
• Im auf 200° C vorgeheizten Backofen 30-35 Minuten backen, dekorativ anrichten, ausgarnieren und servieren.

Schweinefilets auf Kartoffelgratin

• 750 g mehlig kochende Kartoffeln • 2 Knoblauchzehen • Butter zum Einfetten • Salz • Pfeffer aus der Mühle • 1 Prise Muskatpulver • 1/2 l Milch • 1/2 l Sahne • 2-3 Eier • 200 g Gruyère • 70 g Butter oder Margarine • 600 g Schweinefilet • 1-2 EL mittelscharfen Senf • 1/2 Tasse Mehl • 1-2 EL Olivenöl • 1 Tasse gemischte, gehackte Kräuter • 1 Tasse geriebene Haselnüsse • 1 Tasse geriebenen Butterkäse • 1 Tasse geriebenen Parmesan

• Für das Kartoffelgratin die Kartoffeln schälen und in hauchdünne Scheibchen schneiden. Eine Auflaufform mit den Knoblauchzehen ausreiben und die Form dick mit Butter einfetten.
• Die Kartoffeln einschichten und jede Lage mit Salz, Pfeffer und Muskat würzen. Die Milch mit der Sahne in einem Topf lauwarm werden lassen und die verquirlten Eier und 2/3 des geriebenen Käses einrühren.
• Über die Kartoffeln gießen, mit dem restlichen Käse bestreuen, die Butterflöckchen darauf setzen und im auf 180-200° C vorgeheizten Backofen 30-40 Minuten backen.
• Die Schweinefilets in 16 Scheiben schneiden, mit Salz und Pfeffer würzen, mit Senf bestreichen, in Mehl wenden.
• Das Olivenöl in einer Pfanne erhitzen und die Filetscheiben darin kurz anbraten. Vom Feuer nehmen und bereitstellen.
• Die fein gehackten Kräutern mit den Haselnüssen, dem Butterkäse und dem Parmesankäse vermischen. Die Filetscheiben auf das Kartoffelgratin legen, mit der Kräuter-Käse-Masse überziehen und im auf 180-200° C vorgeheizten Backofen 10 Minuten backen, herausnehmen, anrichten, ausgarnieren und servieren.

Herzhaftes Kohlrabigratin

• 400 g Kohlrabi • 400 Karotten • 1-2 Knoblauchzehen • 1 TL Salz • 2 Zwiebeln • 1-2 EL Butter oder Margarine • 200 g gekochten Schinken • 2 Becher Sahne • 200 g geriebenen Butterkäse • 3 Eier • Salz • Pfeffer aus der Mühle • 1 Prise Cayennepfeffer

• Die Kohlrabi mit den Karotten putzen, schälen und in feine Scheiben schneiden. Die Zwiebeln in Scheiben schneiden und die fein gehackten Knoblauchzehen mit Salz zu einer Paste zerreiben.
• Etwas Butter oder Margarine in einer Auflaufform erhitzen und die Knoblauchzehe glasig schwitzen. Die Zwiebeln dazugeben und ebenfalls kurz mitschwitzen.
• Das Schinken in Streifen oder Würfel schneiden und abwechselnd mit dem Gemüse in die Auflaufform schichten.
• Die Sahne mit dem Käse verrühren und die Eier darunter schlagen. Die Creme mit Salz, Pfeffer und Cayennepfeffer kräftig abschmecken und gleichmäßig auf das Gemüse verteilen.
• Das Ganze im auf 180-200° C vorgeheizten Ofen 25-30 Minuten backen. Nach Ende der Backzeit das Herzhafte Kohlrabigratin herausnehmen, anrichten, ausgarnieren und servieren.

Tomaten-Zucchini-Gratin

• 8 große Tomaten • 1 Zwiebel • 1-2 Knoblauchzehen • 1 TL Meersalz • 1-2 EL Butter oder Margarine • 800 g Zucchini • 1 Glas Weißwein • Salz • Pfeffer aus der Mühle • 1 Becher Sahne • 2 Eier • 150 g geriebenen Schafskäse • 1 Prise Cayennepfeffer • 1 Prise Paprikapulver • 250 g Mozzarellakäse • 1 Tasse gemischte, gehackte Kräuter

• Die Tomaten waschen, den Strunk herausschneiden und die Tomaten in Scheiben schneiden. Die Zwiebel fein hacken. Die Knoblauchzehe mit Salz zu einer Paste zerreiben, mit den Zwiebeln im erhitzten Fett glasig schwitzen.
• Die Zucchini putzen, waschen und in Scheiben schneiden.
• Das Gemüse in eine ausgefettete Auflaufform schichten, den Weißwein angießen, salzen und pfeffern. Die Sahne mit den Eiern und dem geriebenen Schafskäse verrühren, mit den Gewürzen abschmecken.
• Die Creme über das Gemüse verteilen, mit dem in Scheiben geschnittenen Mozzarellakäse belegen und das Ganze im auf 180-200° C vorgeheizten Backofen 10-15 Minuten überbacken.
• Nach Ende der Backzeit, das Tomaten-Zucchini-Gratin anrichten, ausgarnieren und mit den Kräutern bestreut servieren.

Kartoffel-Birnen-Gratin

• 600 g gekochte Kartoffeln • 4-5 Birnen • Saft von 2 Zitronen • 1 große Dose Champignonköpfe • Butter oder Margarine • 2-3 EL Semmelbrösel • 200 g Sahnequark • 1 Becher Sahne • 2 Eier • 2 Tassen geriebenen Butterkäse • Salz • Pfeffer aus der Mühle • 1 Prise Muskat • 1 Tasse gehackte Nüsse • 1 Tasse gemischte, gehackte Kräuter

• Die Kartoffeln waschen, in Salzwasser bissfest garen, herausnehmen, leicht erkalten lassen, pellen und in dünne Scheiben schneiden.
• Die Birnen schälen, entkernen, in Scheiben schneiden und diese mit Zitronensaft beträufeln, die Champignonköpfe gut abtropfen lassen und mit den Birnen vermischen.
• Eine Auflaufform mit Butter oder Margarine ausfetten, mit Semmelbröseln bestreuen. Die Kartoffeln, Birnen und Champignonköpfe einschichten.
• Den Frischkäse mit der Sahne, den Eiern und dem Butterkäse verrühren, mit Salz, Pfeffer und Muskat kräftig abschmecken und auf dem Auflauf verteilen. Den Auflauf im auf 180-200° C vorgeheizten Backofen 15-20 Minuten garen.
• 5 Minuten vor Garende den Auflauf mit gehackten Nüssen bestreuen. Nach Ende der Garzeit das Kartoffel-Birnen-Gratin herausnehmen, anrichten, ausgarnieren und mit den gehackten Kräutern bestreut servieren.

Kartoffel-Sellerie-Gratin

• 500 g Kartoffeln • 500 g Sellerie • 2-3 EL Butter oder Margarine • 1/4 l Sahne • Salz • Pfeffer aus der Mühle • 1 Prise Muskat • 1 Prise Cayennepfeffer • einige Zweige Majoran • einige Zweige Thymian • 150 g Holland-Gouda, mittelalt • 50 g Holland-Gouda, alt

• Die Kartoffeln und den Sellerie schälen und in feine Scheiben schneiden. Eine große oder 4 kleine Gratinförmchen mit der Butter oder Margarine ausfetten.
• Die Kartoffel- und die Sellerriescheiben schichtweise dekorativ in die Gratinförmchen füllen.
• Die Sahne mit Salz, Pfeffer, Muskat und Cayennepfeffer kräftig abschmecken. Die verlesenen, gewaschenen und klein gehackten Kräuter untermischen und gleichmäßig über die Kartoffel- und Selleriescheiben verteilen.
• Den jungen und den alten Gouda reiben, miteinander vermischen und bereitstellen. Das Kartoffel-Sellerie-Gratin im auf 180-200° C vorgeheizten Backofen 20 Minuten backen. Den Käse gleichmäßig darauf streuen und weitere 15-20 Minuten backen.
• Das Kartoffel-Sellerie-Gratin anrichten, ausgarnieren und mit Salaten der Saison servieren.

Kartoffel-Schinken-Gratin

• 1,2 kg Kartoffeln • Salzwasser • 1 EL Kümmel • 1 El Majoran • 1-2 El Olivenöl • 100 g durchwachsenen, geräucherten Speck • 200 g Schinken • 1 Zwiebel • 1 Stange Lauch • 1/4 l Sahne • 200 g Sahnequark • 4 Eier • 1 TL Kräuter der Provence • Salz • Pfeffer aus der Mühle • 1 Prise Cayennepfeffer • 1 Prise Muskat • Butter oder Margarine zum Ausfetten

• Die Kartoffeln unter fließendem Wasser waschen, bürsten und in einen Topf geben. Das Salzwasser angießen, den Kümmel und den Majoran dazugeben und die Kartoffeln zugedeckt in 20 Minuten garen.
• Anschließend herausnehmen, abgießen, pellen und in Würfel oder Scheiben schneiden. Das Olivenöl in einer Pfanne erhitzen und den in feine Würfel geschnittenen Speck darin auslassen, den Schinken ebenfalls würfeln, dazugeben und kurz mitgaren.
• Die Zwiebel schälen und fein hacken. Den Lauch putzen, in Streifen schneiden, zum Speck geben und kurz mitschwitzen. Die Kartoffeln mit dem Schinkengemüse vermischen und in eine ausgefettete Auflaufform geben.
• Die Sahne mit dem Sahnequark glatt rühren. Die Eier kräftig darunter schlagen und das Ganze mit Kräutern der Provence, Salz, Pfeffer, Cayennepfeffer und Muskat abschmecken.
• Die Quarksahne gleichmäßig auf dem Auflauf verteilen. Einige Butterflöckchen darauf setzen und das Ganze im auf 180-200° C vorgeheizten Backofen in 15-20 Minuten backen. Herausnehmen, anrichten, ausgarnieren und servieren.

Nussgratin mit Kräutern

• 100 g gemischte Nüsse • 150 g mittelalten Gouda • 2 Scheiben Vollkornbrot • 2-3 EL Butter oder Margarine • 1 Zwiebel • 500 g Kartoffeln • 500 g Karotten • 1 Becher Joghurt • 1 Becher Sahne • 4 Eier • Salz • Pfeffer aus der Mühle • 1 Prise Muskat • 1 Prise Cayennepfeffer • 1 Tasse gemischte, gehackte Kräuter • Butter oder Margarine zum Ausfetten

• Die Nüsse in einer Pfanne fettfrei goldgelb rösten. Zuerst den Käse und anschließend das Vollkornbrot reiben und mit den Nüssen in einer Schüssel vermischen.
• Die Butter oder Margarine in einem Topf erhitzen und die geschälte und fein gehackte Zwiebel darin glasig schwitzen.
• Die Kartoffeln und die Karotten schälen, in feine Würfel oder Scheiben schneiden, zu den Zwiebeln geben und kurz mitschwitzen.
• Den Joghurt mit der Sahne und den Eiern verrühren, mit Salz, Pfeffer, Muskat und Cayennepfeffer kräftig abschmecken und die gehackten Kräuter unterziehen.
• Eine Auflaufform mit Butter oder Margarine ausfetten und die Kartoffelmasse einfüllen, die Joghurtsahne darüber gießen mit der Käsemischung bestreuen.
• Den Auflauf im auf 180-200° C vorgeheizten Backofen 25-30 Minuten knusprig backen, herausnehmen, anrichten, ausgarnieren und servieren.

Käsekartoffeln in Kräutersauce

• 1,2 kg Kartoffeln Salzwasser • 2-3 EL Butter oder Margarine • 50 g Weizenmehl • 3/8 l Milch • 1/8 l Sahne • Salz • Pfeffer aus der Mühle • 1 Prise Muskatpulver • 1 Prise Cayennepfeffer • einige Tropfen Zitronensaft • einige Tropfen Worcestersauce • 50 g geriebenen Parmesankäse • 1 Tasse gemischte, gehackte Kräuter • 4 hart gekochte Eier • 200 g geriebenen Butterkäse

• Die Kartoffeln unter fließendem Wasser waschen, gut abtropfen lassen und schälen. Die Kartoffeln mit Salzwasser in einen Topf geben und bissfest garen.
• In der Zwischenzeit die Butter oder Margarine in einem Topf erhitzen und das Mehl mit dem Schneebesen einrühren.
• Die Milch und die Sahne miteinander vermischen und kalt mit dem Schneebesen unter die Mehlbutter rühren. Die Sauce unter ständigem Rühren bei mäßiger Hitze 6-8 Minuten auskochen lassen.
• Anschließend die Sauce durch ein Sieb passieren, nochmals erhitzen, mit Salz, Pfeffer, Muskat, Cayennepfeffer und Zitronensaft kräftig abschmecken.
• Den geriebenen Parmesan und die Kräuter untermischen, nochmals erhitzen und bereitstellen.
• Die Kartoffeln mit den gepellten und geviertelten Eiern in einer ausgefetteten Auflaufform anrichten, die Kräutersauce gleichmäßig auf die Kartoffeln verteilen, mit dem Butterkäse bestreuen und im auf 180-200° C vorgeheizten Ofen 10-15 Minuten backen. Nach Ende der Backzeit die Käsekartoffeln in Kräutersauce herausnehmen, anrichten, ausgarnieren und servieren.

Auflauf mit Ziegenkäse

• 400 g gekochte Kartoffeln • 400 g gekochtes Mischgemüse • 4-5 EL Weißweinessig • 4-5 EL Fleischbrühe • 1 Zwiebel • 4 Knoblauchzehen • TL Salz • Pfeffer aus der Mühle • 1 Prise Zucker • 1 Prise Cayennepfeffer • Butter oder Margarine zum Ausfetten • 400 g Ziegenkäse • 50 g Sonnenblumenkerne • Kräuterzweige zum Garnieren

• Die Kartoffeln pellen und in Würfel schneiden, mit dem Mischgemüse in einer Schüssel vorsichtig vermischen. Den Essig mit der Brühe und der geschälten und geriebenen Zwiebel untermischen.
• Die Knoblauchzehe schälen und mit Salz zu einer Paste zerreiben, unter das Gemüse heben, mit Salz, Pfeffer, Zucker und Cayennepfeffer kräftig abschmecken.
• Eine Auflaufform mit Butter oder Margarine ausfetten, das Gemüse einfüllen und mit dem in Scheiben geschnittenen Ziegenkäse belegen.
• Das Ganze im auf 180-200° C vorgeheizten Backofen 10-15 Minuten überbacken. Nach Ende der Backzeit den Auflauf mit Ziegenkäse anrichten, mit den Sonnenblumenkernen bestreuen, mit Kräuterzweigen ausgarnieren und servieren.

Kartoffelhälften mit Schafskäse

• 1,2 kg Kartoffeln Salzwasser • 1 EL Kümmel • 1 EL Majoran • 250 g Sauerrahm • 1 Becher Sahne • Salz • Pfeffer aus der Mühle • 1 Prise Cayennepfeffer • einige Tropfen Zitronensaft • 1 Tasse gemischte, gehackte Kräuter • 400 g geriebenen Schafskäse

• Die Kartoffeln unter fließendem Wasser waschen, gut abtropfen lassen und in einen Topf geben. Das Salzwasser angießen, den Kümmel und Majoran hinzufügen und in 20 Minuten garen.
• In der Zwischenzeit den Sauerrahm mit der Sahne glatt rühren. Mit Salz, Pfeffer, Cayennepfeffer, Zitronensaft kräftig abschmecken, die gehackten Kräuter und den geriebenen Schafskäse unterrühren.
• Die gegarten Kartoffeln herausnehmen, halbieren und in eine ausgefettete Auflaufform geben, die Käsecreme gleichmäßig auf die Kartoffeln verteilen und im auf 180-200° C vorgeheizten Ofen 10-15 Minuten backen. Nach Ende der Backzeit die Kartoffelhälften mit Schafskäse herausnehmen, anrichten, ausgarnieren und servieren.

Deftiger Kartoffel-Champignon-Auflauf

• 500 g gekochte Kartoffeln • 500 g Champignons • Saft von 1 Zitrone • 100 g durchwachsenen Speck • 2-3 EL Olivenöl • 2 Knoblauchzehen • 2 Zwiebeln • Pfeffer aus der Mühle • 1 Prise Cayennepfeffer • 1 Prise Paprika • 1 Bund Petersilie • 200 g geriebenen Emmentaler

• Die Kartoffeln pellen und in Scheiben oder Würfel schneiden. Die Champignons verlesen, waschen, halbieren und mit Zitronensaft beträufeln.
• Den Speck in feine Würfel schneiden und in einer Auflaufform auslassen. Das Olivenöl dazugeben und die zu einer Paste zerriebenen Knoblauchzehen darin glasig schwitzen.
• Die fein gehackte Zwiebel, die Kartoffeln und die Champignons dazugeben und ebenfalls kurz mitschwitzen. Das Ganze mit Salz, Pfeffer, Muskat und Cayennepfeffer und Paprika kräftig abschmecken und die fein gehackte Petersilie unterheben.
• Mit dem geriebenen Käse bestreuen und das Ganze im auf 180-200° C vorgeheizten Backofen 10-15 Minuten backen.
• Nach Ende der Backzeit den deftigen Kartoffel-Champignon-Auflauf herausnehmen, ausgarnieren und servieren.

Kartoffel-Wurst-Auflauf

• 500 g gekochte Kartoffeln • 2 Zwiebeln • 2 Stangen Lauch • 500 g Fleischwurst oder Würstchen • 2 Becher saure Sahne • 1 Becher süße Sahne • 4 Eier • 1 Tasse gemischte, gehackte Kräuter • Salz • Pfeffer aus der Mühle • 1 Prise Muskat

• Die gekochten Kartoffeln pellen und in Würfel oder Scheiben schneiden. Die geschälten Zwiebeln in feine Würfel schneiden, den Lauch putzen, waschen und in Scheiben schneiden, mit der in Würfel geschnittenen Fleischwurst vermischen und in eine ausgefettete Auflaufform schichten.
• Die saure Sahne mit der süßen Sahne, dem Ei und den gehackten Kräutern in einer Schüssel verrühren, mit Salz, Pfeffer und Muskat kräftig würzen und den Käse untermischen.
• Die Käsecreme gleichmäßig auf dem Auflauf verteilen und im auf 180-200° C vorgeheizten Ofen 10-15 Minuten backen. Nach Ende der Backzeit den Kartoffel-Wurst-Auflauf herausnehmen, anrichten, ausgarnieren und servieren.

Birnenauflauf mit Rotwurst

• 500 g Kartoffeln Salzwasser • 4 säuerliche Birnen • Saft von 1 Zitrone • 1/4 l Dickmilch • 1 Becher Sahne • Salz • Pfeffer aus der Mühle • 1 Prise Muskat • 800 g Blutwurst • 1-2 EL Olivenöl • 1-2 EL Butter oder Margarine • 200 g geriebenen Butterkäse • 1 Tasse gemischte, gehackte Kräuter

• Die Kartoffeln unter fließendem Wasser waschen, schälen und in einen Topf geben. Das Salzwasser angießen und die Kartoffeln darin bissfest garen.
• Die Birnen schälen, entkernen, in feine Würfel schneiden und sofort mit Zitronensaft beträufeln.
• Die Dickmilch mit der Sahne glatt rühren, mit Salz, Pfeffer, Cayennepfeffer und Muskat kräftig abschmecken. Die Kartoffeln aus dem Salzwasser nehmen, pellen und in Scheiben schneiden.
• Die Blutwurst in Scheiben schneiden, das Olivenöl in einer Pfanne erhitzen und die Wurstscheiben darin braten.
• Die Kartoffeln mit den Birnen und der Blutwurst in eine ausgefettete Auflaufform schichten, mit der Dickmilch überziehen, mit dem Käse bestreuen und im auf 180-200° C vorgeheizten Ofen 10-15 Minuten backen. Nach Ende der Backzeit den Birnenauflauf mit Rotwurst herausnehmen, anrichten, ausgarnieren und servieren.

Schneller Pilzauflauf

• 400 g frische Pilze • Saft von 2 Zitronen • 400 g gekochte Kartoffeln • 1 Bund Frühlingszwiebeln • 1 Becher Sahne • 2 Becher Joghurt • 4 Eier • Salz • Pfeffer aus der Mühle • 1 Prise Muskat • 1 Prise Cayennepfeffer • 1 Bund Schnittlauch • 1 Bund Estragon • 1 Bund Zitronenmelisse • 200 g geriebenen Butterkäse

• Die Pilze verlesen, waschen, gut abtropfen lassen und klein schneiden, mit Zitronensaft sofort beträufeln.
• Die Kartoffeln pellen in Würfel oder Scheiben schneiden, die Frühlingszwiebeln putzen, waschen in Stücke schneiden und mit den restlichen Zutaten in eine ausgefettete Auflaufform schichten.
• Die Sahne mit dem Joghurt und den Eiern verschlagen, die Masse mit Salz, Pfeffer, Muskat und Cayennepfeffer abschmecken und die fein gehackten Kräuter unterrühren, zum Schluss den Käse unter ziehen.
• Die Käsecreme gleichmäßig auf dem Auflauf verteilen und im auf 180-200° C vorgeheizten Ofen 10-15 Minuten backen. Nach Ende der Backzeit den schnellen Pilzauflauf herausnehmen, anrichten, ausgarnieren und servieren.

Gemüse-Wildkräuter-Auflauf

• 800 g gekochtes Mischgemüse • 1 Bund Frühlingszwiebeln • 200 g Schinken • Salz • Pfeffer aus der Mühle • 1 Prise Muskat • 1 Prise Cayennepfeffer • 2-3 El Butter oder Margarine • 1 Becher Sahne • 2 Becher Sahnedickmilch • Eier • 2 Tassen gemischte, gehackte Wildkräuter • 200 g geriebenen Gouda

• Das gekochte Mischgemüse in mundgerechte Stücke schneiden und in eine Schüssel reiben. Die Frühlingszwiebeln in feine Streifen schneiden. Den Schinken in feine Würfel schneiden mit den Frühlingszwiebeln unter das Gemüse heben, mit Salz, Pfeffer, Muskat und Cayennepfeffer kräftig abschmecken.
• Das Gemüse in eine ausgefettete Auflaufform füllen, die Sahne mit der Sahnedickmilch und den Eier verschlagen, die gehackten Wildkräuter untermischen, abschmecken und zum Schluss den Käse unterziehen.
• Die Käsecreme gleichmäßig auf dem Auflauf verteilen und im auf 180-200° C vorgeheizten Ofen 10-15 Minuten backen. Nach Ende der Backzeit den Gemüse-Wildkräuter-Auflauf herausnehmen, anrichten, ausgarnieren und servieren.

Kartoffel-Fenchel-Auflauf

• 400 g Krabben oder Crevetten • einige Tropfen Zitronensaft • einige Tropfen Worcestersauce •Salz •Pfeffer aus der Mühle • 400 g Kartoffeln • 200 g Karotten • 2 Fenchelknolle • 1-2 EL Butter oder Margarine • 1 Zwiebel • 1 Tasse Gemüsebrühe • 1/2 Tasse Obstessig • 1/2 Tasse Weißwein • 1 Prise Zucker • 1 Becher Sahne • 200 g geriebenen Butterkäse • 1 Bund Dill

• Die Krabben oder Crevetten waschen, trockentupfen, mit Zitronensaft und Worcestersauce beträufeln, mit Salz und Pfeffer würzen und 10 Minuten ziehen lassen.
• Die Kartoffeln und die Karotten in Würfel schneiden, die Fenchelknolle putzen, waschen und ebenfalls in Würfel schneiden.
• Die Butter oder Margarine in einer Auflaufform erhitzen und die geschälte und fein gehackte Zwiebel darin anschwitzen. Das restliche Gemüse dazugeben und kurz mitschwitzen.
• Mit der Gemüsebrühe, dem Obstessig und dem Weißwein auffüllen und das Ganze bei mäßiger Hitze 8-10 Minuten garen lassen, die Krabben oder Crevetten unter ziehen.
• Das Gemüse mit Salz, Pfeffer und Zucker würzen, die Sahne mit dem Butterkäse und die Hälfte des zerpflückten Dills vermischen, den Auflauf damit überziehen und im auf 180-200° C vorgeheizten Backofen 10-15 Minuten überbacken.
• Den Kartoffel-Fenchel-Auflauf anrichten, mit dem restlichen gehackten Dill bestreuen, ausgarnieren und servieren.

Heilbuttfilets mit Kartoffelgemüse

• 4 Heilbuttfilets à 200 g • Saft von 1 Zitrone • einige Tropfen Worcestersauce • Salz • Pfeffer aus der Mühle • 2-3 EL Butter oder Margarine • 1 Zwiebel • 4 Karotten • 4 Kartoffeln • 1 Stück Sellerie • 1 Stange Lauch • 1 Glas Weißwein • 1 Tasse Gemüsebrühe • 2 Lorbeerblätter • einige Nelken • einige Pfefferkörner • 1 Schuss Obstessig • 1 Prise Zucker • 2 Becher Sahnedickmilch • 200 g Mozzarellakäse • 1 Bund Dill

• Die Heilbuttfilets waschen, trockentupfen, mit Zitronensaft und Worcestersauce beträufeln, salzen, pfeffern und im Kühlschrank 10-15 Minuten ziehen lassen.
• Die Butter oder Margarine in einer Auflaufform erhitzen und die fein gehackte Zwiebel darin glasig schwitzen. Die Karotten, die Kartoffeln, den Sellerie und den Lauch putzen, waschen, gut abtropfen lassen, würfeln, zur Zwiebel geben und kurz mitschwitzen.
• Mit Weißwein ablöschen, mit der Gemüsebrühe auffüllen und die Lorbeerblätter, die Nelken und die Pfefferkörner dazugeben. Das Ganze mit Obstessig und Zucker süßsauer abschmecken und bei kleiner Hitze 15 Minuten köcheln lassen.
• Anschließend die Fischfilets auf das Gemüse, die Sahnedickmilch glatt rühren, abschmecken und über den Fisch geben, mit dem in Scheiben geschnittenen Mozzarella belegen und im auf 180-200° C vorgeheizten Backofen 10-15 Minuten überbacken.
• Die Heilbuttfilets mit Kartoffelgemüse herausnehmen, anrichten, ausgarnieren und servieren.

Räucherfischauflauf mit Champignons

• 2 EL Butter oder Margarine • 1 Zwiebel • 1 rote Paprikaschote • 1 grüne Paprikaschote • 400 g frische Champignons • Saft von 1 Zitrone • 1 Glas Weißwein • 1 TL Oregano • 1 TL Basilikum • Salz • Pfeffer aus der Mühle • 4 Tomaten • 500 g Räucherfisch • 1 Prise Cayennepfeffer • 1/4 l Sahne • 100 g geriebenen Butterkäse • 1 Tasse gemischte, gehackte Kräuter

• Die Butter oder Margarine in einer Auflaufform erhitzen und die geschälte und fein gehackte Zwiebel darin glasig schwitzen.
• Die Paprikaschoten putzen, waschen, in Streifen schneiden, zu den Zwiebeln geben und mitschwitzen.
• Die Champignons putzen, in Scheiben schneiden, mit Zitronensaft beträufeln, zum Gemüse geben und kurz andünsten. Mit Wein ablöschen, mit Oregano, Basilikum, Salz und Pfeffer würzen.
• Die enthäuteten, entkernten und gewürfelten Tomaten mit dem klein geschnittenen Räucherfisch unter das Gemüse heben. Das Ganze mit Salz, Pfeffer und Cayennepfeffer bestreuen.
• Die Sahne ebenfalls würzen, den Butterkäse untermischen und das Ganze gleichmäßig auf dem Auflauf verteilen.
• Den Auflauf im auf 180-200° C vorgeheizten Backofen 15-20 Minuten backen, herausnehmen, anrichten, mit Kräutern bestreuen, ausgarnieren und servieren.

Kartoffel-Spinat-Auflauf mit Kabeljau

• 800 g Kabeljau • Saft von 1 Zitrone • einige Tropfen Worcestersauce • Salz • Pfeffer aus der Mühle • 500 g Spinat • 100 g durchwachsenen, geräucherten Speck • 2-3 EL Butter oder Margarine • 1 Zwiebel • 500 g gekochte Kartoffeln • 1 Prise Cayennepfeffer • 1 Prise Muskat • 2-3 EL Butter oder Margarine für die Form • 1 Schuss Weißwein • 1/8 l Fisch- oder Gemüsebrühe • 1 Becher Sahne • 200 g geriebenen Butterkäse • 1 Bund Estragon

• Den küchenfertigen Kabeljau unter fließendem Wasser waschen, trockentupfen, mit Zitronensaft und Worcestersauce marinieren. Mit Salz und Pfeffer würzen und im Kühlschrank 10-15 Minuten ziehen lassen.
• Den Spinat putzen und in Streifen schneiden. Den Speck in Würfel schneiden und in einer Pfanne auslassen. Die Butter oder Margarine dazugeben und die geschälte und fein gehackte Zwiebel darin glasig schwitzen.
• Den Spinat zu den Speckzwiebeln geben und kurz mitschwitzen. Mit Salz, Pfeffer, Cayennepfeffer und Zucker kräftig abschmecken und mit den gepellten und in Scheiben geschnittenen Kartoffeln in eine ausgefettete Auflaufform schichten,
• Den Weißwein und die Gemüsebrühe angießen, den Kabeljau darauf setzen, die Sahne mit dem Käse vermischen, abschmecken und über dem Auflauf verteilen, das Ganze im auf 180-200° C vorgeheizten Backofen 20-30 Minuten garen.
• Nach Ende der Garzeit den Kartoffel-Spinat-Auflauf herausnehmen, anrichten und mit gehacktem Estragon bestreut servieren.

Persischer Hähnchentopf

• 4 Hähnchenbrustfilets • Salz • Pfeffer aus der Mühle • 1 EL Korianderpulver • 1 TL Kardamompulver • 2-3 EL Olivenöl • 2-3 Knoblauchzehen • 1 TL Salz • 2 Zwiebeln • 250 g Reis • 1/2 l Gemüse- oder Fleischbrühe • 500 g Okraschoten • 2 Becher Joghurt • 1 Tasse Mayonnaise • 2 Granatäpfel • Saft von 1 Zitrone • 1 Prise Cayennepfeffer • einige Tropfen Pfeffersauce • Kräuterzweige zum Garnieren

• Die küchenfertigen Hähnchenbrustfilets waschen, trockentupfen, mit Salz, Pfeffer, Koriander und Kardamom kräftig würzen.
• Das Olivenöl in einem Bräter erhitzen, die Hähnchenbrustfilets darin anbraten, herausnehmen und bereitstellen.
• Die Knoblauchzehen schälen, mit Salz zu einer Paste zerreiben, mit den geschälten und fein gehackten Zwiebeln ins verbliebene Bratfett geben und glasig schwitzen.
• Den Reis unter fließendem Wasser waschen, gut abtropfen lassen, zu den Zwiebeln geben und kurz mitschwitzen.
• Die Gemüse- oder Fleischbrühe angießen, das Ganze zum Kochen bringen. Die Hähnchenbrustfilets einsetzen und das Ganze im auf 180-200° C vorgeheizten Backofen in 20-25 Minuten garen.
• In der Zwischenzeit die Okraschoten putzen, in Stücke schneiden. Nach Ende der Garzeit unter den Reis heben und weitere 10 Minuten schmoren.
• Für die Sauce den Joghurt mit der Mayonnaise in einer Schüssel glatt rühren.
• Das Granatapfelfruchtfleisch klein schneiden, mit Zitronensaft beträufeln und unter die Sauce ziehen.
• Die Sauce mit Salz, Pfeffer, Cayennepfeffer und etwas Pfeffersauce abschmecken.
• Den Persischen Hähnchentopf dekorativ anrichten, mit der Granatapfelsauce überziehen, mit Kräuterzweigen ausgarnieren und sofort servieren.

Makkaroniauflauf mit viererlei Käse

• 2,5 l Wasser • 2 EL Salz • 2 EL Olivenöl • 250 g Makkaroni • 100 g Emmentaler • 100 g Gouda • 100 g Blauschimmelkäse • 1 Becher süße Sahne • 1 große Dose geschälte Tomaten • 1 Bund Basilikum • Butter für die Form • Salz • weißen Pfeffer aus der Mühle • 100 g Mozzarella • Butterflöckchen

• Das Wasser mit dem Salz und dem Olivenöl zum Kochen bringen, die Makkaroni einlegen und in 10-12 Minuten bissfest garen. Abgießen, abschrecken und beiseite stellen.
• Den Emmentaler und den Gouda fein reiben, den Blauschimmelkäse mit einer Gabel grob zerdrücken.
• Die Sahne in einem Topf erwärmen, die Käsesorten einrühren und schmelzen lassen.
• Die Tomaten gut abtropfen lassen und in Streifen schneiden.
• Das Basilikum waschen und grob zerkleinern.
• Eine Auflaufform mit der Butter ausfetten und die Makkaroni sowie die Tomaten einschichten, mit Salz und Pfeffer würzen und mit dem in dünne Scheiben geschnittenen Mozzarellakäse belegen.
• Die Käsesauce darüber verteilen, einige Butterflöckchen darauf setzen und das Ganze im auf 200° C vorgeheizten Backofen 25-30 Minuten backen.
• Herausnehmen, dekorativ anrichten, mit dem Basilikum bestreuen und servieren.

Lamm-Gemüse-Topf

• 1 kg Lammschulter • Salz • Pfeffer aus der Mühle • 1 EL geriebene Pfefferminze • 1 EL geriebenen Majoran • 1 TL Kümmel • 1 TL Koriander • 2-3 EL geriebene Zitronenschale • 2-3 Knoblauchzehen • 1/2 Tasse Öl • 2 Lorbeerblätter • einige Nelken • einige Pfefferkörner • 1 Flasche Weißwein • 2 Zwiebeln • 4 Karotten • 1 Stange Lauch • 200 g Schafskäse • 8-12 Scheiben durchwachsenen, geräucherten Speck • 1 Hand voll Kräuter

• Die Lammschulter unter fließendem Wasser waschen, trockentupfen und in mundgerechte Würfel schneiden.
• Das Fleisch mit Salz und Pfeffer würzen, mit der Pfefferminze und Majoran einreiben.
• Den Kümmel, den Koriander, die Zitronenschale und die geschälten Knoblauchzehen auf eine Arbeitsfläche geben und alles zusammen fein hacken.
• Die Gewürzmischung in das Öl einrühren und das Fleisch damit überziehen, kurz einmassieren und im Kühlschrank mindestens 2-3 Stunden marinieren.
• Die Lammschulter in einem erhitzten Bräter Farbe nehmen lassen.
• Die Lorbeerblätter, die Nelken und die Pfefferkörner dazugeben und mitschwitzen. Mit Weißwein ablöschen und im auf 200° C vorgeheizten Backofen 65 Minuten schmoren lassen.
• In der Zwischenzeit die Zwiebeln und die Karotten schälen und in mundgerechte Stücke schneiden. 20 Minuten vor Garende zum Fleisch geben.
• Den Lauch in Scheiben schneiden, 10 Minuten vor Garende zum Fleisch geben.
• Nach Ende der Garzeit das Ganze mit dem in Stücke geschnittenen Schafskäse und den kurz gebratenen Speckscheiben belegen und weitere 15 Minuten backen.
• Den Lamm-Gemüse-Topf dekorativ anrichten, mit den verlesenen, gewaschenen und fein gehackten Kräutern bestreuen, ausgarnieren und sofort servieren.

Kartoffelhälften mit Fisch

• 500 g Fischfilet • Saft von 1 Zitrone • einige Tropfen Worcestersauce • Salz • Pfeffer aus der Mühle • 200 g Bratwurstbrät • 1 Ei • 1 Tasse gemischte, gehackte Kräuter (Petersilie, Thymian, Schnittlauch, Dill und Kerbel) • 8 große Kartoffeln • 1-2 EL Butter oder Margarine • 1/8-1/4 l Gemüsebrühe

• Das Fischfilet waschen, trockentupfen, in kleine Würfel schneiden, mit Zitronensaft und Worcestersauce beträufeln und mit Salz und Pfeffer würzen.
• Das Bratwurstbrät in eine Schüssel geben, das Ei und die gehackten Kräuter untermischen und das Ganze mit Salz und Pfeffer kräftig würzen.
• Die Kartoffeln der Länge nach halbieren, mit einem Kugelausstecher aushöhlen, so daß ein 1 cm breiter Rand stehen bleibt.
• Die Kartoffelreste in eine Auflaufform geben und die Kartoffelhälften einsetzen.
• Die Kartoffeln mit Salz und Pfeffer würzen und mit der Gemüsebrühe angießen.
• Das Ganze zum Kochen bringen und 10 Minuten köcheln lassen. Danach die Kartoffeln aus dem Sud schöpfen, abtropfen lassen und bereitstellen.
• Die Fischwürfel unter die Bratwurstmasse heben, nochmals abschmecken und anschließend das Ganze in die Kartoffelhälften füllen.
• Die Kartoffeln in die Form geben, mit Alufolie abdecken und im auf 180-200° C vorgeheizten Backofen 20-25 Minuten fertig garen. Die gefüllten Kartoffelhälften anrichten, ausgarnieren und servieren.

Fisch auf Kartoffelpüree

• 500 g Fischfilet (Kabeljau, Lengfisch, Schellfisch) • Saft von 1 Zitrone • einige Tropfen Worcestersauce • Salz • Pfeffer aus der Mühle • 2-3 EL Butter oder Margarine • 1 Zwiebel • 1/4 l Gemüsebrühe • 1 Tasse Weißwein • 500 g gekochte Kartoffeln • 3 EL Butter oder Margarine • 1/8 l kochende Milch • 1 EL Kapern • 1/2 Bund Petersilie • 1 Prise Muskat • 1 Prise Selleriesalz • 1 große Zwiebel • 2-3 EL Butter oder Margarine

• Die Fischfilets waschen, trockentupfen und in mundgerechte Würfel schneiden.
• Die Fischwürfel mit Zitronensaft und Worcestersauce beträufeln, mit Salz und Pfeffer würzen.
• Das Fett in einem Topf erhitzen und die fein gehackte Zwiebel glasig schwitzen.
• Das Ganze mit der Gemüsebrühe und dem Weißwein auffüllen, zum Kochen bringen und die Fischwürfel darin gar ziehen lassen.
• In der Zwischenzeit die gekochten Kartoffeln durch die Kartoffelpresse treiben und mit dem Fett und der Milch glatt rühren.
• Die Kapern und die gehackte Petersilie unter das Püree ziehen und das Ganze mit Salz, Pfeffer, Muskat und Selleriesalz kräftig abschmecken.
• Die fertigen Fischfiletwürfel unter das Püree heben und dekorativ anrichten.
• Die Zwiebel schälen, in Ringe schneiden, mit der Butter oder Margarine in einer Pfanne goldgelb ausbraten, gleichmäßig auf das Püree verteilen, das Püree ausgarnieren und servieren.

Putenauflauf

• 8-12 dünne Putenschnitzel • Salz • Pfeffer aus der Mühle • 1 EL Majoran • 1 TL Thymian • Butterschmalz zum Braten • 8-12 Scheiben gekochten Schinken • 1 Hand voll Salbei • 1-2 EL Butter oder Margarine • 1 Zwiebel • 1 Bund Frühlingszwiebeln • 1 Becher saure Sahne • 1 Schuss Weißwein • 150 g geriebenen Edelpilzkäse • 4-6 Scheiben Butterkäse • Tomatenscheiben und Kräuterzweige zum Garnieren

• Das Fleisch unter fließendem Wasser waschen, trockentupfen, mit Salz, Pfeffer, Majoran und Thymian kräftig würzen.
• Das Butterschmalz in einer Pfanne erhitzen und das Fleisch darin rundherum Farbe nehmen lassen, herausnehmen und bereitstellen.
• Jedes Schnitzel mit einer Scheibe Schinken und Salbeiblättern belegen.
• Die Butter oder Margarine in einer Pfanne erhitzen und die geschälte und fein gehackte Zwiebel darin glasig schwitzen.
• Die Frühlingszwiebeln putzen, in Stücke schneiden, zur Zwiebel geben und kurz mitschwitzen.
• Die Putenschnitzel abwechselnd mit den Zwiebeln in eine ausgefettete Auflaufform schichten. Mit Salz, Pfeffer, Majoran und Thymian bestreuen.
• Die saure Sahne mit dem Weißwein glatt rühren, den geriebenen Edelpilzkäse unterziehen, mit Salz und Pfeffer würzen und auf dem Auflauf verteilen.
• Die Käsescheiben darauf legen und das Ganze im auf 180-200° C vorgeheizten Backofen 25-30 Minuten garen.
• Nach Ende der Garzeit den Putenauflauf herausnehmen, dekorativ anrichten, mit Tomatenscheiben und Kräuterzweigen ausgarnieren und sofort servieren.

Feiner Spinatauflauf

• 1 kg Blattspinat • 3 EL Butter • 1 Zwiebel • 1 Knoblauchzehe • 1 TL Salz • 1 Prise Zucker • Salz • Pfeffer aus der Mühle • 1 Prise Muskat • Butter für die Form • 4 Eier • 1/4 l süße Sahne • 150 g geriebenen Gouda

• Den Spinat verlesen, waschen und gut abtropfen lassen.
• Die Butter in einem großen Topf erhitzen, die fein gehackte Zwiebel darin glasig schwitzen, die Knoblauchzehe schälen, mit Salz zu einer Paste zerreiben, zur Zwiebel geben und mitschwitzen.
• Den Spinat dazugeben, zusammenfallen lassen und grob hacken. Mit Zucker, Salz, Pfeffer und Muskat kräftig abschmecken.
• Eine Auflaufform mit der Butter ausfetten und den Spinat einfüllen.
• Die Eier trennen, das Eigelb mit der Sahne verrühren und den geriebenen Gouda unterheben. Das Eiweiß zu steifem Schnee schlagen und unterheben. Die Masse über den Spinat gießen und leicht unterheben.
• Im auf 180-200° C vorgeheizten Backofen 10-15 Minuten backen, herausnehmen, dekorativ anrichten, ausgarnieren und servieren.

Reisauflauf mit Muscheln und Crevetten

• 2 EL Butter oder Margarine • 1 Zwiebel • 1 Karotte, 1 Stange Lauch und 100 g Erbsen (TK-Produkt) • 1 Lorbeerblatt • 1 TL Paprikapulver • 1 TL Kräuter der Provence • 175 g Langkornreis • 1 Glas trockenen Weißwein • 1/2 l Gemüsebrühe • 200 g Muschelfleisch • 200 g Crevetten • etwas Zitronensaft • 1/2 Becher Crème fraîche • 2-3 EL geriebenen Parmesankäse • 125 g geriebenen Emmentaler

• Die Butter oder Margarine in einem Topf erhitzen und die geschälte und in feine Würfel geschnittene Zwiebel darin anschwitzen.
• Die Karotten schälen und in Scheiben, den Lauch putzen und in Ringe schneiden beides mit den Erbsen zur Zwiebel geben.
• Das Lorbeerblatt, den Paprika und die Kräuter der Provence unterrühren und kurz dünsten.
• Den Langkornreis unter fließendem Wasser abwaschen, gut abtropfen lassen und zum Gemüse geben.
• Den Weißwein und die Gemüsebrühe dazugeben und alles miteinander verrühren.
• Den Reistopf bei mäßiger Hitze 20-25 Minuten garen.
• In der Zwischenzeit das Muschelfleisch mit den Crevetten vermischen und mit Zitronensaft beträufeln.
• Nach Ende der Garzeit die Meeresfrüchte mit der Crème fraîche und dem Parmesankäse unter den Reis rühren.
• Den geriebenen Emmentaler darüber streuen und bei 220° C 10 Minuten überbacken.
• Den Reisauflauf mit Muscheln und Crevetten anrichten, mit Kräuterzweigen ausgarnieren und servieren.

Fischauflauf

• 750 g Fischfilet (Zander, Seelachs, Goldbarsch) • einige Tropfen Zitronensaft • einige Tropfen Worcestersauce • Salz • Pfeffer aus der Mühle • 400 g frische Champignons • Saft von 1 Zitrone • 3-4 EL Butter oder Margarine • 3 große Zwiebeln • 4 mittelgroße Zucchini • 1 EL Kräuter der Provence • Mehl zum Wenden • 250 g Cocktailtomaten • 150 g Butterkäse in Scheiben

• Das Fischfilet waschen, in Streifen schneiden, mit Zitronensaft und Worcestersauce beträufeln, mit Salz und Pfeffer würzen. Im Kühlschrank 10 Minuten ziehen lassen.
• Die Champignons putzen, nach Bedarf klein schneiden und mit Zitronensaft beträufeln.
• Etwas Butter oder Margarine in einer Pfanne erhitzen und die geschälten und in Scheiben geschnittenen Zwiebeln darin glasig schwitzen.
• Die Champignons dazugeben, kurz mitschwitzen, die geputzten Zucchini in Scheiben schneiden und unter die Champignons ziehen.
• Das Ganze mit Kräutern der Provence, Salz und Pfeffer würzen und in eine ausgefettete, flache Auflaufform schichten.
• Die Fischstreifen in Mehl wenden, etwas Butter oder Margarine erhitzen und die Fischstreifen darin rundherum Farbe nehmen lassen.
• Die Fischstreifen und die enthäuteten Cocktailtomaten auf dem Gemüse verteilen, mit den Käsescheiben belegen und im auf 180-200° C vorgeheizten Backofen goldgelb überbacken.
• Den Auflauf herausnehmen, dekorativ anrichten, ausgarnieren und servieren.

Schwarzwurzelauflauf mit Dinkel

• 100 g Dinkel • 1/4 l Gemüsebrühe • 4 Paar Wiener Würstchen • 500 g Schwarzwurzeln (TK-Produkt) • 1/4 l Gemüsebrühe • 5-6 Tomaten • 2 Becher Joghurt • 2 Eier • 125 g geriebenen Butterkäse • Salz • Pfeffer aus der Mühle • 1 Prise Muskat • 1 Prise Cayennepfeffer • 100 g Emmentaler in Streifen • 2-3 EL Schnittlauchröllchen

• Den Dinkel unter fließendem Wasser waschen, gut abtropfen lassen, in eine Schüssel geben, die Brühe angießen und den Dinkel über Nacht ausquellen lassen.
• Für die Zubereitung den Dinkel in der Gemüsebrühe zum Kochen bringen, bissfest garen, herausnehmen, gut abtropfen lassen und bereitstellen.
• Die Schwarzwurzeln nach Geschmack in mundgerechte Stücke zerteilen und in der erhitzten Gemüsebrühe bissfest garen.
• Den Dinkel mit den in Scheiben geschnittenen Wiener Würstchen und den Schwarzwurzeln in eine ausgefettete Auflaufform schichten.
• Die Tomaten enthäuten, entkernen, in Würfel schneiden und gleichmäßig auf dem Auflauf verteilen.
• Den Joghurt mit den Eiern und dem geriebenen Butterkäse verrühren, mit Salz, Pfeffer, Muskat und Cayennepfeffer würzen und auf dem Auflauf verteilen.
• Den in Streifen geschnittenen Emmentaler gitterförmig auf den Auflauf legen und im auf 180-200° C vorgeheizten Backofen in 25-30 Minuten garen.
• Nach Ende der Garzeit den Schwarzwurzelauflauf mit Dinkel herausnehmen, dekorativ anrichten, mit den Schnittlauchröllchen bestreuen, ausgarnieren und servieren.

Auflauf mit Filetspitzen

• 100 g geräucherten, durchwachsenen Speck • 1 Zwiebel • 1-2 Knoblauchzehen • 350 g Filetspitzen vom Rind • 4 Eier • 1/4 l süße Sahne • Salz • weißen Pfeffer aus der Mühle • 1 Prise Cayennepfeffer • 1 Prise Muskat • Butter für die Form • 3 Brötchen vom Vortag • 100 g frische Steinpilze • einige Tropfen Zitronensaft • 60 g Butaris Butterschmalz • 2-3 EL Schnittlauchröllchen

• Den Speck in feine Würfel schneiden und in einer trockenen Pfanne auslassen.
• Die Zwiebel und die Knoblauchzehen schälen, fein hacken, zum Speck geben und kurz mitbraten.
• Die Filetspitzen in mundgerechte Stücke schneiden, zu den Speckzwiebeln geben und ebenfalls mitbraten.
• Die Eier mit der Sahne verquirlen, mit Salz, Pfeffer, Cayennepfeffer und Muskat kräftig abschmecken.
• Eine Auflaufform mit Butter ausfetten, die Speckzwiebeln einfüllen, dabei die Filetspitzen zurückbehalten, die Hälfte der in dünne Scheiben geschnittenen Brötchen dachziegelartig darauf verteilen, mit etwas Eiersahne übergießen, darüber die Filetspitzen und darauf die geputzten, mit Zitronensaft beträufelten Steinpilze geben. Die restlichen Brötchenscheiben darauf verteilen und mit der restlichen Eiersahne übergießen.
• Das Ganze kurz durchziehen lassen, das Butterschmalz in Flöckchen darauf setzen und im auf 200-220° C vorgeheizten Backofen 20 Minuten backen.
• Den Auflauf mit Filetspitzen herausnehmen, dekorativ anrichten, mit den Schnittlauchröllchen bestreuen und servieren.

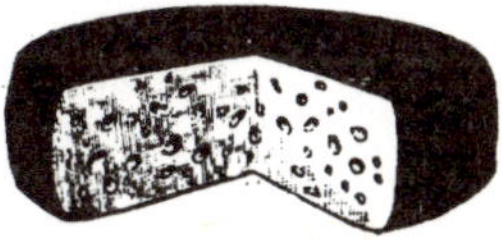

Feinschmeckerauflauf mit Spinat

• 1 kg Blattspinat • 1 Zwiebel • 1-2 Knoblauchzehen • 1 TL Salz • 3 EL Butter • Salz • Pfeffer aus der Mühle • 1 Prise Zucker • 1 Prise Muskat • Butter für die Form • 4 Eier • 1/4 l süße Sahne • 150 g Parmesankäse

• Den Spinat verlesen und waschen. Die Zwiebel schälen und fein hacken, die Knoblauchzehen schälen und mit Salz zu einer Paste zerreiben.
• Die Butter in einem großen Topf erhitzen und die Zwiebel sowie die Knoblauchpaste darin andünsten. Den Spinat dazugeben und zusammenfallen lassen. Grob hacken, mit Salz, Pfeffer, Zucker und Muskat kräftig abschmecken.
• Eine Auflaufform mit Butter ausfetten und den Spinat einfüllen.
• Die Eier trennen, das Eiweiß zu steifem Schnee schlagen und das Eigelb mit der Sahne und dem geriebenen Parmesankäse verrühren.
• Die Ei-Käse-Masse unter den Spinat heben und das Ganze im auf 180-200° C vorgeheizten Backofen 10 Minuten backen.

Fischauflauf mit Käsekruste

• 800 g Fischfilet (Rotbarsch, Kabeljau, Seelachs) • einige Tropfen Zitronensaft • einige Tropfen Worcestersauce • Salz • Pfeffer aus der Mühle • 2 Zwiebeln • 1 Stange Lauch • 1 große Dose geschälte Tomaten • 1 Schuss Weißwein • 1/4 l Gemüsebrühe • einige Tropfen flüssigen Süßstoff • 1 Bund Dill • 300 g Schafskäse

• Die küchenfertigen Fischfilets in 6-8 cm lange Streifen schneiden, mit Zitronensaft und Worcestersauce beträufeln, mit Salz und Pfeffer würzen, im Kühlschrank 10-15 Minuten ziehen lassen.
• Eine feuerfeste Auflaufform mit den fein gehackten Zwiebeln und dem in Streifen geschnittenen Lauch ausstreuen, schichtweise die abgetropften, grob zerkleinerten Tomaten und die Fischfiletstreifen einfüllen.
• Den Weißwein und die Gemüsebrühe vermischen, mit Salz, Pfeffer, Süßstoff, Zitronensaft und Worcestersauce kräftig abschmecken und den verlesenen, gewaschenen und fein gehackten Dill unterziehen.
• Den Sud gleichmäßig auf dem Fisch verteilen und das Ganze mit dem klein geschnittenen Schafskäse bedecken.
• Den Auflauf im auf 180-200° C vorgeheizten Backofen in 25-30 Minuten garen, herausnehmen, anrichten, ausgarnieren und servieren.

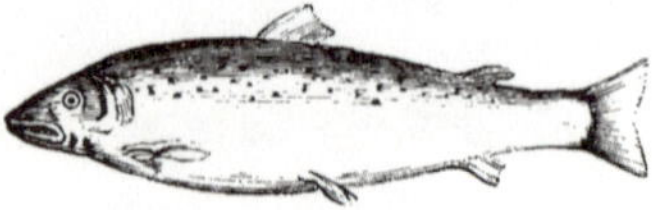

Seelachsauflauf mit gemischtem Gemüse

• 800 g Seelachsfilet • einige Tropfen Zitronensaft • einige Tropfen Worcestersauce • Salz • Pfeffer aus der Mühle • 2 Zwiebeln • 2 Knoblauchzehen • 500 g gemischtes Gemüse (TK-Produkt) • Butter oder Margarine für die Form • 1/4 l Fischbrühe • 1 Becher Sahne • 200 g geriebenen Emmentaler

• Die küchenfertigen Seelachsfilets in mundgerechte Stücke schneiden, mit Zitronensaft und Worcestersauce beträufeln, mit Salz und Pfeffer würzen und im Kühlschrank 10-15 Minuten ziehen lassen.
• Die Zwiebeln und die Knoblauchzehen schälen und fein hacken, mit dem Gemüse und den Fischstücken vermischen und das Ganze in eine ausgefettete Auflaufform füllen.
• Die Fischbrühe gleichmäßig darüber verteilen, die Sahne mit dem geriebenen Käse vermischen, mit Salz, Pfeffer und Zitronensaft abschmecken und gleichmäßig auf den Auflauf gießen.
• Den Auflauf im auf 180-200° C vorgeheizten Backofen in 30-35 Minuten garen, herausnehmen, anrichten, ausgarnieren und servieren.

Überbackener Kabeljau

• 4 Kabeljaufilets • einige Tropfen Zitronensaft • einige Tropfen Worcestersauce • Salz • Pfeffer aus der Mühle • Mehl zum Wenden • Butterschmalz zum Braten • 1-2 EL Butter oder Margarine • 1 Zwiebel • 1 Bund Suppengemüse • 1/4 l Gemüsebrühe • 1-2 EL Butter oder Margarine • 400 g Blattspinat • 1 Schuss Weinbrand • 1 Prise Muskat • 1 Prise Cayennepfeffer • 1 Prise Knoblauchgranulat • 1 Prise Zucker • 4 Tomaten • 150 g Bergkäse • 1/2 Bund Petersilie

• Die Kabeljaufilets waschen, trockentupfen, mit Zitronensaft und Worcestersauce beträufeln, mit Salz und Pfeffer würzen und im Kühlschrank 15 Minuten ziehen lassen. In Mehl wenden und im Fett anbraten, herausnehmen und bereitstellen.
• Die Butter oder Margarine erhitzen, die Zwiebel und das Suppengemüse in feine Streifen schneiden, hinein geben und glasig schwitzen.
• Die Brühe angießen und das Gemüse 10 Minuten köcheln lassen.
• Die restliche Butter oder Margarine erhitzen und den geputzten Blattspinat darin kurz andünsten, mit Weinbrand ablöschen, mit Salz, Pfeffer, Muskat, Cayennepfeffer, Knoblauchgranulat und Zucker kräftig abschmecken.
• Eine ausgefettete Auflaufform mit der Zwiebel-Suppengemüse-Mischung und dem Blattspinat auslegen, die Kabeljaufilets darauf setzen und mit den in Scheiben geschnittenen Tomaten abdecken.
• Den Bergkäse grob raspeln, über die Tomaten streuen und das Ganze im auf 180-200° C vorgeheizten Backofen in 10-15 Minuten backen.
• Den überbackenen Kabeljau herausnehmen, anrichten, ausgarnieren, mit gehackter Petersilie bestreuen und sofort servieren.

Auflauf mit Filet vom Schwein

• 100 g geräucherten, durchwachsenen Speck • 1 Zwiebel • 1-2 Knoblauchzehen • 350 g Schweinefilet • 1 EL Butaris Butterschmalz • 4 Eier • 1/4 l süße Sahne • Salz • weißen Pfeffer aus der Mühle • 1 Prise Muskat • Butter für die Form • 3 Brötchen vom Vortag • 100 g frische Pfifferlinge • einige Tropfen Zitronensaft • 60 g Butaris Butterschmalz • 2-3 EL gehackte Petersilie

• Den Speck in feine Würfel schneiden und in einer trockenen Pfanne auslassen.
• Die Zwiebel und die Knoblauchzehen schälen, fein hacken, zum Speck geben und kurz mitbraten.
• Das Schweinefilet in Stücke schneiden und im erhitzten Butterschmalz anbraten.
• Die Eier mit der Sahne verquirlen, mit Salz, Pfeffer, Cayennepfeffer und Muskat kräftig abschmecken.
• Eine Auflaufform mit Butter ausfetten, die Speckzwiebeln einfüllen, die Hälfte der in dünne Scheiben geschnittenen Brötchen dachziegelartig darauf verteilen, mit etwas Eiersahne übergießen, die Filetspitzen und die geputzten, mit Zitronensaft beträufelten Pfifferlinge darauf verteilen. Die restlichen Brötchenscheiben darauf schichten und mit der restlichen Eiersahne übergießen.
• Das Ganze kurz durchziehen lassen, das Butterschmalz in Flöckchen darauf setzen und im auf 200-220° C vorgeheizten Backofen 20 Minuten backen.
• Den Auflauf mit Filet vom Schwein herausnehmen, dekorativ anrichten, mit der Petersilie bestreuen und servieren.

Fruchtige Lasagne

• 1-2 EL Sonnenblumenöl • 500 g gemischtes Hackfleisch • 100 g durchwachsenen, geräucherten Speck • 1 Zwiebel • 2 Stangen Bleichsellerie• 1 Tasse Apfelsaft • 1 Tasse Gemüsebrühe • 1 kleine Dose geschälte Tomaten • 2 TL Kräuter der Provence • Salz • Pfeffer aus der Mühle • 2 säuerliche Äpfel • 2 säuerliche Birnen • Saft von 1 Zitrone • 12-16 vorbereitete Lasagneplatten • 3/4 l Béchamelsauce • 150 g Mozzarella • 150 g geriebenen Gouda

• Das Olivenöl in einer Pfanne erhitzen und das Hackfleisch darin unter ständigem Rühren kross braten. Den fein gewürfelten Speck zum Fleisch geben und auslassen.
• Die Zwiebel schälen, fein hacken, zum Fleisch geben und kurz mitbraten.
• Den Bleichsellerie putzen, in feine Scheibchen schneiden und zum Fleisch geben.
• Mit Apfelsaft und Gemüsebrühe auffüllen und bei mäßiger Hitze 15-20 Minuten köcheln lassen.
• Kurz vor Garende die geschälten Tomaten mit einer Gabel zerdrücken und unter die Fleischsauce ziehen, mit den Kräutern der Provence, Salz und Pfeffer kräftig abschmecken.
• Die Sauce fertig garen, abschmecken und zum weiteren Verzehr bereitstellen.
• Die Äpfel und Birnen schälen, entkernen, in Scheiben schneiden und mit Zitronensaft beträufeln.
• Eine Lasagneform ausfetten, die Lasagneplatten, die Obstscheiben, die Fleischsauce und die Béchamelsauce einfüllen.
• Mit dem in Scheiben geschnittenen Mozzarella belegen und mit dem Gouda bestreuen, im auf 180-200° C vorgeheizten Backofen in 15-20 Minuten garen, herausnehmen, dekorativ anrichten, ausgarnieren und servieren.

Überbackene Kalbsmedaillons

• 8-12 Kalbsmedaillons à 70 g • Salz • Pfeffer aus der Mühle • 2-3 EL Butterschmalz • 4 cl Weinbrand • 1-2 EL Butter oder Margarine • 4 frische Feigen • einige Tropfen Rum • 1-2 EL Honig • 100 g Gorgonzola • 100 g Butterkäse in Scheiben • Kräuterzweige zum Garnieren

• Die küchenfertigen Kalbsmedaillons waschen, trockentupfen, mit Salz und Pfeffer würzen und im erhitzten Butterschmalz braten.
• Den Weinbrand in eine Kelle geben, erhitzen, anzünden und die Medaillons damit flambieren.
• Die Medaillons herausnehmen und auf ein Backblech setzen.
• Die Butter oder Margarine ins verbliebene Bratfett geben und die klein g eschnittenen Feigen kurz anschwitzen.
• Die Feigen mit Rum beträufeln und mit Honig nach Geschmack süßen, herausnehmen und gleichmäßig auf den Medaillons verteilen.
• Den Gorgonzola klein schneiden und auf die Feigen legen, mit dem Butterkäse bedecken und im auf 180-200° C vorgeheizten Backofen kurz überbacken.
• Die Überbackenen Kalbsmedaillons herausnehmen, anrichten, mit Kräuterzweigen ausgarnieren und sofort servieren.

Mexikanischer Hackfleischtopf

• 75 g durchwachsenen geräucherten Speck • 500 g gemischtes Hackfleisch • 2 Knoblauchzehen • 1 TL Salz • 1 Peperoni • 2 Zwiebeln • 1 rote Paprikaschote • 1 grüne Paprikaschote • 1 Glas Portwein • 1 TL Majoran • 1 TL Thymian • 2 EL Tomatenmark • 1 Dose geschälte Tomaten • 1 Dose Kidneybohnen • Salz • schwarzen Pfeffer aus der Mühle • 1 Prise Cayennepfeffer • 2 EL Birnendicksaft • einige Tropfen Tabasco • 150 g Emmentaler • 2 EL Schnittlauchröllchen

- Den Speck fein würfeln und in einem Topf auslassen.
- Das Hackfleisch und die mit Salz zerriebenen Knoblauchzehen zum Speck geben und 8-10 Minuten braten.
- Die Peperoni fein hacken, die Zwiebeln schälen und fein würfeln, beides zum Fleisch geben und kurz mitbraten.
- Die Paprikaschoten halbieren, entkernen, in feine Würfel oder Streifen schneiden, waschen, zum Fleisch geben und kurz mitschwitzen.
- Den Wein angießen, den Majoran, den Thymian und das Tomatenmark einrühren.
- Die geschälten Tomaten mit einer Gabel zerdrücken und mit den abgetropften Kidneybohnen unter das Fleisch rühren.
- Mit Salz, Pfeffer und Cayennepfeffer kräftig würzen und das Ganze weitere 8-10 Minuten garen.
- Nach Ende der Garzeit den Hackfleischtopf mit dem Birnendicksaft und dem Tabasco aromatisieren, nochmals abschmecken, mit dem Käse bestreuen und unter dem Grill oder im auf 200-220° C vorgeheizten Backofen überbacken, bis der Käse geschmolzen und goldgelb ist.
- Den Mexikanischen Hackfleischtopf herausnehmen, dekorativ anrichten und mit Schnittlauchröllchen bestreut servieren.

Rote-Bete-Rindfleisch-Auflauf

• 50 g durchwachsenen geräucherten Speck • 1 Zwiebel • 1 Bund Suppengemüse • 300 g Kartoffeln • 300 g Rote Bete • 1/4 l Fleischbrühe • 1 TL Kümmel • 1 Lorbeerblatt • 1 Zweig Thymian • Salz • schwarzen Pfeffer aus der Mühle • einige Tropfen Weinessig • einige Tropfen Zitronensaft • einige Tropfen flüssigen Süßstoff • 250 g gekochtes Ochsenfleisch • 1 Becher saure Sahne • 125-150 g geriebenen Parmesankäse • 2-3 EL gehackte Petersilie

- Den Speck in Würfel schneiden, in einen Topf geben und 3 Minuten auslassen.
- Die Zwiebel, das Suppengemüse, die Kartoffeln und die Rote Bete putzen, in feine Streifen schneiden, zum Speck geben und 8-10 Minuten dünsten.
- Die Brühe angießen, den Kümmel, das Lorbeerblatt und den Thymianzweig dazugeben.
- Das Gemüse bei mäßiger Hitze weitere 10-15 Minuten garen.
- Mit Salz, Pfeffer, Weinessig, Zitronensaft und Süßstoff kräftig abschmecken.
- Das Ochsenfleisch in dünne Scheiben schneiden, unter das Gemüse heben und die saure Sahne unterziehen.
- Die Rote-Bete-Rindfleisch-Mischung mit dem geriebenen Parmesankäse bestreuen und unter dem Grill oder im auf 180-200° C vorgeheizten Backofen überbacken.
- Den Rote-Bete-Rindfleisch-Auflauf herausnehmen, dekorativ anrichten, mit der verlesenen, gewaschenen und fein gehackten Petersilie bestreuen und servieren.

Auflauf mit Meeresfrüchten

• 300 g grüne Nudeln • Salzwasser • 1-2 EL Olivenöl • 350 g Karotten • 600 g Goldbarschfilet • 250 g geschälte Garnelenschwänze • Saft von 1 Zitrone • einige Tropfen Worcestersauce • Salz • Pfeffer aus der Mühle • 1 kleine Dose geschälte Tomaten • 1 Schuss Weißwein • 1/8 l Fisch- oder Gemüsebrühe • 200 g Mozzarella • 1/2 Bund Schnittlauch

• Die grünen Nudeln in Salzwasser mit dem Olivenöl bissfest garen, abgießen, abschrecken, gut abtropfen lassen und bereitstellen.
• Die Karotten in Stifte schneiden, mit den Nudeln vermischen, die Goldbarschfilets und die Garnelenschwänze waschen, gut abtropfen lassen mit Zitronensaft und Worcestersauce beträufeln, mit Salz und Pfeffer würzen und im Kühlschrank 10-15 Minuten ziehen lassen.
• Die Seelachsfilets in mundgerechte Stücke schneiden, mit den Garnelenschwänzen und den abgetropften und grob zerkleinerten Tomaten unter die Nudeln heben. Eine Auflaufform ausfetten und die Nudelmischung einfüllen.
• Mit Weißwein und Fisch-oder Gemüsebrühe angießen und mit dem in Scheiben geschnittenen Mozzarella belegen.
• Den Auflauf im auf 200° C vorgeheizten Backofen in 20 Minuten garen, herausnehmen, anrichten und mit frisch geschnittenem Schnittlauch bestreut servieren.

Rotbarsch mit Spinat

• 4 Rotbarschfilets • einige Tropfen Zitronensaft • einige Tropfen Worcestersauce • Salz • Pfeffer aus der Mühle • 1-2 EL Butterschmalz • 2 Zwiebeln • 400 g frischen Blattspinat • 1/4 l Gemüsebrühe • 1 Prise Muskat • 1 Prise Cayennepfeffer • 1 Becher Sahne • 1 Dose geschälte Tomaten • 1 Tasse Semmelbrösel • 200 g Edamer

• Die Fischfilets unter fließendem Wasser waschen, trockentupfen, mit Zitronensaft und Worcestersauce beträufeln, mit Salz und Pfeffer würzen und im Kühlschrank 10-15 Minuten ziehen lassen.
• Das Butterschmalz in einer Pfanne erhitzen und die fein gehackten Zwiebeln glasig schwitzen.
• Den verlesenen, gewaschenen und klein geschnittenen Spinat zu den Zwiebeln geben und kurz mitschwitzen.
• Mit der Brühe auffüllen, zum Kochen bringen, das Ganze mit Salz, Pfeffer, Muskat und Cayennepfeffer abschmecken, den Spinat abtropfen lassen und in eine ausgefettete Auflaufform geben.
• Die Sahne mit Salz, Pfeffer, Muskat, Cayennepfeffer sowie einigen Tropfen Zitronensaft und Worcestersauce kräftig abschmecken und gleichmäßig auf dem Spinat verteilen.
• Die Tomaten abtropfen lassen, grob zerkleinern und darauf anrichten.
• Die Filets gleichmäßig darauf legen, mit Semmelbröseln bestreuen und mit dem grob geraspelten Edamer abdecken.
• Im auf 200° C vorgeheizten Backofen in 20-25 Minuten garen, herausnehmen, anrichten, ausgarnieren und servieren.

Blumenkohlkartoffeln mit Krabben

• 1-2 EL Butter oder Margarine • 1 Zwiebel • 200 g Kartoffeln • 400 g Blumenkohlröschen • 3/8 l Gemüsebrühe • 1 Glas Weißwein • Salz • Pfeffer aus der Mühle • 1 Prise Cayennepfeffer • 1 Prise Muskat • 30 g Butter oder Margarine • 30 g Mehl • 100 g Krabben oder Crevetten • Saft von 1/2 Zitrone • 1/2 Becher Sahne • 2 Eigelb • 150 g gut schmelzenden Käse • 2-3 EL Sonnenblumenkerne

• Die Butter oder Margarine in einem Topf erhitzen und die fein gehackte Zwiebel glasig schwitzen.
• Die Blumenkohlröschen in mundgerechte Stücke schneiden, mit den geschälten und gewürfelten Kartoffeln zur Zwiebel geben und kurz mitschwitzen. Die Brühe und den Wein angießen, aufkochen lassen und das Gemüse bissfest garen. Mit Salz, Pfeffer, Cayennepfeffer und Muskat würzen, herausnehmen, gut abtropfen lassen und bereitstellen.
• Die Butter oder Margarine mit dem Mehl auf einer Arbeitsfläche verkneten und mit dem Schneebesen unter die Suppe schlagen.
• Die Suppe schäumend aufkochen lassen und 4-5 Minuten kochen. Durch ein Sieb passieren, erneut in einen Topf geben und erhitzen.
• Die mit Zitronensaft beträufelten Krabben oder Crevetten in die Gemüsesuppe geben.
• Die Sahne mit dem Eigelb verschlagen und die Suppe damit legieren. Mit dem fein geriebenen Käse bestreuen und unter dem Grill oder im auf 180-200° C vorgeheizten Backofen kurz überbacken. Herausnehmen, dekorativ anrichten, mit Sonnenblumenkernen bestreuen und servieren.

Gemüsepaella mit Meeresfrüchten

• 300 g Naturreis • Salzwasser • 2-3 EL Olivenöl • 2 Zwiebeln • 1 rote Paprikaschote • 1 grüne Paprikaschote • 1 Stange Lauch • 250 g frische Champignons • Saft von 1 Zitrone • 250 g Mischgemüse (TK-Produkt) • 400 g gekochte Meeresfrüchte • 1/4 l Gemüsebrühe • 1 Msp. Safran • Salz • Pfeffer aus der Mühle • 1 Becher Sahne • 2 Tassen geriebenen Schafskäse • 1 Tasse gemischte, gehackte Kräuter

• Den Reis im Salzwasser bissfest garen. Das Öl erhitzen und die fein gehackten Zwiebeln darin glasig schwitzen.
• Die Paprikaschoten putzen und in Streifen schneiden. Den Lauch putzen, in Streifen schneiden. Mit dem Paprika zu den Zwiebeln geben und glasig schwitzen.
• Die Champignons putzen, in Scheiben schneiden, mit Zitronensaft beträufeln, zum Gemüse geben und mitschwitzen. Das Mischgemüse dazugeben und ebenfalls kurz dünsten, zum Schluss die Meeresfrüchte unter heben.
• Die Gemüsebrühe erhitzen. Mit Safran, Salz und Pfeffer abschmecken. Den Reis unter das Gemüse heben, die Brühe angießen, bei mäßiger Hitze 8 Minuten kochen.
• Die Gemüsepaella abschmecken. Die Sahne mit der Hälfte des Käses untermischen. Die Paella dekorativ anrichten. Mit dem restlichen Käse und den verlesenen, gewaschenen und fein gehackten Kräutern bestreuen, ausgarnieren und servieren.

Fisch-Gemüse-Auflauf

• 600 g Goldbarschfilet • einige Tropfen Zitronensaft • einige Tropfen Weinessig • einige Tropfen Worcestersauce • Salz • weißen Pfeffer aus der Mühle • 3-4 EL gehackten Dill • 2 EL Butter oder Margarine • 75 g durchwachsenen, geräucherten Speck • 1 Zwiebel • je 100g Erbsen, Karotten, Broccoli und Blumenkohl (TK-Produkt) • 1 Glas Weißwein • 1/4 l gebundene Helle Sauce • 1/2 Becher Sahne • 2 Eigelb • 2-3 EL gehackte Petersilie

• Das Goldbarschfilet unter fließendem Wasser abwaschen, trockentupfen und in mundgerechte Würfel schneiden.
• Die Fischwürfel mit Zitronensaft, Weinessig und Worcestersauce beträufeln.
• Mit Salz und Pfeffer würzen und mit Dill bestreuen. Im Kühlschrank mindestens 10-15 Minuten ziehen lassen.
• Die Butter oder Margarine in einer Auflaufform erhitzen und den in feine Würfel oder Streifen geschnittenen Speck darin anbraten.
• Die Zwiebel schälen und fein würfeln. Mit den Erbsen, den Karotten, dem Broccoli und dem Blumenkohl zum Speck geben und 10-15 Minuten dünsten.
• Den Weißwein und die gebundene Sauce angießen und die Fischwürfel unterheben.
• Nach Ende der Garzeit den Fisch-Gemüse-Auflauf mit Salz, Pfeffer, Zitronensaft und Worcestersauce kräftig abschmecken.
• Die Sahne und das Eigelb miteinander verrühren und den Fisch-Gemüse-Auflauf damit legieren, dekorativ anrichten und mit gehackter Petersilie bestreut servieren.

Rote Bete mit Frischkäsesauce

• 800 g Rote Bete • Salzwasser oder Gemüsebrühe • 2 Becher Kräuterfrischkäse • Salz • Pfeffer aus der Mühle • 1/8 l Gemüsebrühe • 4 cl Sherry medium • 30 g Mandelstifte

• Die Rote Bete waschen und in Salzwasser oder Gemüsebrühe bissfest garen. Herausnehmen, gut abtropfen und auskühlen lassen und in 5 mm dicke Scheiben schneiden oder hobeln.
• Die einzelnen Scheiben mit Frischkäse bestreichen und fächerartig in eine ausgefettete Auflaufform setzen.
• Den restlichen Frischkäse mit Salz und Pfeffer kräftig würzen, mit der Gemüsebrühe und dem Sherry verrühren.
• Das Ganze gleichmäßig auf den Rote-Bete-Scheiben verteilen und mit den Mandelstiften bestreuen.
• Anschließend im auf 180-200° C vorgeheizten Backofen 25-30 Minuten garen.
• Die Rote Bete mit Frischkäsesauce herausnehmen, anrichten, ausgarnieren und servieren.

Auflauf mit Frühlingszwiebeln und Räucherfisch

• 2 Zwiebeln • 1 Bund Frühlingszwiebeln • 1 Stange Lauch • 400 g Kartoffeln • 2-3 EL Butter oder Margarine • 1 Glas Weißwein • 3/8 l Gemüsebrühe • 1 TL Majoran • 1 Becher Sahne • 400 g Räucherfisch • Salz • weißen Pfeffer aus der Mühle • 1 Prise Cayennepfeffer • 1 Prise Zucker • etwas Zitronensaft • etwas Worcestersauce • 2-3 EL gehackte Petersilie

• Die Zwiebeln schälen und in feine Streifen schneiden.
• Die Frühlingszwiebeln und den Lauch putzen, in feine Scheiben schneiden, waschen und gut abtropfen lassen.
• Die Kartoffeln schälen und in kleine Würfel schneiden.
• Die Butter oder Margarine in einer Auflaufform erhitzen und das Gemüse darin glasig schwitzen.
• Den Weißwein und die heiße Gemüsebrühe angießen und mit Majoran würzen.
• Die Sahne und die in kleine Stücke geschnittenen Räucherfischfilets unterrühren, mit Salz, Pfeffer, Cayennepfeffer und Zucker kräftig würzen, mit etwas Zitronensaft und Worcestersauce aromatisieren.
• Den Auflauf mit Frühlingszwiebeln und Räucherfisch im auf 180-200° C vorgeheizten Ofen 15-20 Minuten garen , herausnehmen, anrichten und mit Petersilie bestreut servieren.

Überbackene Goldbarschfilets mit Spinat

• 4 Goldbarschfilets • einige Tropfen Zitronensaft • einige Tropfen Worcestersauce • Salz • Pfeffer aus der Mühle • 4 entsprechend große Stücke Alufolie • Butter oder Margarine zum Bestreichen • 600 g Blattspinat • 1/2 l Gemüsebrühe • 1 Prise Muskat • 100 g geriebenen Provolone-Käse • 600 g Kartoffeln • Salzwasser

• Die Goldbarschfilets waschen, trockentupfen, mit Zitronensaft und Worcestersauce beträufeln, mit Salz und Pfeffer würzen und im Kühlschrank 10-15 Minuten ziehen lassen.
• Die Alufolie mit Butter oder Margarine bestreichen.
• Den Blattspinat verlesen, waschen und in der erhitzten Gemüsebrühe blanchieren. Aus der Brühe nehmen, gut abtropfen lassen und auf die Alufolie legen. Mit Salz, Pfeffer und Muskat bestreuen.
• Die Goldbarschfilets auf die Folie legen, verschließen und im auf 180-200° C vorgeheizten Backofen 15-18 Minuten garen. Die Alufolie öffnen, den Provolone-Käse über die Fischfilets streuen und nochmals kurz überbacken.
• Die Kartoffeln in Salzwasser kochen, pellen, durch die Kartoffelpresse auf heiße Teller pressen, mit Salz, Pfeffer und Muskat bestreuen. Die Überbackenen Goldbarschfilets und den Spinat dazu legen, ausgarnieren und servieren.

Hähnchenbrust mit überbackenem Chinakohl

• 600 g Hähnchenbrustfilets • 1 Zwiebel • 1 kg Chinakohl • 500 g Kartoffeln • 4 EL Butter • 1/2 l Gemüsefond • 1 Becher Crème fraîche • Salz • weißen Pfeffer • 150 g Schafskäse • 1 Bund Petersilie

• Die Hähnchenbrustfilets waschen, trockentupfen und in Streifen schneiden.
• Die Zwiebel schälen und würfeln, den Chinakohl putzen, waschen und in Streifen schneiden. Die Kartoffeln schälen und nicht zu klein würfeln.
• Die Butter in einem Topf erhitzen, das Fleisch und die Zwiebeln darin anbraten.
• Die Kartoffeln zugeben und andünsten, mit dem Gemüsefond aufgießen und 25 Minuten garen.
• 10 Minuten vor Garende den Chinakohl zugeben und das Ganze mit der Crème fraîche verfeinern. Mit Salz und frisch gemahlenem Pfeffer abschmecken, den in Würfel geschnittenen Schafskäse darüber streuen und unter dem Grill kurz überbacken. Herausnehmen, mit der verlesenen, gewaschenen und fein gehackten Petersilie bestreuen und servieren.

Gemüse-Eier-Auflauf

• 400 g Putenbrustfilet • Salz • Pfeffer aus der Mühle • 1 TL Kräuter der Provence • 2-3 EL Butter oder Margarine • 1 Zwiebel • 1 rote Paprikaschote • 1 gelbe Paprikaschote • 2 Karotten • 100 g Broccoliröschen • 1/4 l Gemüsebrühe • 1 kleine Zucchini • 1/4 l Milch • 4 Eier • 125 g geriebenen Gouda • Salz • Pfeffer aus der Mühle • 1 Prise Muskat • 2-3 EL Margarine zum Ausfetten • 1 Tasse gemischte, gehackte Kräuter • 2 EL Sonnenblumenkerne • 2 EL ungesalzene Erdnusskerne

• Das Putenbrustfilet würfeln, mit Salz, Pfeffer und den Kräuter der Provence würzen.
• Die Butter oder Margarine erhitzen und das Fleisch darin braten.
• Die Zwiebel schälen, fein hacken, zum Fleisch geben, kurz mitschwitzen.
• Die Paprikaschoten waschen, halbieren, entkernen, in Streifen schneiden, zum Fleisch geben und ebenfalls kurz mitschwitzen.
• Die Karotten würfeln, die Broccoliröschen waschen, beides in der erhitzten Gemüsebrühe bissfest garen, herausnehmen und zum Paprikagemüse geben. Die Zucchini würfeln und ebenfalls dazugeben.
• Die Milch mit den Eiern und dem Käse verrühren, mit Salz, Pfeffer und Muskat kräftig abschmecken.
• Das Gemüse in eine ausgefettete Auflaufform geben und mit der Käse-Eier-Milch überziehen.
• Im auf 180-200° C vorgeheizten Backofen 20-25 Minuten garen, herausnehmen, anrichten, mit gehackten Kräutern, Sonnenblumenkernen und grob gehackten Erdnusskernen bestreuen, ausgarnieren und servieren.

Kartoffelauflauf mit Schmelzkäse

• 1 kg kleine Kartoffeln • Salzwasser • 4 Putenschnitzel • Salz • Pfeffer aus der Mühle • 1 Prise Cayennepfeffer • 1 Prise Paprikapulver edelsüß • 3-4 EL Butterschmalz • 1 kleine rote Paprikaschote • 1 kleine gelbe Paprikaschote • 1 kleine grüne Paprikaschote • 1 Stange Lauch • 1 Dose Erbsen und Karotten • 1/4 l Gemüsebrühe • 200 g Schmelzkäse mit Kräutern • Johannisbrotkernmehl zum Binden • 1 Bund Schnittlauch

• Die Kartoffeln gründlich waschen und im Salzwasser in 20-25 Minuten garen.
• Die Putenschnitzel waschen, trockentupfen, in feine Streifen schneiden, mit Salz, Pfeffer, Cayennepfeffer und Paprikapulver würzen.
• Das Butterschmalz in einer Pfanne erhitzen und die in Scheiben geschnittenen Kartoffeln darin rundherum kräftig anbraten.
• Anschließend nacheinander die Schnitzelstreifen, die geputzten und in Streifen geschnittenen Paprikaschoten und den geputzten und in feine Ringe geschnittenen Lauch unter ständigem Rühren in der Pfanne braten, herausnehmen und bereitstellen.
• Die Erbsen und Karotten abtropfen lassen, zum restlichen Gemüse geben, die Gemüsebrühe angießen und den Schmelzkäse mit Kräutern darin unter ständigem Rühren schmelzen lassen.
• Die Sauce mit etwas Johannisbrotkernmehl binden, mit Salz, Pfeffer, Cayennepfeffer und Paprikapulver edelsüß würzen.
• Das Gemüse mit dem Fleisch in die Sauce geben, nochmals aufkochen lassen, fünf Minuten schmoren und kräftig abschmecken.
• Den Kartoffelauflauf anrichten, mit dem frisch geschnittenen Schnittlauch bestreuen, ausgarnieren und servieren.

Rosenkohlauflauf mit Schinken

• 600 g kleine Rosenkohlröschen • 1/4 l Gemüsebrühe • 1-2 EL Butter oder Margarine • 1 Zwiebel • 150 g gekochten Schinken • 1 Schuss Weißwein • Butter oder Margarine für die Form • 1 Becher Kefir • 5 Eier • Salz • Pfeffer aus der Mühle • je 1 Prise Muskat, Kümmelpulver und Cayennepfeffer • 2-3 EL Weizenmehl • 50 g geriebenen Emmentaler • 1 Bund Zitronenmelisse

• Die Rosenkohlröschen waschen, gut abtropfen lassen, in der erhitzten Gemüsebrühe bissfest garen, herausnehmen und abschrecken.
• Die Butter oder Margarine erhitzen und die geschälte und fein gehackte Zwiebel darin anschwitzen.
• Den Schinken würfeln, zur Zwiebel geben und kurz mitbraten.
• Mit Weißwein ablöschen, die Rosenkohlröschen dazugeben, kurz durchschwenken und in eine ausgefettete Auflaufform geben.
• Den Kefir mit den Eiern in eine Schüssel geben, mit Salz, Pfeffer, Muskat, Kümmelpulver und Cayennepfeffer kräftig abschmecken und gut verschlagen.
• Das Mehl mit dem geriebenen Käse untermischen und auf dem Rosenkohlgemüse verteilen.
• Im auf 180-200° C vorgeheizten Backofen 20-25 Minuten backen, herausnehmen, anrichten und mit der fein geschnittenen Zitronenmelisse bestreut servieren.

Hammelfleisch mit Hörnchennudeln

• 600 g Hammelfleisch • 2-3 EL Olivenöl • 1 Knoblauchzehe • 1 Lorbeerblatt • 1 Zweig Rosmarin • 1/4 l Gemüsebrühe • 1 TL Zitronenschale • 1 TL gerebelte Pfefferminze • Salz • Pfeffer aus der Mühle • 1 Prise Cayennepfeffer • 1 große Dose geschälte Tomaten • 3/4 l Gemüsebrühe • 250 g Hörnchennudeln • 1 Zucchini • 2 Tomaten • 1/2 Bund Petersilie • 1/2 Bund Zitronenmelisse • 2-3 EL Mandelblättchen

• Das Hammelfleisch waschen, trockentupfen und in mundgerechte Würfel schneiden.
• Das Olivenöl in einem Bräter erhitzen und die geschälte und fein gehackte Knoblauchzehe darin glasig schwitzen.
• Das Lorbeerblatt zerreiben, den Rosmarin verlesen und das Hammelfleisch mit Lorbeer und Rosmarin einreiben.
• Das Fleisch ins Bratfett geben und rundherum Farbe nehmen lassen. Mit Gemüsebrühe auffüllen, die Zitronenschale und die Pfefferminze untermischen.
• Das Ganze mit Salz, Pfeffer und Cayennepfeffer würzen und zugedeckt im auf 180-200° C vorgeheizten Backofen etwa 75 Minuten schmoren lassen.
• Die Brühe angießen, zum Kochen bringen und anschließend die Hörnchennudeln unterheben und bei 200° C weitere 30 Minuten garen.
• Die Zucchini putzen, in Scheiben schneiden, die Tomaten enthäuten, entkernen und in Würfel schneiden und 10 Minuten vor Garende unter das Fleisch heben.
• Nach Ende der Garzeit abschmecken, die verlesenen, gewaschenen und gehackten Kräuter unterheben, anrichten und mit gehackten Mandeln bestreut servieren.

Lasagne mit Hackfleisch und Gemüse

• 400 g Rinderhack • 2-3 EL Olivenöl • 1 Zwiebel • 2 Knoblauchzehen • Salz • 2 Bund Suppengemüse • 200 g frische Steinpilze • Saft von 1 Zitrone • 1 TL Oregano • 1 TL Basilikum • Salz • Pfeffer aus der Mühle • 1 Glas Portwein • 1 große Dose geschälte Tomaten • 600 g bissfest gegarte Lasagneplatten • 1/2 l Béchamelsauce • 200 g Mozzarella • Butterflöckchen • 1/2 Bund Petersilie

• Das Rinderhack mit dem Öl in einer Pfanne scharf braten.
• Die fein gehackte Zwiebel und die mit Salz zerriebenen Knoblauchzehen dazugeben und kurz mitbraten.
• Das Suppengemüse in kleine Würfel schneiden, zum Fleisch geben und mitbraten.
• Die in Scheiben geschnittenen Steinpilze mit Zitronensaft beträufeln, zum Fleisch geben und kurz mitschwitzen.
• Mit Oregano, Basilikum, Salz und Pfeffer würzen, mit Portwein ablöschen und die grob zerkleinerten Tomaten mit dem Saft dazugeben.
• Bei mäßiger Hitze 10 Minuten köcheln lassen, vom Feuer nehmen und bereitstellen.
• Eine Lasagneform schichtweise mit den Lasagneplatten, der Gemüse-Fleisch-Sauce und der Béchamelsauce füllen und mit den restlichen Lasagneplatten abdecken.
• Etwas Béchamelsauce auf die Lasagneplatten verteilen und mit dem in Scheiben geschnittenen Mozzarella belegen.
• Einige Butterflöckchen darauf setzen und das Ganze im auf 180-200° C vorgeheizten Backofen 10-15 Minuten backen.
• Die Lasagne mit Hackfleisch und Gemüse herausnehmen, anrichten, mit Petersiliensträußchen ausgarnieren und servieren.

Wirsing-Fisch-Auflauf

• 800 g gemischtes Fischfilet (Seelachs, Kabeljau, Rotbarsch) • einige Tropfen Weißweinessig • einige Tropfen Worcestersauce • Salz • Pfeffer aus der Mühle • 1 Kopf Wirsing • 2-3 EL Butter oder Margarine • 1 Zwiebel • 400 g gekochte Kartoffeln • 1 Schuss Weißwein • 1/4 l Gemüsebrühe • 1 Prise Cayennepfeffer • 1 Prise Kümmelpulver • 2 cl Pernod • 125-150 g gut schmelzenden Käse • 1 Bund Petersilie

• Die küchenfertigen Fischfilets unter fließendem Wasser waschen, trockentupfen und mit Weißweinessig und Worcestersauce beträufeln.
• Mit Salz und Pfeffer würzen und im Kühlschrank 10-15 Minuten ziehen lassen.
• Den Wirsing putzen, in Streifen schneiden. Das Fett in einer Auflaufform erhitzen und die geschälte, fein gehackte Zwiebel darin glasig schwitzen.
• Die in Scheiben geschnittenen Kartoffeln mit den Wirsingstreifen zu den Zwiebeln geben und kurz braten.
• Mit einem Schuss Weißwein ablöschen und mit der Gemüsebrühe auffüllen.
• Das Ganze im auf 200° C vorgeheizten Backofen 15-20 Minuten garen.
• Die Fischfilets in Würfel schneiden, zum Gemüse geben und nochmals 20 Minuten garen. Den fein geriebenen Käse darüber streuen und schmelzen lassen.
• Den Wirsing-Fisch-Auflauf dekorativ anrichten, mit der verlesenen, gewaschenen und fein gehackten Petersilie bestreuen und servieren.

Rosenkohlauflauf mit geräuchertem Speck

• 300 g Kartoffeln • 300 g Rosenkohlröschen • 1/4 l Gemüsebrühe • 1-2 EL Butter oder Margarine • 1 Zwiebel • 150 g geräucherten, durchwachsenen Speck • 1 Schuss Weißwein • 2 Becher saure Sahne • 5 Eier • Salz • Pfeffer aus der Mühle • 1 Prise Muskat • 1 Prise Kümmelpulver • 1 Prise Cayennepfeffer • 2-3 EL Weizenmehl • 50 g geriebenen Tilsiter • 1 Bund Zitronenmelisse

• Die Kartoffeln waschen, schälen und in Würfel schneiden.
• Die Brühe erhitzen und den Rosenkohl darin bissfest garen, herausnehmen und abschrecken.
• Die Butter oder Margarine erhitzen und die geschälte und fein gehackte Zwiebel darin anschwitzen.
• Den Speck würfeln, zur Zwiebel geben und kurz mitbraten.
• Mit Weißwein ablöschen, die Kartoffeln und die Rosenkohlröschen dazugeben, kurz durchschwenken und in eine ausgefettete Auflaufform geben.
• Die saure Sahne mit den Eiern in eine Schüssel geben und gut verschlagen.
• Mit Salz, Pfeffer, Muskat, Kümmel und Cayennepfeffer kräftig abschmecken.
• Das Mehl mit dem geriebenen Käse untermischen und auf dem Rosenkohlgemüse verteilen.
• Im auf 180-200° C vorgeheizten Backofen 20-25 Minuten backen. Herausnehmen, anrichten und mit der fein geschnittenen Zitronenmelisse bestreut servieren.

Rotkohl-Kartoffelauflauf

• 500 g Rotkohl • 1/4 l Salzwasser • 1 Zwiebel • 2-3 EL Butter oder Margarine • 1 Knoblauchzehe • 1/2 TL Salz • Pfeffer aus der Mühle • 1 Schuss Apfelsaft • 500 g gekochte Kartoffeln • 200 g gekochten Schinken • Butter oder Margarine für die Form • 2 Becher Sahnedickmilch • 125 g geriebenen Leerdamer • 4 Eier

• Den Rotkohl verlesen, waschen, gut abtropfen lassen, in Streifen schneiden und im erhitzten Salzwasser kurz blanchieren.
• In der Zwischenzeit die Zwiebel schälen, fein hacken, in der Butter oder Margarine in einer Pfanne glasig schwitzen.
• Die mit Salz zerriebene Knoblauchzehe dazugeben und kurz mitschwitzen.
• Den Rotkohl zu den Zwiebeln geben und anschwitzen. Mit Salz und Pfeffer würzen und mit dem Apfelsaft verfeinern.
• Die Kartoffeln schälen und in Scheiben schneiden, den Schinken fein würfeln.
• Eine Auflaufform mit etwas Butter oder Margarine ausfetten und die Kartoffeln mit dem Rotkohl und dem Schinken schichtweise einfüllen.
• Die Sahnedickmilch mit dem geriebenen Leerdamer und den Eiern vermischen.
• Das Ganze nochmals mit Salz und Pfeffer abschmecken, gleichmäßig auf dem Auflauf verteilen und im auf 180-200° C vorgeheizten Backofen 10-15 Minuten backen. Herausnehmen, anrichten, ausgarnieren und servieren.

Hacktorte

• 800 g gemischtes Hackfleisch • 2 Eier • 2-3 Schalotten • 1-2 Knoblauchzehen • Salz • Pfeffer aus der Mühle • 1 Prise Muskatpulver • 1 rote Paprikaschote • 200 g frische Waldpilze • Saft von 1 Zitrone • 3-4 EL Semmelbrösel • 2-3 EL Tomatenmark • 1 Becher Sahnedickmilch • 1 TL Paprikapulver • 1 TL Majoran • 1 TL Thymian • Butter oder Margarine für die Form • 800 g gekochte Kartoffeln • 200-250 g Cocktailtomaten • 200 g Mozzarella

• Das Hackfleisch mit den Eiern und den fein gehackten Schalotten vermischen.
• Die Knoblauchzehen fein hacken, zum Fleischteig geben und das Ganze mit Salz, Pfeffer und Muskat würzen.
• Die Paprikaschote halbieren, entkernen und würfeln.
• Die Waldpilze putzen, würfeln, mit Zitronensaft beträufeln, mit Semmelbröseln, Tomatenmark und Sahnedickmilch zum Fleisch geben und vermischen.
• Die Masse mit Paprika, Majoran und Thymian verfeinern.
• Die Kartoffeln pellen, in Scheiben schneiden und eine Auflaufform damit auslegen.
• Die Hackfleischmasse darauf verteilen und im auf 180-200° C vorgeheizten Backofen 40-45 Minuten backen.
• Eine Kartoffel grob raspeln, die Cocktailtomaten über Kreuz einschneiden.
• Kurz vor Garende die Kartoffelraspel kreisförmig am Tortenrand verteilen und die Tomaten einsetzen. Den Mozzarella in Scheiben schneiden und in die Mitte legen.
• Das Ganze weitere 10 Minuten backen, die Hacktorte herausnehmen, anrichten, ausgarnieren und servieren.

Überbackene Schinkenkartoffeln

• 750 g Kartoffeln • Butter oder Margarine für die Form • 2 Zwiebeln • 125 g gekochten Schinken • 1 Stange Lauch • 1/4 l süße Sahne • 100 g Schmelzkäse • Salz • Pfeffer aus der Mühle • 1 Prise Cayennepfeffer • 1 Prise Muskat • 4 hart gekochte Eier • 1 Tasse gemischte, gehackte Kräuter

• Die Kartoffeln schälen und in Scheiben schneiden. Eine Auflaufform ausfetten und die Kartoffeln einschichten.
• Die Zwiebeln schälen, fein hacken, mit dem in Würfel geschnittenen Schinken und dem geputzten und in Streifen geschnittenen Lauch vermischen.
• Zwiebeln, Schinken und Lauch gleichmäßig auf den Kartoffeln verteilen.
• Die Sahne mit dem Schmelzkäse glatt rühren, mit Salz, Pfeffer, Cayennepfeffer und Muskat kräftig würzen und gleichmäßig über den Auflauf gießen.
• Die Eier pellen, in Scheiben schneiden und den Auflauf damit abdecken.
• Das Ganze im auf 180-200° C vorgeheizten Backofen 25-30 Minuten garen.
• Nach Ende der Garzeit den Auflauf herausnehmen, anrichten, mit den gehackten Kräutern bestreuen, ausgarnieren und sofort servieren.

Kartoffelnudeln mit Kraut

• 1 kg mehligkochende Kartoffeln • 125 g Mehl • 1 Prise Salz • 1 Prise Muskat • 2 Eier • Butterschmalz zum Ausbacken • 100 g durchwachsenen, geräucherten Speck • 1 Zwiebel • 2 Knoblauchzehen • 1 TL Salz • 600 g Sauerkraut • 1 Glas Weißwein • 1 Tasse Gemüse- oder Fleischbrühe • 1 EL Kümmel • 2 Lorbeerblätter • einige Nelken • einige Wacholderbeeren • Salz • Pfeffer aus der Mühle • 40 g Butter oder Margarine

• Für die Nudeln die Kartoffeln in Salzwasser 20 Minuten garen, abgießen, leicht erkalten lassen, pellen und durch die Kartoffelpresse treiben.
• Das Mehl, das Salz, das Muskat und die Eier zu den Kartoffeln geben und zu einem glatten Teig verarbeiten.
• Den Teig auf einer bemehlten Arbeitsfläche verkneten und portionsweise fingerdicke Nudeln abrollen.
• Das Butterschmalz erhitzen und die Nudeln darin goldgelb ausbacken.
• Den in feine Würfel geschnittenen Speck in einem Topf auslassen, die Zwiebel schälen, fein hacken, zum Speck geben und kurz mitbraten.
• Die Knoblauchzehen schälen, fein hacken, mit Salz zerreiben, zu den Speckzwiebeln geben und ebenfalls kurz mitschwitzen. Das Kraut dazugeben, mit Weißwein ablöschen, mit der Gemüse- oder Fleischbrühe auffüllen.
• Den Kümmel, die Lorbeerblätter, die Nelken und die Wacholderbeeren dazugeben, mit Salz und Pfeffer würzen und 35 Minuten köcheln lassen.
• Anschließend eine Auflaufform mit Butter oder Margarine ausfetten, die Kartoffelnudeln mit dem Sauerkraut in die Auflaufform schichten, die restliche Butter in Flöckchen darauf setzen und das Ganze im auf 180-200° C vorgeheizten Backofen 15-20 Minuten garen.
• Nach Ende der Garzeit die Kartoffelnudeln mit Kraut dekorativ anrichten, ausgarnieren und sofort servieren.

Kartoffelbaches mit Salat

• 800 g mehligkochende Kartoffeln • Salzwasser • 2 Lorbeerblätter • einige Nelken • einige Wacholderbeeren • 1 EL Kümmel • 1 Becher Sahne • 2 Eigelb • 200 g geriebenen Käse • Salz • Pfeffer aus der Mühle • 1 Prise Muskat • 1 Prise Cayennepfeffer • Butterschmalz zum Ausfetten • 400 g Blattsalat nach Wahl • 2 Bund Radieschen • 100 g frische Champignons • Saft von 1 Zitrone • einige Tropfen Aceto balsamico • einige Tropfen Olivenöl • Salz • Pfeffer aus der Mühle • 3-4 EL eingeweichte Weizenkörner oder gehackte Nüsse

• Die Kartoffeln unter fließendem Wasser mit einer Bürste säubern. Salzwasser und Kartoffeln in einen Topf geben.
• Die Lorbeerblätter, die Nelken, die Wacholderbeeren und den Kümmel dazugeben und die Kartoffeln in 20 Minuten garen.
• Die Kartoffeln abgießen, leicht erkalten lassen, pellen und anschließend durch die Kartoffelpresse treiben.
• Die Sahne erhitzen und mit dem Eigelb und dem geriebenen Käse unter das Püree ziehen.
• Das Püree mit Salz, Pfeffer, Muskat und Cayennepfeffer kräftig abschmecken.
• Kleine Auflaufförmchen mit Butterschmalz ausfetten, das Püree in einen Spritzbeutel füllen und portionsweise in die Auflaufförmchen geben.
• Das Kartoffelpüree in den auf 180-200° C vorgeheizten Backofen schieben und in 15-20 Minuten backen.
• In der Zwischenzeit den Blattsalat verlesen, waschen, gut abtropfen lassen und in mundgerechte Stücke zerpflücken.
• Die Radieschen putzen, waschen und in Scheiben schneiden. Die Champignons verlesen, in Scheiben schneiden und mit Zitronensaft beträufeln.
• Den Blattsalat, die Radieschen und die Champignons in eine Schüssel geben und vorsichtig vermischen.
• Das Ganze mit Aceto balsamico und Öl beträufeln, mit Salz und Pfeffer anmachen.
• Die Kartoffelbaches aus der Form nehmen und anrichten. Den Blattsalat darauf verteilen, mit den eingeweichten Weizenkörnern oder den gehackten Nüssen bestreuen, ausgarnieren und mit den Kartoffelbaches servieren.

Béchamelsauce

• 50 g Butter • 50 g Vollkornmehl • 3/8 l Milch • 1/8 l Sahne • Salz • Pfeffer aus der Mühle • 1 Prise Muskat • einige Tropfen Zitronensaft • 50 g geriebenen Parmesankäse

• Die Butter in einem Topf erhitzen und das Mehl einrühren.
• Die Milch und die Sahne kalt dazugeben und mit dem Schneebesen glatt rühren.
• Unter ständigem Rühren so lange kochen lassen, bis eine sämige Sauce entstanden ist.
• Die Sauce durch ein Sieb passieren, nochmals erhitzen, mit Salz, Pfeffer, Muskat und Zitronensaft abschmecken und den geriebenen Parmesankäse einrühren. Zum weiteren Gebrauch bereitstellen.

Kartoffelauflauf mit Paprika und Tomaten

• 1 kg Kartoffeln • Salzwasser • 1 EL Kümmel • 2 Zwiebeln • 1 rote Paprikaschote • 1 gelbe Paprikaschote • 6 Tomaten • Olivenöl zum Ausfetten • 3-4 EL Tomatenpüree • 1 kleine Dose geschälte Tomaten • 1 EL gerebeltes Basilikum • 1 EL gerebelten Oregano • 1 kleines Glas gefüllte Oliven • 250 g Mozzarellakäse

• Die Kartoffeln unter fließendem Wasser waschen und in einen Topf geben. Das Salzwasser angießen, den Kümmel dazugeben und die Kartoffeln in 20 Minuten garen.
• Die Kartoffeln abgießen, leicht erkalten lassen, pellen und in Scheiben schneiden.
• Die Zwiebeln schälen, in Würfel oder Scheiben schneiden. Die Paprikaschoten putzen, halbieren, entkernen, waschen, gut abtropfen lassen und ebenfalls in Scheiben oder Streifen schneiden.
• Die Tomaten enthäuten und in Scheiben schneiden.
• Eine Pizzaform mit Olivenöl ausfetten und mit den in Scheiben geschnittenen Kartoffeln auslegen.
• Die Kartoffeln mit dem Tomatenpüree bestreichen und die geschälten Tomaten gleichmäßig darauf verteilen. Die Zwiebeln, die Paprikaschoten und die in Scheiben geschnittenen Tomaten darauf legen.
• Das Ganze mit Basilikum und Oregano bestreuen und mit den Oliven belegen.
• Den Mozzarellakäse in Scheiben schneiden, auf den Kartoffelauflauf setzen. Das Ganze im auf 180-200° C vorgeheizten Backofen in 15-20 Minuten garen.
• Den Kartoffelauflauf aus dem Ofen nehmen, dekorativ anrichten, ausgarnieren und sofort servieren.

Kartoffelauflauf mit Käse

• 1 kg Kartoffeln • 2-3 EL Butter oder Margarine • 100 g durchwachsenen, geräucherten Speck • 2 Zwiebeln • 2 Tassen Gemüsebrühe • 1 Lorbeerblatt • 1 TL Kümmel • 1 EL Majoran • Salz • schwarzen Pfeffer aus der Mühle • 250 ml Sahne • 2 Eier • 200 g geriebenen Leerdamer • 3-4 EL Schnittlauchröllchen

• Die Kartoffeln schälen und in feine Scheiben hobeln.
• Die Butter oder Margarine in einer Pfanne erhitzen und den gewürfelten Speck darin auslassen.
• Die Zwiebeln schälen und in Scheiben schneiden, mit den Kartoffelscheiben zum Speck geben und kurz anbraten. Die Gemüsebrühe angießen, das Lorbeerblatt, den Kümmel und den Majoran unterrühren, mit Salz und Pfeffer kräftig würzen und 15-20 Minuten köcheln lassen.
• In eine gefettete Auflaufform füllen.
• Die Sahne mit den Eiern und dem geriebenen Leerdamer vermischen und über die Kartoffeln gießen. Im auf 180-200° C vorgeheizten Backofen 25-30 Minuten backen, dekorativ anrichten, mit den Schnittlauchröllchen bestreuen und servieren.

Nudelauflauf mit Quark

• 2,5 l Wasser • 2 EL Salz • einige Tropfen Olivenöl • 250 g Gabelspaghetti • 500 g Magerquark • 4 Eigelb • Salz • Pfeffer aus der Mühle • 1 Prise Muskat • 1 Zwiebel • 1 EL Butter • 250 g Kasseler ohne Knochen • 4 Eiweiß • Butter für die Form

• Das Wasser mit dem Salz und dem Olivenöl zum Kochen bringen, die Nudeln hineingeben, einmal aufkochen lassen, dann bei geringer Hitze und geöffnetem Topf in 10-12 Minuten bissfest garen. Abgießen, abschrecken und beiseite stellen.
• Den Quark mit dem Eigelb verrühren und mit Salz, Pfeffer und Muskat abschmecken.
• Die Zwiebel schälen, fein würfeln und in der erhitzten Butter glasig schwitzen.
• Die Nudeln, die Zwiebel und das fein gewürfelte Kasseler mit der Quarkmasse verrühren. Das Eiweiß zu steifem Schnee schlagen und unter die Masse heben.
• Eine feuerfeste Form ausfetten und die Quark-Nudel-Masse einfüllen.
• Im auf 180-200° C vorgeheizten Backofen in 45-50 Minuten goldbraun backen, dekorativ anrichten, ausgarnieren und servieren.

Überbackene Quark-Cannelloni

• 16-20 vorbereitete Cannellonihüllen • 1-2 EL Butter oder Margarine • 1 Zwiebel • 100 g Steinpilze • 1 Schuss Sherry medium • Salz • Pfeffer aus der Mühle • einige Tropfen flüssigen Süßstoff • 100 g Sahnequark • 100 g Blauschimmelkäse • einige Tropfen Zitronensaft • einige Tropfen Worcestersauce • 1/2 Tasse gemischte, gehackte Kräuter • Butter oder Margarine für die Form • 1/4 l Gemüsebrühe • 500 g Tomaten • 75 g geriebenen Tilsiter

• Die vorbereiteten Cannellonihüllen bereitlegen, die Butter oder Margarine erhitzen und die fein gehackte Zwiebel darin glasig schwitzen.
• Die geputzten Steinpilze hacken, zu den Zwiebeln geben und kurz mitschwitzen.
• Mit Sherry ablöschen, mit Salz, Pfeffer und Süßstoff abschmecken, vom Feuer nehmen und zum Quark geben.
• Den Blauschimmelkäse reiben, zum Quark geben und zu einer glatten Masse verarbeiten, abschmecken und mit Zitronensaft und Worcestersauce abrunden.
• Die fein gehackten Kräuter unter die Masse ziehen und anschließend das Ganze in die Cannellonihüllen füllen.
• Eine Auflaufform ausfetten, die Cannellonirollen einlegen, etwas Gemüsebrühe angießen und im auf 180-200°C vorgeheizten Backofen in 10-15 Minuten garen.
• Die Tomaten enthäuten, entkernen, in Würfel schneiden, mit der restlichen Brühe vermischen und auf den Cannellonirollen verteilen.
• Den Tilsiter darüber streuen und fertig garen.
• Die Überbackenen Quark-Cannelloni herausnehmen, dekorativ anrichten, ausgarnieren und sofort servieren.

Spaghetti-Paprika-Auflauf

• 300 g Spaghetti • Salzwasser • 1-2 EL Olivenöl • 1 rote Zwiebel • 1 rote Paprikaschote • 1 gelbe Paprikaschote • 1 Aubergine • 1 Schuss Weißwein • 250 g Cocktailtomaten • 3/4 l Béchamelsauce • 100 g geriebenen Blauschimmelkäse • 75 g geriebenen Parmesankäse

• Die Spaghetti in Salzwasser mit dem Olivenöl bissfest garen, abgießen, abschrecken und gut abtropfen lassen.
• Das Olivenöl in einer Pfanne erhitzen und die geschälte und fein gehackte Zwiebel darin glasig schwitzen.
• Die Paprikaschoten putzen, halbieren, entkernen, waschen, gut abtropfen lassen, in Würfel schneiden, zu den Zwiebeln geben und kurz mitschwitzen.
• Die Aubergine putzen, würfeln zu den Paprikaschoten geben und anschwitzen.
• Das Gemüse mit Weißwein ablöschen, die gewaschenen und halbierten Cocktailtomaten unter das Gemüse heben und anschließend mit den Spaghetti vermischen.
• Eine Auflaufform ausfetten und die Spaghettimischung einfüllen.
• Den geriebenen Blauschimmelkäse unter die Béchamelsauce rühren und über den Auflauf gießen.
• Mit dem geriebenen Parmesankäse bestreuen und das Ganze im auf 180-200° C vorgeheizten Backofen in 15-20 Minuten garen.
• Den Spaghetti-Paprika-Auflauf herausnehmen, anrichten, ausgarnieren und mit einer Tomatensauce servieren.

Nudelauflauf mit Tomaten

• 2,5 l Wasser • 2 EL Salz • 2 EL Olivenöl • 250 g Hörnchennudeln • 1 große Dose geschälte Tomaten • 250 g Putenschinken • 3 Eier • 1 Becher süße Sahne • Salz • weißen Pfeffer aus der Mühle • 1 Prise Muskat • 1 Bund Schnittlauch • 1 Bund Petersilie • 200 g Mozzarellakäse • Butter für die Form • Butterflöckchen

• Das Wasser mit dem Salz und dem Olivenöl zum Kochen bringen, die Nudeln einlegen und in 10-12 Minuten bissfest garen. Abgießen, abschrecken und beiseite stellen.
• Die Tomaten gut abtropfen lassen und grob zerkleinern, den Putenschinken in Würfel schneiden.
• Die Eier mit der Sahne verrühren, mit Salz, Pfeffer und Muskat würzen und die Schnittlauchröllchen sowie die verlesene, gewaschene und fein gehackte Petersilie unterrühren.
• Eine Auflaufform mit Butter ausfetten und lagenweise die Nudeln, die Tomaten und den Putenschinken einfüllen.
• Den Mozzarellakäse in dünne Scheiben schneiden, auf dem Auflauf verteilen und die Eiersahne darüber gießen.
• Einige Butterflöckchen obenauf setzen und das Ganze im auf 200° C vorgeheizten Backofen 40-45 Minuten backen. Herausnehmen, dekorativ anrichten, ausgarnieren und servieren.

Blumenkohlauflauf mit Sesamkruste

• 1 großen Blumenkohl • 1/2 l Gemüsebrühe • 1-2 EL Butter oder Margarine • 200 g geräucherten rohen Schinken • 1 Zwiebel • 1/4 l Milch • 1 Becher Sahnedickmilch • 3 Eier • 125 g geriebenen Gouda • Salz • Pfeffer aus der Mühle • 1 Prise Muskat • 1/2 Tasse Sesamkörner

• Den Blumenkohl verlesen, waschen, abtropfen lassen und in Röschen zerteilen.
• Die Brühe in einem Topf erhitzen und die Blumenkohlröschen darin bissfest garen.
• Die Butter oder Margarine in einer Auflaufform erhitzen und den in Würfel geschnittenen rohen Schinken darin kurz anbraten.
• Die Zwiebel schälen, in feine Würfel schneiden, zum Schinken geben und kurz mitschwitzen.
• Den Blumenkohl untermischen, vom Feuer nehmen und leicht erkalten lassen.
• Die Milch mit der Sahnedickmilch, den Eiern und dem geriebenen Gouda verrühren, mit Salz, Pfeffer und Muskat kräftig abschmecken.
• Die Käsemasse gleichmäßig auf dem Blumenkohl verteilen, mit Sesamkörnern bestreuen und im auf 180-200° C vorgeheizten Backofen 15-20 Minuten backen.
• Nach Ende der Garzeit den Blumenkohlauflauf herausnehmen, dekorativ anrichten, ausgarnieren und sofort servieren.

Rosenkohlauflauf mit Sesam

• 600 g Rosenkohl • 1/2 l Gemüsebrühe • 1-2 EL Butter oder Margarine • 200 g geräucherten, durchwachsenen Speck • 1 Zwiebel • 1/4 l Milch • 1 Becher Sahne • 3 Eier • 125 g geriebenen Butterkäse • Salz • Pfeffer aus der Mühle • 1 Prise Muskat • 1/2 Tasse Sesamkörner

Zubereitung wie „Blumenkohlauflauf mit Sesamkruste".

Broccoliauflauf mit Sesam

• 600 g Broccoliröschen • 1/2 l Gemüsebrühe • 1-2 EL Butter oder Margarine • 200 g gekochten SChinken • 1 Zwiebel • 1/4 l Milch • 1 Becher saure Sahne • 3 Eier • 125 g Mozzarella • Salz • Pfeffer aus der Mühle • 1 Prise Muskat • 1/2 Tasse Sesamkörner

Zubereitung wie „Blumenkohlauflauf mit Sesamkruste".

Gefüllte Paprikaschoten

• 4 Paprikaschoten • 1/4 l Gemüsebrühe • Butter oder Margarine für die Form • 1 Zwiebel • 1-2 EL Butter oder Margarine • 100-150 g Bratenreste • 400 g gekochte Kartoffeln • 2 Essiggurken • Salz • Pfeffer aus der Mühle • 1 Prise Paprikapulver • 1 Prise Kümmelpulver • 200 g Mozzarella • 1 Bund Petersilie

• Die Paprikaschoten halbieren, entkernen, waschen, gut abtropfen lassen und in der Gemüsebrühe bissfest garen. Herausnehmen und in eine ausgefettete Auflaufform setzen.
• Die geschälte und fein gehackte Zwiebel in der erhitzten Butter oder Margarine glasig schwitzen.
• Die gekochten Kartoffeln pellen, in Würfel schneiden, mit den fein gewürfelten Essiggurken zur Zwiebel geben und kurz braten. Die Bratenreste ebenfalls klein schneiden, zuletzt in die Pfanne geben und kurz mitbraten. Mit Salz, Pfeffer, Paprika und Kümmel kräftig würzen und die Masse in die Paprikahälften füllen.
• Das Ganze mit dem in kleine Würfel geschnittenen Mozzarella bestreuen und im auf 180-200° C vorgeheizten Backofen in 15-20 Minuten backen.
• Die gefüllte Paprikaschoten dekorativ anrichten, mit der verlesenen, gewaschenen und fein gehackten Petersilie bestreuen, ausgarnieren und sofort servieren.

Pikante Pfannkuchen

• 250 g Mehl • 1 Prise Salz • 3 Eier • 1/2 l Milch • Fett zum Ausbacken • 1-2 EL Butterschmalz • 400 g Rinderhack • 1 Zwiebel • 500 g Mischgemüse (TK-Produkt) • Salz • Pfeffer aus der Mühle • 1 Prise Cayennepfeffer • 1 TL Oregano • 1 TL Basilikum • 100 g geriebenen Leerdamer

• Das Mehl mit dem Salz, den Eiern und der Milch in eine Schüssel geben und zu einem glatten Teig verrühren.
• Etwas Fett in einer Pfanne erhitzen und 6-8 Pfannkuchen ausbacken, den restlichen Teig bereitstellen.
• Für die Füllung das Butterschmalz in einer Pfanne erhitzen und das Rinderhack darin unter Rühren braten.
• Die geschälte und fein gehackte Zwiebel zum Fleisch geben und kurz mitbraten.
• Das Mischgemüse zum Fleisch geben, ebenfalls kurz mitbraten, mit Weißwein ablöschen, mit Salz, Pfeffer, Cayennepfeffer, Oregano und Basilikum würzen.
• Die Füllung gleichmäßig auf die Pfannkuchen verteilen, mit etwas geriebenem Leerdamer bestreuen, zusammenrollen und in eine ausgefettete Auflaufform schichten.
• Das Ganze mit dem restlichen Käse bestreuen und den restlichen Teig angießen.
• Die Pfannkuchen im auf 180-200° C vorgeheizten Ofen in 40-45 Minuten backen, herausnehmen, anrichten, ausgarnieren und servieren.

Broccoliauflauf

• 1 kg Broccoli • 500 g Karotten • 1/2 l Gemüsebrühe • 2 EL Butter • 2 EL Mehl • 250 g Crème fraîche mit Kräutern • 2 Eigelb • Salz • weißen Pfeffer aus der Mühle • 1 Prise Zucker • 1 Prise Muskat • Butter für die Form • 150 g gekochten Schinken • 1 Bund Petersilie

• Den Broccoli in mundgerechte Stücke zerteilen, waschen, in der erhitzten Gemüsebrühe 15 Minuten garen, herausnehmen und abtropfen lassen.
• Die Butter in einem Topf erhitzen, das Mehl mit dem Schneebesen einrühren und goldgelb anschwitzen, mit Broccolisud auffüllen und so lange kochen, bis eine sämige Sauce entsteht.
• Die Crème fraîche mit dem Eigelb verrühren und unter die Sauce mischen. Mit Salz, Pfeffer, Zucker und Muskat abschmecken.
• Den Schinken in Streifen oder Würfel schneiden.
• Eine Auflaufform mit Butter ausfetten, den Broccoli einlegen und die Ei-Sahne-Sauce darüber gießen.
• Den Schinken darüber streuen und das Ganze im auf 200-220° C vorgeheizten Backofen 20-25 Minuten backen.
• Die Petersilie verlesen, waschen, fein hacken, über den Auflauf streuen und sofort servieren.

Kartoffelauflauf mit chinesischen Pilzen

• 800 g Kartoffeln • Salzwasser • 1 Becher Sahne • Salz • Pfeffer aus der Mühle • 1 Prise Muskat • 1-2 EL Butter oder Margarine • 150 g durchwachsenen, geräucherten Speck • 2 Zwiebeln • 400 g chinesische Pilze • Saft von 1 Zitrone • 1 Schuss Weißwein • 1 Prise Cayennepfeffer • 2 Becher Crème fraîche • 4 Eier • 150 g geriebenen Leerdamer

• Die Kartoffeln in Salzwasser garen, leicht erkalten lassen, pellen und durch die Kartoffelpresse treiben.
• Das Kartoffelpüree mit der Sahne abschlagen, mit Salz, Pfeffer und Muskat kräftig würzen.
• Das Fett erhitzen und den fein gewürfelten Speck auslassen.
• Die Zwiebeln schälen, fein hacken, zum Speck geben und kurz mitbraten.
• Die chinesischen Pilze putzen, grob hacken, mit Zitronensaft beträufeln, zu den Speckzwiebeln geben und kurz mitschwitzen.
• Mit Weißwein ablöschen, mit Salz, Pfeffer, Muskat und Cayennepfeffer abschmecken und bei mäßiger Hitze 4-5 Minuten dünsten.
• Eine feuerfeste Auflaufform ausfetten und schichtweise Kartoffelpüree und Pilze einfüllen.
• Die Crème fraîche mit den Eiern und dem geriebenen Leerdamer verschlagen, mit Salz, Pfeffer und Muskat abschmecken und auf dem Auflauf verteilen.
• Den Auflauf im auf 180-200° C vorgeheizten Backofen in 20-25 Minuten garen, herausnehmen, anrichten, ausgarnieren und servieren.

Wirsing mit Kartoffelhaube

• 1,2 kg Wirsing • 2-3 EL Butter oder Margarine • 2-3 Zwiebeln • Salz • Pfeffer aus der Mühle • 1 Prise Muskatpulver • 1 Prise Zucker • 1/4 l Gemüsebrühe • 600 g geschälte Kartoffeln • 1/4 l Milch • 1 Prise Liebstöckel • 1 Prise Majoran • 1 Prise Kümmel • 500 g mageren, gekochten Schinken • Butterflöckchen

• Den Wirsing verlesen, waschen, gut abtropfen lassen, mit kochendem Wasser überbrühen, nochmals abtropfen lassen und anschließend klein schneiden.
• Die Butter oder Margarine in einem Topf erhitzen und die geschälten und fein gewürfelten Zwiebeln darin glasig schwitzen.
• Den Wirsing dazugeben, mit Salz, Pfeffer, Muskat und Zucker abschmecken, mit der Gemüsebrühe auffüllen und bei mäßiger Hitze 45 Minuten garen lassen.
• Die geschälten Kartoffeln durch die Kartoffelpresse treiben und mit der erhitzten Milch zu einem Kartoffelpüree rühren.
• Das Püree mit Liebstöckel, Majoran, Kümmel, Salz und Pfeffer abschmecken.
• Den Schinken in Würfel schneiden und anschließend nacheinander in eine ausgefettete Form Wirsing, Schinken und Kartoffelpüree einfüllen.
• Einige Butterflöckchen auf die Kartoffelhaube setzen, im auf 180-200° C vorgeheizten Backofen 15-20 Minuten backen.
• Den Wirsing mit Kartoffelhaube herausnehmen, anrichten und servieren.

Käseknacker im Lauchbett

• 600 g Lauch • 2-3 EL Butter oder Margarine • Jodsalz • Pfeffer aus der Mühle • 1 Tasse Gemüsebrühe • 4-6 Knackwürste • 100 g Frühstücksspeck • 100 g in Streifen geschnittenen Butterkäse

• Den Lauch halbieren und unter fließendem Wasser gut waschen.
• Die Lauchstangen abtropfen lassen und in dünne Ringe schneiden.
• Die Butter oder Margarine in einem Topf erhitzen und den Lauch darin glasig schwitzen.
• Mit Salz und Pfeffer kräftig abschmecken, die Gemüsebrühe angießen, bei mäßiger Hitze 10 Minuten dünsten, herausnehmen und leicht abtropfen lassen.
• Eine Auflaufform mit Butter ausfetten und den Lauch einfüllen.
• Die Würstchen in heißem Wasser 5 Minuten ziehen lassen, herausnehmen und trockentupfen.
• Jedes Würstchen mit zwei Scheiben Frühstücksspeck und Butterkäsestreifen umwickeln und auf den Lauch setzen.
• Das Ganze im auf 250° C vorgeheizten Backofen so lange backen, bis sich der Käse leicht bräunt.
• Die Käseknacker im Lauchbett herausnehmen, anrichten und servieren.

Pikanter Quarkauflauf

• 400 g Sahnequark • 1/8 l Sahne • 4 Eier • 25 g Speisestärke • 1 Msp. Backpulver • 200 g gekochten Schinken • 400 g Mischgemüse (TK-Produkt) • 1 Zwiebel • Salz • Pfeffer aus der Mühle • 1 Prise Muskat • Butter oder Margarine zum Ausfetten • 1-2 EL Semmelbrösel • 25 g Butter oder Margarine

• Den Sahnequark mit der Sahne, dem Eigelb, der Stärke und dem Backpulver in eine Schüssel geben und verrühren.
• Den gekochten Schinken in feine Würfel schneiden. Die Zwiebel schälen, ebenfalls fein würfeln, mit dem Mischgemüse unter die Sahnequarkmasse ziehen.
• Das Ganze mit Salz, Pfeffer und Muskat abschmecken und das steif geschlagene Eiweiß vorsichtig unterheben.
• Eine Auflaufform mit Butter oder Margarine ausfetten, die Käsemasse einfüllen und das Ganze mit Semmelbröseln bestreuen.
• Die Butter oder Margarine in Flöckchen darauf setzen. Im auf 180-200° C vorgeheizten Backofen in 25-30 Minuten backen.
• Den Pikanten Quarkauflauf herausnehmen, anrichten, ausgarnieren und sofort servieren.

Blumenkohl-Schinken-Auflauf

1 großen Kopf Blumenkohl • 1 1/2 l Gemüsebrühe • Saft von 2 Zitronen • einige Wacholderbeeren • einige Pfefferkörner • 1 Prise Muskat • 1 Prise Cayennepfeffer • 50 g Butter oder Margarine • 1 Zwiebel • 40 g Mehl • 1/4 l Milch • 200 g gekochten, mageren Schinken • 1 Becher Crème fraîche • 100 g Schmelzkäse mit Kräutern • Salz • Pfeffer aus der Mühle • 1 Bund Schnittlauch

• Den Blumenkohl verlesen, waschen, gut abtropfen lassen und die Gemüsebrühe in einen Topf geben.
• Den Zitronensaft, die Wacholderbeeren und die Pfefferkörner dazugeben, mit Muskat und Cayennepfeffer würzen und den Blumenkohl im Sud bissfest garen.
• Für die Sauce die Butter oder Margarine in einem Topf erhitzen und die geschälte und fein gehackte Zwiebel darin glasig schwitzen.
• Das Mehl mit dem Schneebesen einrühren, mit der kalten Milch ablöschen und mit 1/4 l Blumenkohlsud auffüllen.
• Das Ganze zu einer sämigen Sauce verkochen und anschließend den in feine Würfel geschnittenen Schinken, die Crème fraîche und den Kräuter-Schmelzkäse einrühren.
• Die Sauce so lange köcheln lassen, bis der Käse geschmolzen ist.
• Die Sauce mit Salz, Pfeffer, Cayennepfeffer und Muskat abrunden.
• Den Blumenkohl in eine feuerfeste Form geben, mit der Käsesauce überziehen und unter dem Grill oder im Ofen kurz überbacken.
• Den Blumenkohl anrichten, mit dem verlesenen, gewaschenen und in Röllchen geschnittenen Schnittlauch bestreuen, ausgarnieren und servieren.

KARTOFFEL-GEMÜSE-AUFLAUF MIT SCHMELZKÄSE

• 500 g Kartoffeln • 1 Schuss Sahne • Salz • Pfeffer • 1 Prise Muskat • Margarine zum Ausfetten • 400 g Mischgemüse (TK-Produkt) • 2 EL Olivenöl • 200 g frische Champignons • Saft von 1 Zitrone • 1 große Dose geschälte Tomaten • je 1 TL Oregano und Basilikum • 30 g Butter oder Margarine • 30 g Mehl • 1/4 l Milch • 50 g Sahne-Schmelzkäse • 200 g Mozzarella • 1 Tasse gemischte, gehackte. Kräuter

• Die Kartoffeln in Salzwasser garen, pürieren, mit Sahne glatt rühren, mit Salz, Pfeffer und Muskat kräftig würzen.
• Eine Auflaufform ausfetten und das Püree einfüllen.
• Das Mischgemüse auftauen und im Olivenöl kurz anschwitzen.
• Die Champignons putzen, grob hacken, mit Zitronensaft beträufeln und unter das Gemüse heben.
• Die Tomaten abtropfen lassen, grob würfeln, mit Oregano und Basilikum unter das Gemüse ziehen, mit Salz, Pfeffer und Muskat würzen.
• Das Fett erhitzen und das Mehl einrühren. Die Milch angießen und zu einer Sauce verkochen.
• Mit Salz, Pfeffer, Muskat und Sahne-Schmelzkäse verfeinern.
• Das Gemüse auf dem Püree verteilen und mit geschnittenem Mozzarella belegen. Die Sauce angießen und das Ganze im auf 180-200° C vorgeheizten Backofen 15-20 Minuten garen, anrichten, ausgarnieren und mit gehackten Kräutern bestreut servieren.

KARTOFFELAUFLAUF MIT BRATWURSTFÜLLUNG

• 500 g Kartoffeln • 1 Zwiebel • 2-3 Lauchzwiebeln • 500 g rohe Bratwurstmasse • Salz • Pfeffer aus der Mühle • 1 EL Majoran • 1 Knoblauchzehe • 300 g Mischgemüse (TK-Produkt) • 2-3 EL Butter oder Margarine • 1/4 l Gemüsebrühe • 1 Bund Schnittlauch

• Die Kartoffeln waschen, schälen und in Scheiben hobeln. Die Zwiebel schälen und fein würfeln. Den Lauch putzen und in feine Streifen schneiden.
• Die Bratwurstmasse in einer Schüssel glatt rühren, mit Salz, Pfeffer, Majoran sowie der geschälten und fein gehackten Knoblauchzehe würzen.
• Das Mischgemüse in mundgerechte Stücke schneiden und unter die Bratwurstmasse mischen.
• Die Butter oder Margarine in einer Auflaufform erhitzen, die Kartoffeln, die Zwiebelwürfel und die Lauchstreifen hinein geben und kurz anschwitzen.
• Das Brät gleichmäßig untermischen und die Gemüsebrühe angießen.
• Das Ganze nochmals abschmecken und im auf 180-200° C vorgeheizten Backofen 40-50 Minuten garen.
• Nach Ende der Garzeit den Kartoffelauflauf herausnehmen, anrichten und mit frisch geschnittenem Schnittlauch bestreut servieren.

KARTOFFEL-KAROTTEN-AUFLAUF

• 500 g Kartoffeln • 500 g Karotten • 1 Zwiebel • 1 Knoblauchzehe • 1-2 EL Butter oder Margarine • 1/4 l Gemüsebrühe • Salz • Pfeffer aus der Mühle • 1 TL Paprikapulver • 1 Prise Curry • 1 Dose geschälte Tomaten • 2-3 Paar Wiener Würstchen • 200 g geriebenen Bergkäse • 1/2 Bund Petersilie

• Die Kartoffeln und die Karotten schälen und grob raspeln.
• Die Zwiebel schälen und fein hacken, den Knoblauch schälen und mit Salz zu einer Paste zerreiben.
• Die Butter in einer Auflaufform erhitzen und die Zwiebel darin glasig schwitzen. Die Knoblauchpaste dazugeben und kurz mitschwitzen.
• Die Kartoffel- und Karottenraspeln dazugeben, kurz anschwitzen, die Gemüsebrühe angießen und das Ganze bei mäßiger Hitze 15 Minuten köcheln lassen. Mit Salz, Pfeffer, Paprikapulver und Curry kräftig abschmecken und die abgetropften, grob zerkleinerten Tomaten unterziehen.
• Die Wiener Würstchen enthäuten, in Scheiben schneiden und untermischen.
• Mit dem Käse bestreuen und das Ganze im auf 180-200° C vorgeheizten Backofen weitere 10-12 Minuten überbacken.
• Den Auflauf herausnehmen, anrichten, ausgarnieren und mit der verlesenen, gewaschenen und fein gehackten Petersilie bestreut servieren.

KASSELER-AUFLAUF

• 1-2 EL Butterschmalz • 1 Zwiebel • 1 rote Paprikaschote • 1 gelbe Paprikaschote • 1 kleine grüne Paprikaschote • 1 Bund Frühlingszwiebeln • 150 g frische Pfifferlinge • Saft von 1 Zitrone • 1/4 l Gemüsebrühe • Salz • Pfeffer aus der Mühle • 1 Prise Muskat • 1 Prise Kümmelpulver • Butter oder Margarine für die Form • 4 Scheiben Kasseler ohne Knochen • 200 g in Scheiben geschnittenen Gouda • 1 Bund Petersilie

• Das Butterschmalz in einer Pfanne erhitzen und die fein gehackte Zwiebel darin glasig schwitzen.
• Die Paprikaschoten putzen, halbieren, entkernen, waschen, gut abtropfen lassen, in Streifen schneiden, zur Zwiebel geben und kurz mitschwitzen.
• Die Frühlingszwiebeln putzen, in feine Ringe schneiden, zum Gemüse geben und kurz mitschwitzen.
• Die Pfifferlinge putzen, grob hacken, mit Zitronensaft beträufeln, zum Gemüse geben und ebenfalls kurz mitschwitzen.
• Die Gemüsebrühe angießen, zum Kochen bringen, das Ganze mit Salz, Pfeffer, Muskat und Kümmelpulver abschmecken.
• Eine Auflaufform ausfetten, das Gemüse einschichten, die Kasselerscheiben darauf legen und mit dem in Scheiben geschnittenen Gouda abdecken.
• Den Auflauf im auf 180-200° C vorgeheizten Backofen in 15-20 Minuten garen, herausnehmen, anrichten, mit der verlesenen, gewaschenen und fein gehackten Petersilie bestreuen, ausgarnieren und servieren.

Kartoffelgemüse mit Tomaten und Mozzarella

• 1-2 EL Butter oder Margarine • 1 Zwiebel • 75 g Bierschinken • 500 g Kartoffeln • 1 Schuss Weißwein • 1 1/2 Sahnedickmilch • Salz • Pfeffer aus der Mühle • 1 Prise Muskat • 1 Prise Cayennepfeffer • Butter für die Form • 4 Tomaten • 200 g Mozzarella • 1 Bund Schnittlauch

• Die Butter oder Margarine in einem Topf erhitzen und die geschälte und fein gehackte Zwiebel darin glasig schwitzen.
• Den in Würfel geschnittenen Bierschinken dazugeben und kurz mitschwitzen.
• Die Kartoffeln waschen, schälen und in 1-2 cm dicke Stücke schneiden.
• Die Kartoffeln zu den Zwiebeln geben und kurz mitschwitzen.
• Mit Weißwein ablöschen, mit der Sahnedickmilch auffüllen, mit Salz, Pfeffer, Muskat und Cayennepfeffer kräftig abschmecken.
• Das Gemüse kurz aufkochen lassen und in eine gefettete Auflaufform füllen.
• Die Tomaten und den Mozzarellakäse in Scheiben schneiden und abwechselnd auf das Gemüse legen. Im auf 180-200° C vorgeheizten Backofen kurz überbacken, bis der Käse zerlaufen ist, herausnehmen, dekorativ anrichten und mit frisch geschnittenem Schnittlauch bestreut servieren.

Gemüselasagne

• 2-3 EL Olivenöl • 2 Knoblauchzehen • 1 TL Salz • 1 Zwiebel • 2 Karotten • 1 Stange Bleichsellerie • 1 gelbe Paprikaschote • 1 kleine Dose geschälte Tomaten • Salz • Pfeffer aus der Mühle • 1 Prise Muskat • 1 Prise Cayennepfeffer • 1/2 Bund Oregano • 1/2 Bund Basilikum • 1 Becher Kefir • Saft von 1 Zitrone • einige Tropfen Weißwein • einige Tropfen Worcestersauce • einige Tropfen flüssigen Süßstoff • 50 g Emmentaler • 500 g Lasagneplatten • Butter oder Margarine für die Form • 250 g Mozzarellakäse • Kräuterzweige zum Garnieren

• Das Olivenöl in einer Pfanne erhitzen und die geschälten und mit Salz zerriebenen Knoblauchzehen darin glasig schwitzen. Die Zwiebel fein hacken, zum Knoblauch geben und mitschwitzen.
• Die Karotten und den Sellerie grob raspeln, die Paprikaschote in kleine Würfel schneiden, das Ganze zur Knoblauch-Zwiebel-Mischung geben und ebenfalls kurz schwitzen.
• Die Tomaten abtropfen lassen, grob zerkleinern und unter das Gemüse heben.
• Mit Salz, Pfeffer, Muskat und Cayennepfeffer abschmecken und die verlesenen, gewaschenen und fein gehackten Kräuter untermischen.
• Den Kefir mit dem Zitronensaft und dem Wein glatt rühren, mit Worcestersauce, Salz, Pfeffer, Muskat und Süßstoff abrunden, den geriebenen Emmentaler untermischen.
• Die Lasagneplatten lagenweise mit dem Gemüse und der Kefir-Käse-Mischung in eine ausgefettete Lasagneform schichten, den in Scheiben geschnittenen Mozzarella darauf verteilen und das Ganze im auf 180-200° C vorgeheizten Backofen 20-25 Minuten backen.
• Die Gemüselasagne herausnehmen, dekorativ anrichten, mit Kräuterzweigen ausgarnieren und servieren.

Überbackenes Fenchel-Sellerie-Gemüse

• 1-2 EL Butter oder Margarine • 1 Zwiebel • 100 g Karotten • 100 g Staudensellerie • 100 g Fenchel • Salz • Pfeffer aus der Mühle • 1 Prise Muskat • Saft von 1 Zitrone • einige Tropfen Worcestersauce • 1 Tasse Gemüsebrühe • 3 EL Quinoakörner • 1 Becher Sahne • 1 EL scharfen Senf • 100 g geriebenen Gouda • 1/2 Bund Dill • 1/2 Bund Schnittlauch

• Die Butter oder Margarine in einer Pfanne erhitzen und die fein gehackte Zwiebel darin glasig schwitzen.
• Das Gemüse putzen, in feine Streifen oder Scheiben schneiden, zu den Zwiebeln geben und kurz mitschwitzen. Mit Salz, Pfeffer, Muskat, Zitronensaft und Worcestersauce kräftig abschmecken. Mit der Gemüsebrühe auffüllen, die Quinoakörner einrühren und das Ganze bei mäßiger Hitze 8-10 Minuten köcheln lassen.
• Das Gemüse in eine ausgefettete Auflaufform geben. Die Sahne halb steif schlagen, mit dem Senf und dem Gouda verrühren und gleichmäßig verteilen.
• Das Gemüse im auf 180-200° C vorgeheizten Backofen 15-20 Minuten backen.
• Nach Ende der Garzeit das Gemüse herausnehmen, anrichten, mit den verlesenen, gewaschenen und fein gehackten Kräutern bestreuen, ausgarnieren und servieren.

Bunter Auberginen-Kartoffelauflauf

• 1 Aubergine • 1 EL Salz • 400 g gekochte Kartoffeln • 1 Zucchini • 5 Tomaten • 1 Dose Kichererbsen • 1 kleine Zwiebel • Butter oder Margarine für die Form • 1 Becher Sahne • Salz • Pfeffer aus der Mühle • 1 Prise Cayennepfeffer • 1 Prise Muskat • 1 TL Rosmarin • 1 TL Basilikum • 1 Tasse gemischte Kräuter • 150 g geriebenen Butterkäse

• Die Aubergine putzen, in Scheiben schneiden, mit Salz bestreuen, 10 Minuten ziehen lassen und anschließend unter fließendem Wasser waschen.
• Die Kartoffeln schälen und in Scheiben schneiden.
• Die Zucchini und die Tomaten putzen, waschen und ebenfalls in Scheiben schneiden. Die Kichererbsen gut abtropfen lassen.
• Die Zwiebel schälen und fein hacken.
• Eine Auflaufform mit Butter oder Margarine ausfetten.
• Die Auberginen-, die Kartoffel-, die Zucchini- und die Tomatenscheiben sowie die Kichererbsen und die Zwiebelwürfel schichtweise in die Auflaufform geben.
• Die Sahne mit Salz, Pfeffer, Cayennepfeffer, Muskat, Rosmarin und Basilikum kräftig abschmecken und gleichmäßig auf dem Auflauf verteilen. Mit den gehackten Kräutern und dem Butterkäse bestreuen und das Ganze im auf 180-200° C vorgeheizten Backofen 20-25 Minuten garen.
• Den Bunten Auberginen-Kartoffelauflauf herausnehmen, anrichten, ausgarnieren und servieren.

Spinatlasagne

• 1 Zwiebel • 1 Knoblauchzehe • 1-2 EL Butter oder Margarine • 2 Packungen Blattspinat (TK-Produkt) • Speisewürze zum Abrunden • 1 kleine Dose geschälte Tomaten • 1/4 l klare Suppe mit Suppengrün • 1/4 l Milch • 1/4 l Schmant • 80 g Emmentaler • 12 Lasagneplatten • 3-4 EL geschälte Sonnenblumenkerne

• Die Zwiebel und die Knoblauchzehe schälen und fein hacken.
• Die Butter oder Margarine in einer Pfanne erhitzen und beides darin glasig schwitzen.
• Den Blattspinat auftauen lassen, klein schneiden, zur Zwiebel geben und fünf Minuten dünsten.
• Den Blattspinat mit der Speisewürze abschmecken. Die abgetropften und grob zerkleinerten Tomaten dazugeben und kurz mitschwitzen. Vom Feuer nehmen und bereit stellen.
• Die klare Suppe mit der Milch, dem Schmant und dem Emmentaler verrühren.
• Etwas Sauce in eine ausgefettete Auflaufform geben und abwechselnd Lasagneplatten und Spinat einschichten. Die letzte Schicht soll Sauce sein.
• Die Spinatlasagne mit Sonnenblumenkernen bestreuen und das Ganze im auf 180-200° C vorgeheizten Backofen 30 Minuten zugedeckt garen. Anschließend den Deckel entfernen und weitere 10-15 Minuten überbacken.
• Die Spinatlasagne herausnehmen, anrichten, ausgarnieren und servieren.

Rotkohlroulade

• 1 kleinen Kopf Rotkohl • 1-2 EL Butter oder Margarine • 2 Zwiebeln • je 100 g Knollensellerie, Karotten und grüne Bohnen • 200 g gekochten Reis • 2 Eier • 150 g fein geriebenen Emmentaler • Salz • Pfeffer aus der Mühle • 1 Prise gemahlenen Koriander • 1 Bund Kerbel • 1/4 l gebundene Tomatensauce • 1 EL Basilikum • 150 g Mozzarella

• Den Rotkohl putzen. Die Blätter entfernen, blanchieren, herausnehmen, gut abtropfen lassen und je 2-3 Blätter übereinander legen.
• Die Butter oder Margarine in einer Pfanne erhitzen und die fein gehackten Zwiebeln glasig schwitzen.
• Das Gemüse putzen, in feine Würfel schneiden und kurz mitschwitzen. Den Reis dazugeben und ebenfalls kurz mitschwitzen.
• Die Masse vom Feuer nehmen und die Eier sowie den Emmentaler einrühren.
• Die Füllung mit Salz, Pfeffer, Koriander und dem verlesenen, gewaschenen und fein gehackten Kerbel abschmecken.
• Die Masse gleichmäßig auf die Rotkohlblätter verteilen und das Ganze mit Hilfe eines sauberen Küchentuchs zu Rouladen rollen.
• Die Rouladen in eine ausgefettete Auflaufform setzen. Die Tomatensauce mit Basilikum würzen und gleichmäßig darauf verteilen.
• Den Mozzarella in Scheiben schneiden, auf den Rouladen verteilen und alles im auf 180-200° C vorgeheizten Backofen 25-30 Minuten garen, herausnehmen, anrichten ausgarnieren und servieren.

Gemüse-Quark-Auflauf

• 100 g Karotten • 100 g Bleichsellerie • 100 g grüne Bohnen • 2 rote Paprikaschoten • 1/4 l Milch • 600 g Magerquark • 3 Eigelb • 1 EL Speisestärke • Salz • Pfeffer aus der Mühle • je 1 Prise Cayennepfeffer und Muskat • Saft von 1 Zitrone • 3 Eiweiß • Butter für die Form • 150 g geriebenen, gut schmelzenden Käse • Kräuterzweige zum Garnieren

• Das Gemüse putzen und in mundgerechte Stücke schneiden.
• Die Milch erhitzen, leicht salzen, das Gemüse darin blanchieren, herausnehmen, gut abtropfen lassen und die Milch auffangen.
• Den Quark und das Eigelb unter die Milch rühren, die Speisestärke dazugeben und das Ganze mit Salz, Pfeffer, Cayennepfeffer, Muskat und Zitronensaft kräftig würzen.
• Das Eiweiß steif schlagen und vorsichtig mit dem Gemüse unter die Quarkmasse heben.
• Das Ganze in eine ausgefettete Auflaufform geben, mit dem Käse bestreuen und im auf 180-200° C vorgeheizten Backofen 20-25 Minuten backen.
• Den Quarkauflauf herausnehmen, anrichten, mit Kräuterzweigen ausgarnieren und servieren.

Gemüse mit Quarkfüllung

• 2 rote und 2 grüne Paprikaschoten • 4 große Tomaten • Salz • Pfeffer aus der Mühle • Alufolie • 2-3 EL Olivenöl • 250 g Sahnequark • 3 Eier • 1 Stange Lauch • 1 kleines Glas schwarze Oliven • 1 Knoblauchzehe • 1 TL Salz • einige Tropfen Worcestersauce • Saft von 1/2 Zitrone • 1 Prise Speisewürze • Semmelbrösel zum Binden

• Die Paprikaschoten halbieren, das Kerngehäuse herauslösen, die Schoten waschen, gut abtropfen lassen und bereitstellen.
• Von den Tomaten eine Haube abschneiden, das Kerngehäuse mit einem Teelöffel herausholen und die Tomaten zum Abtropfen auf ein sauberes Küchentuch geben.
• Die Paprikaschoten und die Tomaten mit Salz und Pfeffer kräftig würzen und in eine gefettete Auflaufform setzen.
• Für die Füllung den Quark mit den Eiern in eine Schüssel geben und glatt rühren.
• Den Lauch putzen, waschen, gut abtropfen lassen, in feine Streifen schneiden, mit den entkernten und fein gehackten Oliven sowie der mit Salz zerriebenen Knoblauchzehe unter den Quark rühren.
• Den Quark mit Salz, Pfeffer, Worcestersauce, Zitronensaft und Speisewürze abrunden und je nach Bedarf mit Semmelbröseln binden.
• Die Quarkmasse in das Gemüse füllen und das Ganze auf dem Grill oder im Backofen überbacken.
• Nach Ende der Garzeit das Gemüse mit Quarkfüllung anrichten, ausgarnieren und servieren.

Champignonschmaus

• 1-2 EL Butterschmalz • 2 Zwiebeln • 1 Knoblauchzehe • 150 g gekochter Schinken • 1 Prise Meersalz • 600 g gekochte Kartoffeln • 1/8 l Gemüsebrühe • Salz • Pfeffer aus der Mühle • 1 Prise Muskat • 1 Prise Cayennepfeffer • 400 g frische Champignons • einige Tropfen Zitronensaft • 1 Bund Basilikum • 150 g Mozzarella

• Das Butterschmalz in einer großen Pfanne erhitzen und den in feine Würfel geschnittenen Schinken anbraten.
• Die Zwiebeln schälen, fein hacken, zum Schinken geben und kurz mitbraten. Die Knoblauchzehe schälen, mit Salz zu einer Paste zerreiben, zu den Schinkenzwiebeln geben und ebenfalls kurz mitschwitzen.
• Die Kartoffeln pellen, in Scheiben schneiden, zu den Schinkenzwiebeln geben, kurz mitschwitzen, bei mäßiger Hitze 6-8 Minuten braten lassen, mit Salz, Pfeffer, Muskat und Cayennepfeffer kräftig abschmecken.
• Die Champignons verlesen, waschen, gut abtropfen lassen, mit Zitronensaft beträufeln, zu den Kartoffeln geben und weitere 5 Minuten braten.
• Den Champignonschmaus nochmals kräftig abschmecken, die verlesenen, gewaschenen und fein geschnittenen Basilikumblätter untermischen, den in Scheiben geschnittenen Mozzarella darauf legen und das Ganze im auf 200-220° C vorgeheizten Backofen kurz überbacken.
• Herausnehmen, dekorativ anrichten, mit einigen Basilikumblättern ausgarnieren und sofort servieren.

Fenchel-Chinakohl-Auflauf

• 2 mittelgroße Fenchelknollen • 1 kleinen Chinakohl • 1/2 l Gemüsebrühe • 1-2 EL Butter oder Margarine • 1 Becher Sahne • 3 Eier • 125 g geriebenen Emmentaler • Salz • Pfeffer aus der Mühle • 1 Prise Muskat • 1 Prise Cayennepfeffer • 1/2 Bund Dill • 1/2 Bund Petersilie • 1/2 Schnittlauch

• Den Fenchel und den Chinakohl putzen und in mundgerechte Stücke schneiden.
• Die Gemüsebrühe erhitzen und den Fenchel darin bissfest garen.
• Den Fenchel herausnehmen, gut abtropfen lassen und mit dem Chinakohl in eine ausgefettete Auflaufform geben.
• Die Sahne mit den Eiern und dem Emmentaler verrühren, mit Salz, Pfeffer, Muskat und Cayennepfeffer abschmecken.
• Das Ganze gleichmäßig auf dem Gemüse verteilen und anschließend im auf 180-200° C vorgeheizten Backofen 20-25 Minuten garen.
• Nach Ende der Garzeit herausnehmen, mit den verlesenen, gewaschenen und fein gehackten Kräutern bestreuen, ausgarnieren und servieren.

Überbackenes Gemüseragout

• 1 große Gemüsezwiebel • 1 Knoblauchzehe • Salz • 1 Aubergine • 1 EL Mehl • 2-3 EL Sonnenblumenöl • 1 Zucchini • 2 große Karotten • 2 große Kartoffeln • 1/2 Sellerieknolle • 2 Stangen Lauch • Salz • schwarzen Pfeffer aus der Mühle • 1/8-1/4 l Gemüsefond • 1 Becher Crème fraîche • 125 g geriebenen Butterkäse • 1 Tasse gemischte, gehackte Kräuter

• Die Zwiebel und die Knoblauchzehe schälen und fein hacken.
• Die Auberginen schälen, würfeln und mit Salz bestreut kurz ziehen lassen. Trockentupfen und in Mehl wenden.
• Das Sonnenblumenöl in einer Pfanne erhitzen und die Auberginenwürfel darin goldbraun ausbacken.
• Die Zucchini, die Karotten, die Kartoffeln und den Sellerie in Stücke schneiden.
• Den Lauch putzen und in Ringe schneiden.
• Die Zwiebel, den Knoblauch, die Karotten, die Kartoffeln, den Sellerie und den Lauch zu den Auberginen geben und kurz andünsten, mit Salz und frisch gemahlenem Pfeffer abschmecken.
• Mit dem Gemüsefond aufgießen und 20 Minuten garen lassen.
• Die Crème fraîche unterrühren, mit dem Butterkäse bestreuen und unter dem Grill oder im auf 200-220° C vorgeheizten Backofen kurz überbacken.
• Herausnehmen, dekorativ anrichten und mit den Kräutern bestreut servieren.

Bleichsellerie mit körnigem Frischkäse

• 2 Schalotten • 1 rote Paprikaschote • 1 gelbe Paprikaschote • 1 grüne Paprikaschote • 1-2 EL Butter oder Margarine • 600 g Bleichsellerie • 1 Schuss Sherry medium • 1 Tasse Gemüsebrühe • 200 g körnigen Frischkäse • Salz • Pfeffer aus der Mühle • 1 Prise Muskat • 1-2 Spritzer Tabasco • 100 g Schafskäse • 75 g geriebenen Emmentaler • 2-3 EL Schnittlauchröllchen

• Die Schalotten schälen und fein hacken, die Paprikaschoten halbieren, entkernen, waschen, gut abtropfen lassen und in Streifen schneiden.
• Die Butter oder Margarine in eine feuerfeste Form geben und die Zwiebeln und Paprikaschoten darin glasig schwitzen.
• Den Bleichsellerie verlesen, waschen, abtropfen lassen, in mundgerechte Stücke schneiden, zum Gemüse geben und mitschwitzen.
• Mit Sherry medium ablöschen, mit der Gemüsebrühe auffüllen und bei mäßiger Hitze 10 Minuten köcheln lassen.
• Die Flüssigkeit bei starker Hitze einreduzieren lassen und den mit einer Gabel zerdrückten körnigen Frischkäse unter das Gemüse heben.
• Das Gemüse mit Salz, Pfeffer, Muskat und Tabasco kräftig abschmecken und in eine feuerfeste Auflaufform geben.
• Den Schafskäse in Streifen schneiden, auf das Gemüse legen und das Ganze mit Emmentaler bestreuen.
• Den Bleichsellerie im auf 180-200° C vorgeheizten Backofen 12 Minuten überbacken, herausnehmen, anrichten und mit Schnittlauchröllchen bestreut servieren.

Spinatpfannkuchen mit Ziegenkäse

• 250 g Mehl • 1 Prise Salz • 4 Eier • 1/2 l Milch • Butter oder Margarine zum Ausbacken • 1-2 EL Butter oder Margarine • 2 Knoblauchzehen • 2 Zwiebeln • 400 g Blattspinat • 1 Schuss Weißwein • 1 Tasse Gemüsebrühe • Salz • Pfeffer aus der Mühle • 125 g Ziegenkäse • 500 g Tomaten • 2 Tassen Weißbrotbrösel • 125 g Ziegenkäse • 1 Bund Petersilie

• Das Mehl mit dem Salz, den Eiern und der Milch in eine Schüssel geben und zu einem glatten Teig verarbeiten.
• Etwas Butter oder Margarine in einer Pfanne erhitzen und portionsweise Pfannkuchen ausbacken, herausnehmen und erkalten lassen.
• Die restliche Butter oder Margarine in einem Topf erhitzen und die geschälte und fein gehackte Knoblauchzehe darin anschwitzen.
• Die Zwiebeln schälen, fein hacken, ins Knoblauchfett geben und glasig dünsten.
• Den Blattspinat putzen, waschen, in kleine Stücke schneiden, zu den Zwiebeln geben und kurz mitschwitzen.
• Mit Weißwein ablöschen, mit der Gemüsebrühe auffüllen, mit Salz und Pfeffer würzen und den Spinat bissfest dünsten. Herausnehmen, gut abtropfen lassen, gleichmäßig auf die Pfannkuchen verteilen und mit dem in feine Würfel geschnittenen Ziegenkäse bestreuen.
• Die Pfannkuchen zusammenrollen und in eine ausgefettete Auflaufform setzen.
• Die Tomaten enthäuten, in feine Würfel schneiden, mit den Weißbrotbröseln vermischen, mit Salz und Pfeffer würzen und auf den Pfannkuchen verteilen.
• Den restlichen Ziegenkäse würfeln, auf den Auflauf streuen und das Ganze im auf 180-200° C vorgeheizten Backofen in 15-20 Minuten garen.
• Nach Ende der Garzeit den Auflauf herausnehmen, anrichten, mit der verlesenen, gewaschenen und fein gehackten Petersilie bestreuen, ausgarnieren und sofort servieren.

Gebackene Kartoffel

• 800 g Kartoffeln • 1 Tasse Olivenöl • Salz • Pfeffer aus der Mühle • 1 Prise Muskat • 1 Bund Rosmarin • 200 g Greyerzer Käse • 600 g Kürbisfruchtfleisch • 1/4 l Gemüsebrühe • einige Tropfen flüssigen Süßstoff

• Die Kartoffeln unter fließendem Wasser abbürsten und halbieren.
• Ein Backblech mit Olivenöl bestreichen und die Kartoffelhälften mit der Schnittfläche nach oben auf das Backblech setzen.
• Die Schnittflächen mit Olivenöl bestreichen, mit Salz, Pfeffer und Muskat würzen.
• Den Rosmarin verlesen, waschen, gut abtropfen lassen, klein schneiden und die Kartoffeln damit bestreuen.
• Die Kartoffeln im auf 200° C vorgeheizten Backofen in 30-35 Minuten backen.
• Den Greyerzer Käse reiben, über die Kartoffeln streuen, die Backofentemperatur auf 220° C erhöhen und den Käse auf den Kartoffeln goldgelb überbacken.
• Die gebackenen Kartoffeln herausnehmen, anrichten und mit Gemüse servieren.
• Dazu das Kürbisfruchtfleisch in feine Stifte schneiden, in die erhitzte Brühe geben und bissfest garen. Aus dem Sud nehmen, abtropfen lassen, mit Salz, Pfeffer, Muskat und Süßstoff abschmecken und zu den Gebackenen Kartoffeln reichen.

Champignon-Gurkenauflauf

• 2 kleine Salatgurken • 300 g frische Pilze • Saft von 1 Zitrone • 2 grüne Paprikaschoten • 2-3 EL Butter oder Margarine • Butter oder Margarine für die Form • 1/4 l Milch • 1 Becher Crème fraîche mit Knoblauch • 4 Eier • 1 Bund Basilikum • 100 g geriebenen Butterkäse • Salz • Pfeffer aus der Mühle • 1 Prise Muskat • 1 Prise Knoblauchgranulat

• Die Gurken schälen, halbieren und miteinem Teelöffel das Kerngehäuse herausschaben. Das Fruchtfleisch längs in 4-5 mm dicke Scheiben schneiden.
• Die Pilze putzen, waschen, in Scheiben schneiden und mit Zitronensaft beträufeln.
• Die Paprikaschoten halbieren, entkernen, waschen, gut abtropfen lassen, in dicke Streifen schneiden und bereitstellen.
• Die Butter oder Margarine in einer Pfanne erhitzen und portionsweise die Gurken, die Pilze und die Paprikastreifen kurz anschwitzen.
• Eine Auflaufform ausfetten und das Gemüse einschichten.
• Die Milch mit der Crème fraîche und den Eiern in eine Schüssel geben und verschlagen, das verlesene, gewaschene und fein gehackte Basilikum untermischen.
• Den geriebenen Butterkäse unter die Eiermilch heben, mit Salz, Pfeffer, Muskat und Knoblauchgranulat kräftig abschmecken.
• Die Eiermilch gleichmäßig auf dem Auflauf verteilen und das Ganze im auf 180-200° C vorgeheizten Backofen in 25-30 Minuten garen. Herausnehmen, dekorativ anrichten, ausgarnieren und servieren.

Italienischer Gemüseauflauf

• 2 Auberginen • einige Tropfen Zitronensaft • Salz • Pfeffer aus der Mühle • Mehl zum Wenden • Olivenöl zum Braten • 2 Zucchini • 4-6 Tomaten • 2 Tassen gemischte, gehackte Kräuter • einige Tropfen Aceto balsamico • 200 g Mozzarella

• Die Auberginen putzen, in Scheiben schneiden, mit Zitronensaft beträufeln, mit Salz und Pfeffer würzen.
• Das Mehl auf einen Teller sieben, die Auberginenscheiben darin wenden, im Olivenöl auf beiden Seiten goldgelb backen, herausnehmen und bereitstellen.
• Die Zucchini putzen, in Scheiben schneiden, ebenfalls mit Zitronensaft beträufeln und mit Salz und Pfeffer würzen.
• Die Zucchini im Mehl wenden und im Olivenöl kurz backen.
• Die Tomaten waschen, in Scheiben schneiden, schichtweise mit den Auberginenscheiben und den Zucchinischeiben in eine ausgefettete Auflaufform schichten. Mit den Kräutern bestreuen, mit Aceto balsamico beträufeln und mit dem in Würfel geschnittenen Mozzarella bedecken.
• Den Italienischen Gemüseauflauf im auf 180-200° C vorgeheizten Backofen in 15-20 Minuten backen, herausnehmen, anrichten, ausgarnieren und servieren.

Nudelpäckchen

• 300 g schmale Bandnudeln • 1-2 EL Olivenöl • 1 Zwiebel • 500 g Eiertomaten • 2 Peperoncini • 1 Dose geschälte Tomaten • 1 Glas entsteinte Oliven • Salz • Pfeffer aus der Mühle • 1 Tasse gemischte, gehackte Kräuter • 4 entsprechend große Stücke Pergamentpapier • Olivenöl zum Bestreichen

• Die Nudeln im Salzwasser mit Olivenöl bissfest garen, abgießen, abschrecken und gut abtropfen lassen.
• Das restliche Olivenöl in einer Pfanne erhitzen und die fein gehackte Zwiebel darin glasig schwitzen.
• Die Eiertomaten enthäuten, würfeln und mit den halbierten, entkernten und klein geschnittenen Peperoncini zu den Zwiebeln geben.
• Die Tomaten abtropfen lassen, mit einer Gabel zerdrücken, ebenfalls dazugeben und das Ganze bei starker Hitze kurz einreduzieren lassen.
• Die gut abgetropften Oliven unterheben und mit Salz und Pfeffer kräftig würzen.
• Die Nudeln und die gemischten Kräuter unterheben, vom Feuer nehmen und nochmals abschmecken.
• Das Pergamentpapier mit etwas Olivenöl bestreichen, die Nudelmasse einfüllen, zu Päckchen zusammendrehen und im auf 180-200° C vorgeheizten Backofen in 10-15 Minuten garen.
• Nach Ende der Garzeit die Nudelpäckchen herausnehmen, anrichten, ausgarnieren und mit Blumenkohlsalat servieren.

Gurkenlasagne

• 1-2 EL Olivenöl • 2 Knoblauchzehen • 1 TL Salz • 1 Zwiebel • 2 Karotten • 1 Salatgurke • 3-4 feste Tomaten • 1 Schuss Obstessig • 1/8 l Tomatensauce • Salz • Pfeffer aus der Mühle • 1 Prise Cayennepfeffer • 1 Prise Muskat • 16-20 vorbereitete Lasagneplatten • 1/2 l Béchamelsauce • 250 g Mozzarella

• Das Olivenöl in einer Pfanne erhitzen und die fein gewürfelte Zwiebel sowie die mit Salz zerriebenen Knoblauchzehen darin glasig schwitzen.
• Die Karotten schälen, in feine Würfel oder Streifen schneiden, zur Zwiebel geben und unter ständigem Rühren kurz mitbraten.
• Die Salatgurke schälen, halbieren, mit einem Teelöffel das Kerngehäuse herausschaben,das Fruchtfleisch würfeln, zur Zwiebel-Karotten-Mischung geben und ebenfalls kurz mitbraten.
• Die enthäuteten, entkernten und in Würfel geschnittenen Tomaten dazugeben, einmal aufkochen, mit Obstessig ablöschen, die Tomatensauce einrühren und das Ganze bei mäßiger Hitze 5-6 Minuten köcheln lassen.
• Die Sauce mit Salz, Pfeffer, Cayennepfeffer und Muskat kräftig abschmecken, mit den vorbereiteten Lasagneplatten und der Béchamelsauce abwechselnd in eine ausgefettete Lasagneform schichten.
• Zum Schluss den in Scheiben geschnittenen Mozzarella darauf verteilen und das Ganze im auf 180-200° C vorgeheizten Backofen in 15-20 Minuten garen.
• Die Gurkenlasagne herausnehmen, dekorativ anrichten, ausgarnieren und sofort servieren.

Provencalischer Auflauf

• 1-2 EL Olivenöl • 2 Knoblauchzehen • 1 TL Salz • 150 g durchwachsenen, geräucherten Speck • 2 Zwiebeln • 500 g Auberginen • 1 Zucchini • 4-6 Tomaten • 1 EL Kräuter der Provence • Salz • Pfeffer aus der Mühle • 600 g gekochte Kartoffeln • 1 Becher Crème fraîche • 2 EL Dijonsenf • 1 Prise Muskat • 1 Prise Kümmel • 125 g geriebenen Butterkäse • Butter oder Margarine zum Ausfetten • Kräuterzweige zum Garnieren

• Das Olivenöl in einer Pfanne erhitzen, die geschälten, gehackten und mit Salz zerriebenen Knoblauchzehen darin anschwitzen.
• Den durchwachsenen, geräucherten Speck in Würfel schneiden, ins Knoblauchfett geben und kurz rösten.
• Die Zwiebeln schälen, in feine Würfel schneiden, zum Speck geben und kurz mitbraten.
• Die Auberginen putzen, waschen, in Würfel oder Scheiben schneiden, zum Speck geben und kurz mitbraten.
• Die Zucchini putzen, in Würfel oder Scheiben schneiden, mit den enthäuteten, entkernten und in Würfel geschnittenen Tomaten zu den Auberginen geben und kurz mitgaren.
• Das Ganze mit den Kräutern der Provence, Salz und Pfeffer kräftig würzen. Vom Feuer nehmen und bereitstellen.
• Die gekochten Kartoffeln schälen, grob reiben und in einer Schüssel mit der Crème fraîche und dem Senf vermischen.
• Das Ganze mit Salz, Pfeffer, Muskat und Kümmel kräftig abschmecken und den geriebenen Käse unterheben.
• Eine Auflaufform mit Butter oder Margarine ausfetten, die Hälfte der Kartoffelmasse einfüllen und glatt streichen.
• Das Auberginengemüse gleichmäßig darauf verteilen und mit der restlichen Kartoffel-Käsemasse abdecken.
• Die Kartoffelmasse glatt streichen und das Ganze im auf 180-200° C vorgeheizten Backofen 20-25 Minuten garen.
• Nach Ende der Garzeit den Auflauf herausnehmen, dekorativ anrichten, mit Kräuterzweigen ausgarnieren und sofort servieren.

Fenchelauflauf mit Schinken

• 4-6 große Fenchelknollen • 1/4 l Gemüse- oder Fleischbrühe • 1-2 EL Olivenöl • 2 Knoblauchzehen • 2 Zwiebeln • 100 g gekochten Schinken • 4 Tomaten • Salz • Pfeffer aus der Mühle • 1 Prise Muskat • 1 Prise Cayennepfeffer • 1 TL Oregano • 1 TL Basilikum • Butter oder Margarine zum Ausfetten • 2 Becher Joghurt • 125 g geriebenen Käse • 2 Eier • 1 Hand voll Kräuter (Estragon, Petersilie, Schnittlauch, Oregano)

• Die Fenchelknollen putzen, halbieren, den Strunk herausschneiden, die Fenchelhälften je nach Bedarf vierteln oder achteln.
• Die Gemüse- oder Fleischbrühe in einem Topf erhitzen und den Fenchel darin bissfest garen. Herausnehmen, gut abtropfen lassen und bereitstellen.
• Das Olivenöl in einer Auflaufform erhitzen, die geschälten und fein gehackten Knoblauchzehen sowie die geschälten und fein gehackten Zwiebeln dazugeben und glasig schwitzen.
• Den gekochten Schinken in Würfel oder Streifen schneiden, zu den Zwiebeln geben und kurz mitschwitzen.
• Die Tomaten enthäuten, entkernen, in Würfel schneiden und unterheben. Das Ganze mit Salz, Pfeffer, Muskat, Cayennepfeffer, Oregano und Basilikum würzen.
• Eine Auflaufform mit Butter oder Margarine ausfetten, die Fenchelknollen einsetzen, mit der Zwiebel-Schinken-Sauce gleichmäßig überziehen.
• Den Joghurt mit dem geriebenen Käse und den Eiern verschlagen. Mit Salz, Pfeffer und Muskat würzen und gleichmäßig auf dem Fenchel verteilen.
• Den Auflauf im auf 180-200° C vorgeheizten Backofen in 25-30 Minuten garen.
• Den Fenchel-Auflauf mit Schinken dekorativ anrichten, mit den verlesenen, gewaschenen und fein gehackten Kräutern bestreuen, ausgarnieren und sofort servieren.

Risotto mit Gemüse

• 2 EL Butter oder Margarine • 1 Zwiebel • 3/8 l Fleischbrühe • 125 g Langkornreis • Salz • Pfeffer aus der Mühle • 1 Lorbeerblatt • 1/2 Becher Sahne • 100 g geriebenen Emmentaler • je 150 g Broccoli- und Blumenkohlröschen • 200 g Zuckerschoten • 2 Tassen Gemüsebrühe • 50 g Löwenzahnblätter • 1 Prise Muskat • 3/8 l Béchamelsauce

• Die Butter oder Margarine in einem Topf erhitzen und die fein gehackte Zwiebel darin glasig schwitzen.
• Die Brühe angießen und das Ganze zum Kochen bringen.
• Den gewaschenen Reis einrühren, mit Salz und Pfeffer würzen, das Lorbeerblatt dazugeben und den Reis bei mäßiger Hitze 15-20 Minuten unter ständigem Rühren ausquellen lassen.
• Die Sahne mit dem Emmentaler einrühren und das Risotto abschmecken.
• Die Broccoli-, Blumenkohlröschen und die Zuckerschoten in der Brühe zugedeckt bei mäßiger Hitze bissfest garen.
• Die gewaschenen Löwenzahnblätter dazugeben, kurz mitgaren, mit Salz, Pfeffer und Muskat abrunden.
• Das Risotto auf vier Teller verteilen, mit dem abgetropften Gemüse belegen, mit der heißen Sauce überziehen, ausgarnieren und servieren.

Gemüseauflauf mit Kasseler

• 1-2 EL Butter oder Margarine • 1 Zwiebel • 1 rote Paprikaschote • 1 grüne Paprikaschote • 1 Stange Lauch • 4 Tomaten • 100 g frische Champignons • Saft von 1/2 Zitrone • 1 Schuss Weißwein • 1/8 l Fleischbrühe • 1 TL Majoran • 1 TL Thymian • Salz • Pfeffer aus der Mühle • 8 dünne Scheiben Kasseler (100 g) • 1 Becher saure Sahne • 2 Eier • 150 g geriebenen Gouda • 1 Hand voll Kräuter (Estragon, Petersilie, Schnittlauch, Majoran)

• Die Butter oder Margarine in einer Auflaufform erhitzen, die geschälte und fein gehackte Zwiebel darin glasig schwitzen.
• Die Paprikaschoten putzen, halbieren, entkernen, waschen, gut abtropfen lassen und in Streifen schneiden, zu den Zwiebeln geben und kurz mitschwitzen.
• Den Lauch putzen, in Scheiben schneiden, waschen, gut abtropfen lassen, zum Paprika geben und ebenfalls kurz mitgaren.
• Die Tomaten enthäuten, entkernen und in Schnitze schneiden. Die Champignons putzen, in Scheiben schneiden, mit Zitronensaft beträufeln, mit den Tomaten zum Gemüse geben.
• Mit Weißwein ablöschen und mit Fleischbrühe auffüllen. Mit Majoran, Thymian, Salz und Pfeffer kräftig würzen.
• Das in Scheiben geschnittene Kasseler auf den Auflauf legen.
• Die saure Sahne mit den Eiern und dem geriebenen Gouda verrühren. Mit Salz und Pfeffer würzen und gleichmäßig auf dem Fleisch verteilen.
• Den Gemüseauflauf im auf 180-200° C vorgeheizten Backofen in 25 Minuten garen. Nach Ende der Garzeit den Auflauf herausnehmen, anrichten, mit den fein gehackten Kräutern bestreuen, ausgarnieren und servieren.

Spinat-Nudel-Auflauf

• 300 g Spiralnudeln • Salzwasser • einige Tropfen Olivenöl • 2-3 EL Butter oder Margarine • 1 Zwiebel • 1 Bund Frühlingszwiebeln • 300 g Blattspinat • 4 Tomaten • Salz • Pfeffer aus der Mühle • 1 Prise Ingwerpulver • 1 Prise Cayennepfeffer • 1 EL Basilikum • 1 EL Oregano • 1 Hand voll Kräuter • Butter oder Margarine zum Ausfetten • 150 g geriebenen Emmentaler

• Die Nudeln im Salzwasser mit dem Olivenöl bissfest garen, abgießen, abschrecken, gut abtropfen lassen und bereitstellen.
• Die Butter oder Margarine in einer Pfanne erhitzen und die geschälte und fein gehackte Zwiebel darin glasig schwitzen.
• Die Frühlingszwiebeln putzen, waschen, in mundgerechte Stücke schneiden, zur Zwiebel geben und kurz mitschwitzen.
• Den verlesenen Blattspinat klein schneiden, zu den Zwiebeln geben und dünsten.
• Die Tomaten enthäuten, entkernen, würfeln, unter das Gemüse heben, das Ganze mit Salz, Pfeffer, Ingwer, Cayennepfeffer, Basilikum und Oregano würzen.
• Die verlesenen, gewaschenen und fein gehackten Kräuter untermischen, die Hälfte der Nudeln in eine Auflaufform geben und das Gemüse darauf verteilen.
• Die restlichen Nudeln darübergeben, mit dem Emmentaler bestreuen und im auf 180-200° C vorgeheizten Backofen in 25-30 Minuten garen.
• Nach Ende der Garzeit den Spinat-Nudel-Auflauf herausnehmen, dekorativ anrichten, ausgarnieren und sofort servieren.

Lauchauflauf mit Sonnenblumenkernen

• 4 Zwiebeln • 2 Stangen Lauch • 600 g Schweinefilet • Salz • Pfeffer aus der Mühle • 4 EL mittelscharfen Senf • 1 EL Majoran • 1 TL Thymian • 1 Tasse Mehl • Butterschmalz zum Braten • 2 Knoblauchzehen • 1 Schuss Weißwein • 1 Becher Sahne • 200 g geriebenen Edamer • 1 Tasse Sonnenblumenkerne • 1 Hand voll gemischte, gehackte Kräuter

• Die Zwiebeln schälen und in Scheiben schneiden, den Lauch putzen, in Scheiben schneiden, waschen, gut abtropfen lassen und bereitstellen.
• Das Schweinefilet in Streifen schneiden, mit Salz und Pfeffer würzen.
• Die Schweinefleischstreifen mit Senf vermischen, mit Majoran und Thymian bestreuen.
• Anschließend das Ganze mit Mehl bestäuben, das Butterschmalz in einer großen Pfanne erhitzen und die Schweinefiletstreifen darin braten.
• Die Knoblauchzehen schälen, fein hacken und zum Fleisch geben und kurz mitbraten, herausnehmen und bereitstellen.
• Die Zwiebeln und den Lauch im verbliebenen Bratfett glasig schwitzen, mit Weißwein ablöschen, das Fleisch unterheben, das Ganze mit Salz und Pfeffer würzen und in eine gefettete Auflaufform geben.
• Die Sahne angießen, den geriebenen Edamer darüber streuen, zum Schluss die Sonnenblumenkerne gleichmäßig darauf verteilen.
• Den Auflauf in den auf 180-200° C vorgeheizten Backofen schieben und 25-30 Minuten backen.
• Nach Ende der Garzeit den Lauchauflauf mit Sonnenblumenkernen herausnehmen, dekorativ anrichten, mit den Kräutern bestreuen, ausgarnieren und servieren.

Zucchiniauflauf

• 4 mittelgroße Zucchini • 250 g frische Champignons • Saft von 1 Zitrone • 2 rote Paprikaschoten • Butter oder Margarine zum Ausfetten • 40 g Butter • 40 g Mehl • 1/4 l Milch • 1/4 l Gemüse- oder Fleischbrühe • Salz • Pfeffer aus der Mühle • 1 Prise Cayennepfeffer • 1 Prise Muskat • 1 Becher Crème fraîche • 200 g geriebenen Butterkäse • 1 Hand voll Kräuter (Estragon, Kresse, Melisse, Basilikum)

• Die Zucchini putzen, halbieren, vierteln oder in Streifen schneiden.
• Die Champignons putzen, in Scheiben schneiden und mit Zitronensaft beträufeln.
• Die Paprikaschoten halbieren, entkernen, waschen, gut abtropfen lassen und in Streifen schneiden.
• Eine Auflaufform ausfetten und das Gemüse dekorativ einschichten.
• Die Butter in einem Topf schmelzen lassen. Das Mehl einrühren.
• Die Milch und die Brühe angießen und zu einer sämigen Sauce verkochen.
• Die Sauce durch ein feines Sieb passieren, nochmals erhitzen, mit Salz, Pfeffer, Cayennepfeffer und Muskat abschmecken und mit Crème fraîche verfeinern. Vom Feuer nehmen und leicht erkalten lassen.
• Den geriebenen Butterkäse in die Sauce geben und diese auf dem Auflauf verteilen.
• Den Zucchiniauflauf im auf 200° C vorgeheizten Backofen 30 Minuten backen.
• Den Auflauf herausnehmen, dekorativ anrichten, mit den verlesenen, gewaschenen und fein gehackten Kräutern bestreuen, ausgarnieren und servieren.

Pilzauflauf

• 1-2 EL Butter oder Margarine • 150 g gekochten Schinken • 1 Zwiebel • 1 Bund Frühlingszwiebeln • 400 g frische Pilze • Saft von 1 Zitrone • 1 Schuss Weißwein • 1 Becher Sahne • Salz • Pfeffer aus der Mühle • 1 Prise Muskat • 1 Prise Cayennepfeffer • 250 g geriebenen Butterkäse • 6-8 Tomaten • Butter oder Margarine zum Ausfetten • 1 Hand voll Kräuter (Basilikum, Oregano, Estragon, Minze)

• Die Butter oder Margarine in einer Pfanne erhitzen und den in kleine Würfel oder Streifen geschnittenen Schinken darin anschwitzen.
• Die Zwiebel schälen, in feine Würfel schneiden, die Frühlingszwiebeln putzen, in Ringe schneiden, beides zum Schinken geben und kurz mitschwitzen.
• Die Pilze verlesen, in mundgerechte Stücke schneiden, mit Zitronensaft beträufeln, zu den Schinkenzwiebeln geben und kurz mitschwitzen.
• Mit Weißwein ablöschen, die Sahne angießen, mit Salz, Pfeffer, Muskat und Cayennepfeffer abschmecken. Vom Feuer nehmen und erkalten lassen.
• 75 g Butterkäse mit den enthäuteten, entkernten und in Stücke geschnittenen Tomaten unter die Pilze heben.
• Eine Auflaufform mit Butter oder Margarine ausfetten, die Masse einfüllen, mit dem restlichen Butterkäse überziehen und im auf 180-200° C vorgeheizten Backofen 25-30 Minuten garen.
• Nach Ende der Garzeit den Pilzauflauf herausnehmen, dekorativ anrichten, mit den verlesenen, gewaschenen und fein gehackten Kräutern bestreuen, ausgarnieren und sofort servieren.

Pilzauflauf mit Tomaten

• 1-2 EL Butter oder Margarine • 150 g durchwachsenen, geräucherten Speck • 1 Zwiebel • 400 g Steinpilze • 1 Schuss Sherry • 2 EL frisch gehackte Salbeiblätter • Salz • Pfeffer aus der Mühle • 1 Prise Muskat • 1 Prise Cayennepfeffer • Butter oder Margarine zum Ausfetten • 4-6 Tomaten • 1 Becher Sahne • 150 g geriebenen Emmentaler • Kräuterzweige zum Garnieren

• Die Butter oder Margarine in einem Topf erhitzen und den in feine Würfel geschnittenen Speck darin braten.
• Die Zwiebel schälen, fein hacken, zum Speck geben und kurz mitbraten.
• Die Steinpilze verlesen, waschen, in Scheiben schneiden, zum Speck geben und kurz mitschwitzen, mit Sherry ablöschen.
• Die Salbeiblätter unterheben und das Ganze mit Salz, Pfeffer, Muskat und Cayennepfeffer abschmecken.
• Eine Auflaufform mit Butter oder Margarine ausfetten. Die Tomaten enthäuten und in Scheiben schneiden.
• Die Tomaten schichtweise mit den Pilzen in die Auflaufform schichten.
• Die Sahne mit dem geriebenen Emmentaler verrühren, mit Salz, Pfeffer, Muskat und Cayennepfeffer würzen und gleichmäßig auf dem Auflauf verteilen.
• Den Pilzauflauf mit Tomaten im auf 180-200° C vorgeheizten Backofen 15 Minuten backen. Herausnehmen, dekorativ anrichten, mit Kräuterzweigen ausgarnieren und sofort servieren.

Strudelauflauf mit Möhren

• 250 g Mehl • 1/8 l lauwarmes Wasser • 1 Prise Salz • 1 Prise Muskat • 3 EL Olivenöl • 2-3 EL Butter oder Margarine • 1 Zwiebel • 800 g Karotten • 1 Schuss Weißwein • 1 EL Zucker • 1 Bund Kerbel • 1/4 l Gemüsebrühe • 200 g geriebenen Butterkäse • 2-3 EL Pinienkerne oder geröstete Weizenkeime

• Für den Strudelteig das Mehl mit dem lauwarmen Wasser, dem Salz und dem Muskat sowie 2 EL Olivenöl auf einer Arbeitsfläche zu einem glatten, kompakten Teig verkneten.
• Den Teig mit dem restlichen Olivenöl bestreichen, in eine Schüssel geben und zugedeckt an einem warmen Ort mindestens 1/2 Stunde ruhen lassen.
• Anschließend den Strudelteig nochmals kurz durchkneten und auf einem bemehlten, sauberen Küchentuch hauchdünn ausrollen.
• Während der Ruhezeit das Karottengemüse zubereiten. Hierfür 2-3 EL Butter oder Margarine in einem Topf erhitzen und die geschälte und fein gehackte Zwiebel darin glasig schwitzen.
• Die Karotten schälen, in Scheiben schneiden zur Zwiebel geben und kurz mitschwitzen.
• Mit Weißwein ablöschen. Den Zucker, den verlesenen, gewaschenen und fein gehackten Kerbel und die Gemüsebrühe dazugeben und die Karotten darin 6-8 Minuten garen. Herausnehmen, gut abtropfen und vollständig erkalten lassen.
• Die Karotten gleichmäßig auf dem ausgezogenen Strudelteig verteilen, mit dem geriebenen Butterkäse bestreuen, den Strudel zusammenrollen, andrücken, in eine ausgefettete Auflaufform setzen und anschließend im auf 180-200° C vorgeheizten Backofen 30 Minuten backen.
• Fünf Minuten vor Garende das Ganze mit Pinienkernen oder gerösteten Weizenkeimen bestreuen, fertig garen, anschließend herausnehmen, den Strudelauflauf mit Möhren dekorativ anrichten, ausgarnieren und sofort servieren.

AUBERGINENAUFLAUF

• 3-4 mittelgroße Auberginen • 2-3 EL Salz • 2-3 EL Olivenöl • 1 Zwiebel • 2 Knoblauchzehen • 1 TL Salz • 500 g Tomaten • 2-3 EL Tomatenmark • 1 Glas Rotwein • 1 EL Oregano • 1 EL Basilikum • Salz • Pfeffer aus der Mühle • Olivenöl zum Ausfetten • 250 g Mozzarella

• Die Auberginen putzen, waschen, in Scheiben schneiden, mit Salz bestreuen und im Kühlschrank 10-15 Minuten ziehen lassen. Anschließend unter fließendem Wasser waschen, gut abtropfen lassen und bereitstellen.
• Das Olivenöl in einer Pfanne erhitzen, die geschälte und fein gehackte Zwiebel darin glasig schwitzen.
• Die Knoblauchzehen schälen, mit Salz zu einer Paste zerreiben, zu den Zwiebeln geben und kurz mitschwitzen.
• Die Tomaten enthäuten, entkernen, in Würfel schneiden, zum Gemüse geben und kurz dünsten.
• Das Tomatenmark einrühren, mit dem Rotwein auffüllen, mit Oregano, Basilikum, Salz und Pfeffer würzen.
• Die Sauce 4-5 Minuten köcheln lassen und anschließend im Mixer oder mit dem Pürierstab pürieren.
• Eine Auflaufform mit Olivenöl ausfetten, die Auberginenscheiben abwechselnd mit der Tomatensauce einschichten.
• Den Mozzarella in Scheiben schneiden, auf den Auflauf legen und das Ganze im auf 180-200° C vorgeheizten Backofen 15-20 Minuten garen.
• Nach Ende der Garzeit den Auberginenauflauf herausnehmen, anrichten, ausgarnieren und sofort servieren.

ÜBERBACKENER BLUMENKOHL

• 800-1000 g Blumenkohlröschen • 1/2 l Gemüsebrühe • 2 EL Butter • 2 EL Mehl • 250 g saure Sahne • 2 Eigelb • Salz • weißen Pfeffer aus der Mühle • 1 Prise Zucker • 1 Prise Muskat • Butter für die Form • 150 g Bierschinken • 1 Tasse gemischte Kräuter

• Die Blumenkohlröschen waschen, in der erhitzten Gemüsebrühe 15 Minuten garen, herausnehmen und abtropfen lassen.
• Die Butter in einem Topf erhitzen, das Mehl mit dem Schneebesen einrühren und goldgelb anschwitzen, mit Blumenkohlsud auffüllen und so lange kochen, bis eine sämige Sauce entsteht.
• Die saure Sahne mit dem Eigelb verrühren und unter die Sauce mischen. Mit Salz, Pfeffer, Zucker und Muskat abschmecken.
• Den Bierschinken in Streifen oder Würfel schneiden.
• Eine Auflaufform mit Butter ausfetten, die Blumenkohlröschen einlegen und die Ei-Sahne Sauce darüber gießen.
• Den Schinken darüber streuen und das Ganze im auf 200-220° C vorgeheizten Backofen 20-25 Minuten backen.
• Die Kräuter verlesen, waschen, fein hacken, über den Auflauf streuen und sofort servieren.

KARTOFFEL-BROCCOLI-AUFLAUF

• 800 g Kartoffeln • Salzwasser • 1-2 EL Kümmel • 1-2 EL Butter • 1 Zwiebel • 500 g Broccoli (TK-Produkt) • 1 Schuss Weißwein • 1 Tasse Gemüse- oder Fleischbrühe • Salz • Pfeffer aus der Mühle • 1 Prise Muskat • 250 g Speisequark • 1 Becher Sahne • 2 Eier • 125 g geriebenen Emmentaler • 1 Hand voll Kräuter

• Die Kartoffeln mit dem Salzwasser und dem Kümmel aufsetzen, 25 Minuten garen, abgießen, erkalten lassen, pellen und in Scheiben schneiden.
• Die Butter in einer Pfanne erhitzen und die geschälte und fein gehackte Zwiebel darin glasig schwitzen.
• Den Broccoli dazugeben und kurz mitschwitzen, mit Weißwein ablöschen und mit der Gemüse- oder Fleischbrühe auffüllen.
• Das Gemüse bissfest garen, mit Salz, Pfeffer und Muskat abschmecken, mit den Kartoffeln vermischen und in eine gefettete Auflaufform schichten.
• Den Quark mit der Sahne und den Eiern verschlagen, den geriebenen Käse untermischen, mit Salz, Pfeffer und Muskat abschmecken und gleichmäßig auf dem Auflauf verteilen.
• Den Auflauf im auf 180-200° C vorgeheizten Backofen 20-25 Minuten backen, herausnehmen, anrichten, mit frisch gehackten Kräutern bestreuen, ausgarnieren und servieren.

GEMÜSERAGOUT MIT KARTOFFELHAUBE

• 500 g Kartoffeln • 1-2 EL Butter oder Margarine • etwas Gemüsebrühe • 1/2 Becher • Crème fraîche • 1 Prise Muskat • Salz • Pfeffer aus der Mühle • 2 Eigelb • 500 g kalten Braten oder Wurstabschnitte • 2 EL Butterschmalz • 1 Zwiebel • 1 Stück Staudensellerie• je 150 g Erbsen, Karotten und Mais (TK-Produkt) • 1 TL Thymian • 1 Becher Sahne • 1/4 l gebundene Bratensauce • 125 g geriebenen Käse • 1 Tasse gemischte, gehackte Kräuter

• Die Kartoffeln würfeln, waschen und abtropfen lassen. Die Butter oder Margarine in einem Topf erhitzen und die Kartoffeln glasig schwitzen.
• Die Gemüsebrühe angießen, den Topf verschließen und das Ganze bei mäßiger Hitze 10-15 Minuten köcheln lassen. Nach Ende der Garzeit die Kartoffeln herausnehmen und durch die Kartoffelpresse treiben.
• Das Püree mit Crème fraîche glatt rühren, mit Muskat, Salz und Pfeffer kräftig würzen und die Eigelb darunterziehen.
• Den kalten Braten oder die Wurstabschnitte in Streifen schneiden. Das Butterschmalz erhitzen und die fein gehackte Zwiebel mit dem geputzten und gewürfelten Staudensellerie dazugeben und kurz mitbraten.
• Die Erbsen, Karotten, den Mais und den Braten dazugeben, mit Thymian, Salz und Pfeffer würzen, die Sahne mit der Bratensauce vermischen, angießen und weitere 8-10 Minuten köcheln lassen
• Das Gemüseragout in eine feuerfeste Form geben, abschmecken und mit dem Kartoffelpüree bedecken. Das Ganze mit geriebenem Käse bestreuen und im auf 220° C vorgeheizten Backofen goldgelb überbacken. Herausnehmen, anrichten, ausgarnieren und servieren.

Weizenauflauf

125 g ganze Weizenkörner • Salzwasser • 1 Stange Lauch • 1-2 Karotten • 1/2 Kopf Blumenkohl • 1 Stange Bleichsellerie • 1/4 l Gemüse- oder Fleischbrühe • 2 EL Butter • 2 EL Weizenvollkornmehl • 1/4 l Milch • Salz • Pfeffer aus der Mühle • 100 g geriebenen Käse • 1/2 Bund Petersilie • Butter für die Form • 1 geh. EL Vollkorn-Semmelbrösel

• Die Weizenkörner über Nacht in Wasser einweichen.
• Zur weiteren Verarbeitung das Wasser abgießen, die Weizenkörner in Salzwasser 30 Minuten garen und dann abtropfen lassen.
• In der Zwischenzeit den Lauch putzen und in Ringe schneiden, die Karotten schälen und in Scheiben schneiden, den Blumenkohl waschen und in Röschen zerteilen, Den Bleichsellerie waschen und in Streifen schneiden.
• Die Gemüse- oder Fleischbrühe in einem Topf erhitzen und das Gemüse darin in 15-20 Minuten bissfest garen. Herausnehmen und gut abtropfen lassen.
• Die Butter in einem Topf erhitzen und das Mehl mit dem Schneebesen einrühren. Die Milch unter Rühren dazugeben und das Ganze zu einer sämigen Sauce verkochen. Mit Salz und Pfeffer würzen und ein Drittel des geriebenen Käses einrühren.
• Die Petersilie verlesen, waschen und fein hacken.
• Eine feuerfeste Auflaufform mit Butter ausfetten. Das Gemüse mit den Weizenkörnern, der Käsesauce und der Petersilie vermischen und in die Auflaufform füllen. Den restlichen Käse mit den Vollkorn-Semmelbröseln vermischen und über den Auflauf streuen.
• Im auf 200-220° C vorgeheizten Backofen in 30-35 Minuten goldbraun backen, herausnehmen, dekorativ anrichten, ausgarnieren und servieren.

Körnerpfanne

• 200 g Sechskornmischung • 1/2 l Wasser • 2 Zwiebeln • 2 Karotten • je 1 kleine rote, gelbe und grüne Paprikaschote • 250 g frische Champignons • 2 EL Butter oder Margarine • 1/8 l Gemüsebrühe • 1/2 l Vollmilch • Salz • Pfeffer aus der Mühle • 100 g fein geriebenen Gouda • 2-3 EL Schnittlauchröllchen

• Die Sechskornmischung im Wasser 10 Minuten kochen, dann 20 Minuten ausquellen lassen.
• Die Zwiebeln schälen und in halbe Ringe schneiden, die Karotten schälen und in Scheiben schneiden.
• Die Paprikaschoten putzen, halbieren, entkernen, waschen und in Streifen schneiden, die Champignons putzen und nach Geschmack halbieren oder vierteln.
• Die Butter in einer Pfanne erhitzen und das Gemüse darin andünsten. Mit der Gemüsebrühe auffüllen und fünf Minuten köcheln lassen.
• Die gut abgetropften Körner und die Vollmilch dazugeben und zugedeckt weitere fünf Minuten garen. Mit Salz und Pfeffer abschmecken, den Gouda darüber streuen und zugedeckt schmelzen lassen.
• Die Körnerpfanne dekorativ anrichten, mit den Schnittlauchröllchen bestreuen, ausgarnieren und servieren.

Fischauflauf mit Lauch

Rote Bete aus der Form

Pilz-Kartoffel-Auflauf

Auberginenauflauf mit Bananen

Fenchelauflauf

Apfel-Nudellasagne

Nudelauflauf mit grünem Spargel

Seelachsauflauf mit grünen Nudeln

Makkaroniauflauf

Überbackener Nudelauflauf

Gemüseauflauf mit Kasseler

Dorschauflauf mit Oliven

Feiner Pilzauflauf

Auflauf mit Zucchini

Feiner Gemüseauflauf

Rosenkohlauflauf

Grünkohlauflauf mit Maronen

Weisskohlauflauf

Kürbisauflauf mit Weisswein

Pfannkuchenauflauf

Hirseauflauf mit Gemüse

• 2 EL Butter oder Margarine • 2 Zwiebeln • 1 Stange Lauch • 250 g Hirse • 1/2 l Gemüsebrühe • 1 große Dose Erbsen und Karotten • 150 g Rahmspinat (TK-Produkt) • 2 EL Butter oder Margarine • Salz • Pfeffer aus der Mühle • 1 EL gemischte Kräuter • 1 EL Paprikapulver • 1 Prise Curry • 1 Bund Schnittlauch • 1 Bund Estragon • 250 g saure Sahne • 2 Eier • 200 g geriebenen Butterkäse

• Die Butter oder Margarine in einem Topf erhitzen und die geschälten und fein gehackten Zwiebeln darin glasig schwitzen.
• Den Lauch putzen, in feine Ringe schneiden, zu den Zwiebeln geben und kurz mitschwitzen.
• Die Hirse unter fließendem Wasser waschen, gut abtropfen lassen, zum Gemüse geben und kurz mitgaren.
• Die Gemüsebrühe angießen, zum Kochen bringen und die Hirse unter ständigem Rühren ausquellen lassen.
• In der Zwischenzeit die Erbsen und Karotten gut abtropfen und den Rahmspinat auftauen lassen.
• Die Butter oder Margarine in einer Auflaufform erhitzen, das Gemüse darin kurz anschwitzen. Mit Salz, Pfeffer, den gemischten Kräutern, Paprikapulver und Curry kräftig würzen und kurz dünsten.
• Die Hirse unter das Gemüse ziehen, nochmals abschmecken. Die saure Sahne mit den Eiern und dem geriebenen Butterkäse verschlagen.
• Die saure Sahne gleichmäßig auf dem Hirsegemüse verteilen und das Ganze im auf 180-200° C vorgeheizten Backofen 20-25 Minuten backen.
• Den Hirseauflauf mit Gemüse herausnehmen, dekorativ anrichten, ausgarnieren und sofort servieren.

Spinatauflauf

• 1,5 kg frischen Spinat • 50 g Butaris Butterschmalz • 75 g Mehl • 1/4 l süße Sahne • Salz • weißen Pfeffer aus der Mühle • 1 Prise frisch geriebene Muskatnuss • 4 Eigelb • 200 g Bergkäse • 4 Eiweiß • Butaris Butterschmalz für die Form • 2 EL Semmelbrösel

• Den Spinat entstielen und waschen, in einem Topf ohne zusätzliches Wasser dämpfen, bis er zusammenfällt. Herausnehmen, abtropfen lassen und fein hacken.
• In einem Topf das Butterschmalz erhitzen, das Mehl dazugeben und anschwitzen, mit der Sahne ablöschen, glatt rühren und zu einer sämigen Sauce verkochen.
• Den Spinat einrühren und mit Salz, Pfeffer, Muskat und Knoblauchgranulat würzen. Beiseite stellen und etwas abkühlen lassen.
• Das Eigelb und den fein geriebenen Bergkäse einrühren sowie das zu steifem Schnee geschlagene Eiweiß vorsichtig unterheben.
• Eine Auflaufform mit Butterschmalz ausfetten, mit Semmelbröseln ausstreuen und die Spinatmasse einfüllen.
• Den Backofen auf 200° C vorheizen, die Bratenpfanne 2 cm hoch mit heißem Wasser füllen und die Form hineinstellen.
• Den Spinatauflauf in 35 Minuten garen, herausnehmen, aus der Form stürzen und servieren.

Auberginen mit Reisfüllung

• 250 g gekochten Reis • 100 g durchwachsenen, geräucherten Speck • 1 Zwiebel • 100 g geriebenen Bergkäse • Salz • Pfeffer aus der Mühle • 1-2 Spritzer Tabasco • 1-2 EL Butter oder Margarine • 1 Zwiebel • 1 grüne Paprikaschote • 1 gelbe Paprikaschote • 200 g Knollensellerie • Saft von 1 Zitrone • 1/4 l Gemüsebrühe • 2 große Auberginen • 1-2 EL Salz • Alufolie • 1/2 Bund Schnittlauch • 2 Tassen gemischte, gehackte Kräuter (Basilikum, Oregano, Petersilie)

• Den Reis in eine Schüssel geben. Den gewürfelten Speck in einer Pfanne auslassen.
• Die gehackte Zwiebel zum Speck geben, anschwitzen und zum Reis geben.
• Die Hälfte des Bergkäses zum Reis geben und mit Salz, Pfeffer und Tabasco kräftig abschmecken.
• Für die Füllung die Butter oder Margarine in einer Auflaufform erhitzen und die fein gehackte Zwiebel darin glasig schwitzen.
• Die Paprikaschoten in Würfel schneiden, zur Zwiebel geben und mitschwitzen.
• Den Knollensellerie putzen, in Würfel schneiden, mit Zitronensaft beträufeln und kurz mitschwitzen.
• Die Brühe angießen und bei mäßiger Hitze fünf Minuten dünsten.
• Die Auberginen putzen, halbieren und mit einem Teelöffel das Kerngehäuse herauslösen.
• Das Fruchtfleisch ausschaben, die Auberginenschiffchen und das Fruchtfleisch mit Salz bestreuen, 10 Minuten ziehen lassen, anschließend unter fließendem Wasser abwaschen und gut abtropfen lassen.
• Das Auberginenfleisch hacken und unter die Reismasse heben.
• Die Masse gleichmäßig in die Auberginenschiffchen füllen und diese in die Gemüsesauce setzen.
• Mit dem restlichen Bergkäse bestreuen, mit Alufolie abdecken und im vorgeheizten Ofen 10-15 Minuten garen. Nach Ende der Garzeit die gehackten Kräuter darüber streuen, anrichten, ausgarnieren und servieren.

Paprika-Auberginen-Gemüse

• 1-2 Auberginen • 1-2 EL Salz • 500 g bunte Paprikaschoten • 4 Tomaten • 1/2 l Béchamelsauce • 1-2 Knoblauchzehen • Salz • Pfeffer aus der Mühle • 1 Prise Muskat • 1 Prise Cayennepfeffer • 150 g geriebenen Provolone-Käse • Kräuterzweige zum Garnieren

• Die Auberginen putzen, in Scheiben schneiden, mit Salz bestreuen und im Kühlschrank 15 Minuten ziehen lassen. Anschließend waschen und bereitstellen.
• Die Paprikaschoten halbieren, entkernen, waschen und würfeln. Die Tomaten waschen, den Strunk herauschneiden und die Tomaten in Scheiben schneiden.
• Die Auberginenscheiben mit den Paprikaschoten und den Tomaten in eine ausgefettete Auflaufform schichten.
• Die Béchamelsauce mit den mit Salz zerriebenen Knoblauchzehen verrühren, nochmals kräftig abschmecken und die Hälfte des Käses untermischen.
• Die Sauce über das Gemüse verteilen und den restlichen Käse darüber streuen.
• Das Gemüse im auf 200° C vorgeheizten Backofen 20 Minuten backen, herausnehmen, anrichten, ausgarnieren, mit Kräuterzweigen belegen und servieren.

Maisgriesspastete mit Sauerrahmsauce

• 1-2 EL Butter • 1 Zwiebel • 200 g Maisgrieß • Salz • Pfeffer aus der Mühle • 1 Prise Muskatpulver • gut 1/4 l Gemüsebrühe • knapp 1/8 l Milch • 2 Eigelb • 2 Eiweiß • 1 Prise Salz • Saft von 1 Zitrone • 2 Karotten • 100 g frische Pfifferlinge • Saft von 1 Zitrone • 1/2 Bund Petersilie • Butter und Semmelbrösel für die Form • 1 Becher Sahnedickmilch • 1 Ei • 75 g geriebenen Parmesankäse • 1 Becher Sauerrahm • 2 Knoblauchzehen • 1 TL Salz • 1 Bund Schnittlauch • einige Tropfen Worcestersauce • 1 Prise Zucker

• Die Butter erhitzen und die fein gehackte Zwiebel drin glasig schwitzen.
• Den Maisgrieß dazugeben und kurz mitschwitzen.
• Mit Salz, Pfeffer, Muskat würzen, mit Brühe und Milch auffüllen.
• Den Maisgrieß etwa 15-20 Minuten ausquellen lassen.
• Anschließend das Eigelb untermischen, die Masse erkalten lassen.
• Das Eiweiß mit Salz steif schlagen, den Zitronensaft darunter schlagen und die Masse unter den Maisgrieß heben.
• Die Karotten in feine Stifte schneiden, die Pfifferlinge in Scheiben schneiden und mit Zitronensaft beträufeln.
• Karotten und Pfifferlinge mit der verlesenen, gewaschenen und fein gehackten Petersilie vermischen.
• Eine Auflaufform ausfetten, mit den Semmelbröseln bestreuen. Zwei Drittel der Maisgrießmasse einfüllen, die Gemüsemischung darauf verteilen.
• Die restliche Maisgrießmasse darauf streichen, die Dickmilch mit dem Ei und dem Parmesankäse verschlagen, mit Salz und Pfeffer würzen und auf dem Auflauf verteilen.
• Im auf 180-200° C vorgeheizten Backofen 30-35 Minuten backen.
• Den Sauerrahm mit den mit Salz zerriebenen Knoblauchzehen verrühren. Den fein geschnittenen Schnittlauch untermischen, mit Salz, Pfeffer, Worcestersauce und Zucker abschmecken.
• Die Maisgrießpastete aus der Form nehmen, in Scheiben schneiden, anrichten, mit der Sauce überziehen, ausgarnieren und servieren.

MAISGRIESS-AUFLAUF

• 500 g frisches Mischgemüse • 1/2 l Gemüsebrühe • 200 g Maisgrieß • 1 Becher Sahne • 4 Eier • 1 Bund Petersilie • 100 g geriebenen Butterkäse • 100 g geriebenen Edelpilzkäse • Salz • Pfeffer aus der Mühle • Fett zum Ausfetten • Semmelbrösel zum Bestreuen • einige Butterflöckchen • 1 Tasse gemischte, gehackte Nüsse • 1 Tasse gemischte, gehackte Kräuter

• Das frisches Mischgemüse entsprechend putzen, waschen und in Würfel oder Scheiben schneiden. Die Gemüsebrühe zum Kochen bringen und das Gemüse darin sortenweise bissfest garen, herausnehmen und in einer Schüssel vermischen.
• 1/2 l der verbliebenen Gemüsebrühe abmessen und zum Kochen bringen. Den Maisgrieß unter ständigem Rühren dazugeben, einmal aufkochen lassen und bei mäßiger Hitze in 15 Minuten ausquellen lassen.
• Die Sahne mit den Eiern, der gehackten Petersilie und dem geriebenen Käse vermischen und bereit stellen.
• Den Maisgrieß zum Gemüse geben und alles miteinander vermischen. Die Masse mit Salz und Pfeffer abschmecken. Eine Auflaufform ausfetten, mit Semmelbröseln bestreuen und die Maisgrießmischung darin verteilen.
• Die Sahne-Käse-Mischung gleichmäßig darauf verteilen, mit den restlichen Semmelbröseln bestreuen, mit Butterflöckchen belegen und das Ganze im auf 180-200° C vorgeheizten Backofen 60-70 Minuten backen.
• Den Auflauf herausnehmen, anrichten, mit Nüssen und Kräutern bestreuen, ausgarnieren und servieren.

BUCHWEIZEN-AUFLAUF

• 200 g Buchweizen • 1/4 l Gemüsebrühe • 1-2 EL Butter • 1 Zwiebel • 1 Suppengemüse • 150 g Sojasprossenkeimlinge • Salz • Pfeffer aus der Mühle • 1 Prise Cayennepfeffer • 1 Prise Zucker • 1 Tasse gemischte, gehackte Kräuter • 2 Becher Sahnedickmilch • 150 g geriebenen Käse • 1 Bund Petersilie

• Den Buchweizen waschen, gut abtropfen lassen, in eine Schüssel geben, mit der Gemüsebrühe auffüllen und 2-3 Stunden ziehen lassen. Mit der Brühe in einen Topf geben, zum Kochen bringen und in 15-20 Minuten ausquellen lassen.
• Die Butter erhitzen und die fein gehackte Zwiebel darin glasig schwitzen.
• Das Suppengemüse putzen, in Würfel oder Streifen schneiden, zur Zwiebel geben und 5 Minuten mitdünsten.
• Die gewaschenen Sojasprossenkeimlinge gut abtropfen lassen, zum Gemüse geben und kurz erhitzen.
• Das Gemüse mit Salz, Pfeffer, Cayennepfeffer und Zucker kräftig abschmecken und zum Schluss die gehackten Kräuter untermischen.
• Den Buchweizen unter das Gemüse heben, das Ganze in eine ausgefettete Form geben und glatt streichen.
• Die Sahnedickmilch mit dem geriebenen Käse verrühren, mit Salz, Pfeffer und Cayennepfeffer abschmecken und auf dem Auflauf verteilen.
• Den Auflauf im auf 180-200° C vorgeheizten Backofen in 15-20 Minuten garen, herausnehmen, anrichten und mit der verlesenen, gewaschenen und fein gehackten Petersilie bestreut servieren.

Hirse-Auflauf mit Romanesco

• 125 g Hirse • 1/4 l Gemüsebrühe • 1 Prise Meersalz • Pfeffer aus der Mühle • 1 Messerspitze Curry • 1 Prise Cayennepfeffer • 500 g Karotten • 500 g Romanescoröschen • Butter oder Margarine für die Form • 4 Eigelb • 1/8 l Sahne • 200 g fein geriebenen Leerdamer • Kräuterzweige zum Garnieren

• Die Hirse unter fließendem Wasser waschen, gut abtropfen lassen, mit der Gemüsebrühe in einen Topf geben, einmal aufkochen lassen, mit Salz, Pfeffer aus der Mühle, Curry und Cayennepfeffer kräftig würzen.und bei kleinster Stufe in 25-30 Minuten ausquellen lassen.
• Die Karotten schälen und in Scheiben schneiden, die Romanescoröschen verlesen, waschen und gut abtropfen lassen.
• Etwas Salzwasser erhitzen und die Karotten und die Romanescoröschen darin blanchieren.
• Eine Auflaufform mit Butter oder Margarine ausfetten. Das Eigelb mit der Sahne und dem Leerdamer verrühren. Etwa 2-3 EL davon zurückstellen.
• Die Käsemasse gleichmäßig unter die Hirse ziehen, ein Drittel davon abnehmen und beiseite stellen.
• Ein weiteres Drittel Hirse in die Auflaufform geben und glatt streichen. Das restliche Drittel Hirse mit dem Gemüse vermischen und in die Auflaufform geben.
• Die zurückgelassene Hirse darüber verteilen und erneut glatt streichen. Mit Romanescoröschen und Karottenscheiben ausgarnieren und im auf 180-200° C vorgeheizten Backofen 30-40 Minuten backen.
• Zehn Minuten vor Garende den restlichen Käse auf den Auflauf streuen und überkrusten.
• Den fertigen Hirseauflauf mit Romanesco herausnehmen, anrichten, ausgarnieren, mit Kräuterzweigen belegen und servieren.

Elsässer Kartoffelauflauf

• 800 g Schweinenacken • Salz • Pfeffer aus der Mühle • 2 EL Butterschmalz • 4 Zwiebeln • 2 Stangen Lauch • 2 Paar Pfefferbeißer • 1/2 l trockenen Weißwein • 500 g Kartoffeln • 1 Becher Sahne • 250 g geriebenen Butterkäse • einige Butterflöckchen • 1 Tasse gemischte, gehackte Kräuter

• Den küchenfertigen Schweinenacken unter fließendem Wasser abwaschen, trockentupfen und in Würfel schneiden. Das Fleisch mit Salz und Pfeffer würzen. Das Butterschmalz in einer Auflaufform erhitzen und das Fleisch darin rundherum Farbe nehmen lassen.
• Die Zwiebeln schälen, in Würfel schneiden, zum Fleisch geben und kurz mitbraten, den Lauch putzen, in Stücke schneiden, mit den in Scheiben geschnittenen Pfefferbeißern zum Fleisch geben und ebenfalls mitschwitzen.
• Das Ganze mit dem Weißwein auffüllen, die Kartoffeln schälen, in Scheiben schneiden und unter das Fleisch heben und im auf 180-200° C vorgeheizten Backofen 50 Minuten backen.
• Die Sahne angießen, mit dem geriebenen Käse bestreuen und einige Butterflöckchen drauf setzen. Den Auflauf bei 180-200° C weitere 10-15 Minuten backen.
• Den Auflauf herausnehmen, anrichten, mit frisch gehackten Kräutern bestreuen, ausgarnieren und servieren.

Gemüse-Wild-Auflauf

• 2 EL Butter oder Margarine • 1 Zwiebel • 1 Knoblauchzehe • 500 g gekochtes oder gebratenes Wildfleisch • 1 Bund Frühlingszwiebeln • 200 g Karotten • 200 g Broccoliröschen • 200 g Blumenkohlröschen • 200 g Kohlrabi • 1/4 l Weißwein • 1/4 l Gemüsebrühe • Salz • Pfeffer aus der Mühle • 1 Prise Muskat • 2 Becher saure Sahne • 4 Eier • 250 g geriebenen Butterkäse • 1/2 Bund Majoran • 1/2 Bund Petersilie • 1/2 Bund Schnittlauch

• Die Butter oder Margarine in einer Auflaufform erhitzen und die geschälte, fein gehackte Zwiebel darin glasig schwitzen. Die geschälte Knoblauchzehe zu einer Paste zerreiben, zur Zwiebel geben und ebenfalls kurz mitschwitzen.
• Das Wildfleisch in Würfel oder Streifen schneiden, zu den Knoblauchzwiebeln geben und kurz mitbraten.
• Die Karotten, die Broccoliröschen, die Blumenkohlröschen und den Kohlrabi putzen, in mundgerechte Stücke schneiden zum Fleisch geben und mitschwitzen.
• Das Ganze mit Weißwein ablöschen und mit der Gemüsebrühe auffüllen. Den Auflauf im auf 180-200° C vorgeheizten Backofen 30 Minuten garen. Mit Salz, Pfeffer und Muskat kräftig abschmecken.
• Die saure Sahne mit den Eiern und der Hälfte des geriebenen Butterkäses verrühren und über den Auflauf ziehen.
• Das Ganze mit dem restlichen Käse bestreuen und weitere 15-20 Minuten backen. Den Auflauf herausnehmen, anrichten, mit den frisch gehackten Kräutern bestreuen, ausgarnieren und servieren.

Deftige Kartoffeln

• 1,5 kg Schweinefleisch • Salz • Pfeffer aus der Mühle • 1 TL Paprikapulver • 1 TL Kümmel • 2 EL mittelscharfen Senf • 2-3 EL Butterschmalz • etwas Gemüsebrühe oder Wein • 4 Zwiebeln, 2 Karotten • 500 g Kartoffeln • 1 Stange Lauch • 2 Becher Sahne • 2-3 EL Tomatenmark • 200 g geriebenen Emmentaler • 1 Bund Petersilie • 1 Bund Schnittlauch

• Das Schweinefleisch waschen, trockentupfen, in Würfel schneiden, mit Salz, Pfeffer, Paprika und Kümmel kräftig würzen. Anschließend die Fleischwürfel mit Senf einreiben.
• Das Butterschmalz in einer Auflaufform erhitzen und die Fleischwürfel darin rundherum Farbe nehmen lassen.
• Die Auflaufform in den auf 180-200° C vorgeheizten Backofen schieben und die Fleischwürfel darin 40 Minuten garen. Während der Garzeit öfter mit etwas Gemüsebrühe oder Wein ablöschen.
• In der Zwischenzeit die Zwiebeln, die Karotten, die Kartoffeln und den Lauch putzen, in mundgerechte Würfel schneiden und anschließend zum Fleisch geben.
• Das Ganze mit der Sahne auffüllen und das Tomatenmark einrühren. Weitere 20-25 Minuten garen.
• Die Sauce nochmals kräftig abschmecken, die gehackten Kräuter untermischen, die deftigen Kartoffeln mit dem Käse bestreuen und goldgelb überbacken, anrichten, ausgarnieren und mit frisch gehackten Kräutern bestreut servieren.

Zwiebel-Kartoffel-Auflauf mit Hirschfleisch

• 1 kg Hirschschulter Meersalz • Pfeffer aus der Mühle • 2 Knoblauchzehen • 1 TL Majoran • 1 TL geriebene Zitronenschale • 1 TL Kümmel • 2 EL Butterschmalz • 400 g Kartoffeln • 400 g Karotten • 600 g Zwiebeln • 1 TL Thymian • 3/8 l klare Bratensauce • 2 Becher Sahne • 200 g Mozzarellakäse • 1 Tasse gemischte, gehackte Kräuter

• Die küchenfertige Hirschschulter unter fließendem Wasser abwaschen, trockentupfen und in kleine Würfel schneiden. Das Fleisch mit Salz und Pfeffer würzen. Die Knoblauchzehen schälen und mit einer Prise Salz zu einer Paste zerreiben.
• Die Knoblauchpaste mit dem Majoran, der geriebenen Zitronenschale und dem Kümmel vermischen und das Fleisch damit marinieren.
• Das Schmalz in einer Auflaufform erhitzen und das Fleisch darin rundherum anbraten. Die Kartoffeln und die Karotten waschen, schälen, in Würfel schneiden, mit den geschälten und in Würfel geschnittenen Zwiebeln zum Fleisch geben und kurz mitschwitzen.
• Die Ganze mit Salz, Pfeffer, Majoran und Thymian kräftig würzen. Die Bratensauce angießen und mit der Sahne auffüllen.
• Den Schmorbraten im auf 180-200° C vorgeheizten Backofen etwa 80-120 Minuten schmoren lassen.
• Nach Ende der Schmorzeit den Zwiebel-Kartoffel-Auflauf mit Hirschfleisch mit dem in Scheiben geschnittenen Mozzarellakäse belegen und im Backrohr oder unter dem Grill überbacken, anrichten, ausgarnieren und mit Kräutern bestreut servieren.

Gemüseauflauf mit Lachssteaks

• 4 Lachssteaks à 200 g • einige Tropfen Weinessig • einige Tropfen Zitronensaft • Salz • Pfeffer aus der Mühle • 1 Bund Zitronenmelisse • 1 Zwiebel • 2 Zucchini • 4 Karotten • 4 Kartoffeln • 2 EL Butter oder Margarine • 1 Glas Weißwein • 1 Becher Sahne• 2-3 EL Dillsenf • 2-3 EL Sahnemeerrettich • 1 Prise Muskat • 1 Prise Cayennepfeffer • 1 Prise Zucker • 1 Becher Crème fraîche • 200 g geriebenen Gouda

• Die Lachssteaks unter fließendem Wasser waschen, trockentupfen, mit Weinessig und Zitronensaft beträufeln, mit Salz und Pfeffer würzen und mit der verlesenen und gehackten Zitronenmelisse bestreuen. Im Kühlschrank 10-15 Minuten ziehen lassen.
• Die Zwiebel schälen und fein hacken. Die Zucchini putzen und in dünne Scheiben schneiden. Die Karotten putzen und mit den geschälten Kartoffeln ebenfalls in dünne Scheiben schneiden.
• Die Butter oder Margarine in einer Pfanne erhitzen und das Gemüse darin glasig schwitzen. Mit Weißwein ablöschen, mit der Sahne auffüllen, mit Senf und Sahnemeerrettich würzen.
• Das Gemüse mit Salz, Pfeffer, Zitronensaft, Muskat, Cayennepfeffer und Zucker kräftig abschmecken. Die Lachssteaks auf das Gemüse legen, die Crème fraîche mit dem Käse verrühren, würzen und gleichmäßig auf die Heilbuttsteaks verteilen.
• Das Ganze im auf 180-200° C vorgeheizten Backofen 20-25 Minuten garen, herausnehmen, anrichten, ausgarnieren und servieren.

Auberginen-Nudelauflauf

• 2-3 EL Olivenöl • 2 Knoblauchzehen • 1 TL Salz • 2 Zwiebeln • 2 Karotten • 2 große Auberginen • 4-6 feste Tomaten • 1 Schuss Weißwein • 1 Tasse Tomatensauce • Salz • Pfeffer aus der Mühle • 1 Prise Cayennepfeffer • 1 Prise Muskat • 400 g bissfest gegarte Eiernudeln • 1/4 l Béchamelsauce • 1 Becher Sahne • 1 Tasse geriebenen Parmesankäse • 250 g Mozzarellakäse

• Das Olivenöl in einer Auflaufform erhitzen und die mit Salz zerriebenen Knoblauchzehen und die geschälten und fein gehackten Zwiebeln darin glasig schwitzen.
• Die Karotten putzen, in feine Streifen schneiden, zu den Zwiebeln geben und kurz mitschwitzen. Die Auberginen putzen, waschen, gut abtropfen lassen, in Würfel schneiden, zum Gemüse geben und kurz mitbraten.
• Die enthäuteten, entkernten und in Würfel geschnittenen Tomaten dazugeben, mit Weißwein ablöschen und mit der Tomatensauce auffüllen.
• Das Ganze mit Salz, Pfeffer, Cayennepfeffer und Muskat abschmecken und die Eiernudeln unter das Gemüse heben.
• Die Béchamelsauce mit der Sahne und dem Parmesan vermischen, angießen, mit dem in Scheiben geschnittenen Mozzarellakäse abdecken und das Ganze im auf 180-200° C vorgeheizten Backofen 15-20 Minuten backen, herausnehmen, anrichten, ausgarnieren und servieren.

Mangoldauflauf

• 1 kg Mangold • 2-3 EL Olivenöl • 2-3 Knoblauchzehen • 1 TL Salz • 1 Zwiebel • 1 Schuss Weißwein • Salz • Pfeffer aus der Mühle • 1 Prise Cayennepfeffer • 1 Prise Muskatpulver • 1 Tasse frische Kräuter • 1 große Dose geschälte Tomaten • 250 g geriebenen Schafskäse • 1/2 l Béchamelsauce

• Den Mangold verlesen, waschen, gut abtropfen lassen und in mundgerechte Stücke zerpflücken. Das Olivenöl in einer Auflaufform erhitzen und die mit Salz zerriebenen Knoblauchzehen darin glasig schwitzen.
• Die Zwiebel schälen, fein hacken, ins Knoblauchfett geben und kurz mitschwitzen. Den Mangold dazugeben, kurz anschwitzen, mit Salz, Pfeffer, Cayennepfeffer und Muskat würzen und anschließend die gehackten Kräuter untermischen.
• Die Tomaten abtropfen lassen und grob zerkleinern. Ein Drittel des Schafskäses abnehmen und bereitstellen.
• Die Tomaten und den Schafskäse sowie der Béchamelsauce unter mischen, den restlichen Schafskäse gleichmäßig darüber verteilen und das Ganze im auf 180-200° C vorgeheizten Backofen 10-15 Minuten backen.
Den Mangoldauflauf herausnehmen, anrichten, ausgarnieren und servieren.

Zwiebelnudeln

• 1-2 EL Olivenöl • 100 g durchwachsenen, geräucherten Speck • 4 Zwiebeln • 1 Glas Silberzwiebeln • 600 g bissfest gegarte Hörnchennudeln • 2 Becher Sahne • 200 g geriebenen Emmentaler • Salz • Pfeffer aus der Mühle • 1 Prise Muskat • 1 Prise Cayennepfeffer • Butter- oder Margarineflöckchen • 1 Bund Schnittlauch

Das Olivenöl in einer Auflaufform erhitzen und den in feine Würfel geschnittenen Speck darin auslassen, die geschälten Zwiebeln in Scheiben schneiden, zum Speck geben und kurz mitbraten.
• Die gut abgetropften Silberzwiebeln dazugeben und kurz mitschwitzen. Die gekochten Eiernudeln untermischen, die Sahne mit der Hälfte des Emmentalers verrühren und mit Salz, Pfeffer, Muskat und Cayennepfeffer kräftig abschmecken.
• Die Creme gleichmäßig auf den Nudeln verteilen, den restlichen Käse darüber streuen, Butter- oder Margarineflöckchen darauf setzen und den Auflauf im auf 180-200° C vorgeheizten Backofen etwa 10-15 Minuten backen.
• Nach Ende der Backzeit die Zwiebelnudeln herausnehmen, anrichten, ausgarnieren, mit frisch geschnittenem Schnittlauch bestreuen und servieren.

Elsässer Krautnudeln

• 250 g breite Nudeln • Salzwasser • 1-2 EL Olivenöl • 2-3 EL Butterschmalz • 75 g durchwachsenen, geräucherten Speck • 1 Zwiebel • 400 g kalten Braten • 400 g bissfest gekochtes Sauerkraut • 1 Glas Weißwein • 1/8 l Gemüse- oder Fleischbrühe • 1 Lorbeerblatt • 1 TL Wacholderbeeren • 1 TL Pimentkörner • einige Nelken • Salz • Pfeffer aus der Mühle • 1 Prise Cayennepfeffer • 1 Prise Zucker • 200 g geriebenen Butterkäse • Butter- oder Margarineflöckchen • 1 Bund Schnittlauch

• Die Eiernudeln in Salzwasser mit dem Olivenöl bissfest garen, herausnehmen, unter kaltem Wasser abschrecken, abtropfen lassen und bereitstellen.
• Das Butterschmalz in einer Auflaufform erhitzen und den in feine Würfel geschnittenen Speck darin auslassen. Die Zwiebel schälen, hacken, zum Speck geben und glasig schwitzen.
• Den kalten Braten in Würfel schneiden, mit dem zerpflückten Sauerkraut dazugeben und kurz anschwitzen.
• Den Wein und die Brühe angießen, zum Kochen bringen. Das Lorbeerblatt, die Wacholderbeeren und die Pimentkörner sowie die Nelken dazugeben, mit Salz, Pfeffer, Cayennepfeffer und Zucker abschmecken.
• Den Käse darüber streuen, Butter- oder Margarineflöckchen darauf setzen und den Auflauf im auf 180-200° C vorgeheizten Backofen etwa 10-15 Minuten backen.
• Nach Ende der Backzeit die Elsässer Krautnudeln herausnehmen, anrichten, ausgarnieren, mit frisch geschnittenem Schnittlauch bestreuen und servieren.

Kartoffel-Tomaten-Auflauf mit Rotbarsch

• Rotbarschfilets à 200 g • Saft von 1 Zitrone • einige Tropfen Worcestersauce • Salz • Pfeffer aus der Mühle • 1-2 EL Butter oder Margarine • 2 Zwiebeln • 1 Tasse Gemüsebrühe • 1 Glas Weißwein • 1-2 EL mittelscharfen Senf • 1 Becher Crème fraîche • 1 Msp. Johannisbrotkernmehl • 1 Prise Zucker • 1 Prise Cayennepfeffer • 1 Bund Schnittlauch • 200 g geriebenen Butterkäse • 500 g Pellkartoffeln • 500 g Tomaten • 4 EL geröstete Sonnenblumenkerne

• Die Rotbarschfilets waschen, trockentupfen, mit Zitronensaft und Worcestersauce beträufeln, mit Salz und Pfeffer würzen 15 Minuten ziehen lassen.
• Die Butter oder Margarine in einer Pfanne erhitzen und die Rotbarschfilets darin braten, heraus nehmen und bereitstellen.
• Die Zwiebeln schälen, fein hacken, ins verbliebene Bratfett geben und glasig schwitzen. Mit der Gemüsebrühe und dem Weißwein auffüllen, den Senf und die Crème fraîche einrühren.
• Die Sauce kräftig einreduzieren lassen und anschließend mit Johannisbrotkernmehl binden. Mit Salz, Pfeffer, Zitronensaft, Worcestersauce, Zucker und Cayennepfeffer kräftig abschmecken, erkalten lassen und den verlesenen, gewaschenen und fein geschnittenen Schnittlauch untermischen.
• Die Rotbarschfilets mit den gepellten und in Scheiben geschnittenen Kartoffeln sowie den gewaschenen und in Scheiben geschnittenen Tomaten in eine ausgefettete Auflaufform schichten, mit der Sauce überziehen und im auf 180-200° C vorgeheizten Backofen 10-15 Minuten überbacken.
• Den Kartoffel-Tomaten-Auflauf mit Rotbarsch anrichten, mit den gerösteten Sonnenblumenkernen bestreuen, ausgarnieren und servieren.

Scharfer Kartoffelbackes

• 600 g gekochte Kartoffeln • 2 Zwiebeln • 1 Bund Radieschen • 250 g frische Champignons • Saft von 1 Zitrone • 500 g kalten Braten • 1 Peperoni • 1-2 EL Butter oder Margarine • 1 EL Kümmel • 1 EL Majoran • 1/4 l Milch • 1 Becher Sahne • 125 g geriebenen Emmentaler • 4 Eier • Salz • Pfeffer aus der Mühle • 1 Prise Muskat • 1 Prise Cayennepfeffer • 1 Bund Petersilie • 1 Bund Schnittlauch

• Die gekochten Kartoffeln pellen und in Scheiben schneiden. Die Radieschen putzen, die Zwiebeln schälen und beides in dünne Scheiben schneiden.
• Die Champignons putzen, halbieren, waschen, gut abtropfen lassen und mit Zitronensaft beträufeln. Den kalten Braten in Würfel oder Streifen schneiden.
• Eine Auflaufform mit Butter oder Margarine ausfetten und das Gemüse sowie den kalten Braten in die Auflaufform geben, mit der geputzten und fein gehackten Peperoni bestreuen.
• Den Auflauf mit Kümmel und Majoran würzen und die Milch angießen. Die Sahne mit dem Emmentaler und den Eiern verrühren, mit Salz, Pfeffer, Muskat und Cayennepfeffer kräftig abschmecken.
• Die Masse gleichmäßig auf dem Auflauf verteilen und im auf 180-200° C vorgeheizten Backofen 20-25 Minuten backen.
• Nach Ende der Garzeit den Kartoffelbackes herausnehmen, anrichten und mit den gehackten Kräutern bestreut servieren.

Gemüsewürfel mit Raclettekäse

• 1 kg gemischtes Gemüse • Gemüsebrühe zum Blanchieren • 100 g durchwachsenen geräucherten Speck • 2 Zwiebeln • 2 rote Paprikaschoten • 2 grüne Paprikaschoten • 1 kleines Glas Essiggurken • Salz • Pfeffer aus der Mühle • 1 TL gemahlenen Kümmel • 600 g Raclettekäse • 1 Bund Majoran • 1 Bund Schnittlauch

• Das gemischte Gemüse entsprechend vorbereiten, in der Gemüsebrühe bissfest garen, gut abtropfen lassen und bereitstellen.
• Den Speck in feine Würfel schneiden, die Zwiebeln fein hacken. Die Paprikaschoten putzen, waschen und in feine Streifen oder Würfel schneiden. Die Essiggurken in Scheiben schneiden.
• Die Zutaten miteinander vermischen, mit Salz, Pfeffer, Kümmel und den verlesenen, gewaschenen und gehackten Kräutern abschmecken, in eine ausgefettete Auflaufform geben und etwas Gemüsebrühe angießen.
• Den Raclettekäse in Würfel schneiden oder reiben und gleichmäßig auf dem Gemüse verteilen, im auf 180-200° C vorgeheizten Backofen 15-20 Minuten backen, anrichten, ausgarnieren und mit gehackten Kräutern bestreut servieren.

Mozzarellakartoffeln mit Kräuterquark

• 1,2 kg Kartoffeln • 2 EL Kümmel • 1 EL Majoran • Salzwasser • 400 g Magerquark • 1 Schuss Sahne • 1 Zwiebel • 1 Knoblauchzehe • 1 Prise • Salz • Pfeffer aus der Mühle • 1 Prise Muskat • 1 Prise Cayennepfeffer • einige Tropfen Zitronensaft • 1 Prise Zucker • 1 Tasse gemischte, gehackte Kräuter • 500 g Mozzarella

• Die Kartoffeln unter fließendem Wasser waschen und in einen Topf geben. Den Kümmel und den Majoran darüber streuen, das Ganze mit Salzwasser auffüllen und die Kartoffeln darin bissfest garen.
• In der Zwischenzeit den Quark mit einem Schuss Sahne glatt rühren. Die Zwiebel schälen und in feine Würfel schneiden.
• Die geschälte und fein gehackte Knoblauchzehe mit Salz zu einer Paste zerreiben und mit den Zwiebeln unter den Quark rühren.
• Das Ganze mit Salz, Pfeffer, Muskat, Cayennepfeffer, Zitronensaft und Zucker kräftig abschmecken.
• Die gemischten, gehackten Kräuter unter den Quark rühren. Den Quark nochmals abschmecken, die Pellkartoffeln abgießen, pellen, in Scheiben schneiden und in eine ausgefettete Auflaufform geben.
• Mit dem Quark überziehen, mit dem in Scheiben geschnittenen Mozzarella belegen und im auf 180-200° C vorgeheizten Ofen 10-15 Minuten backen. Nach Ende der Backzeit die Mozzarellakartoffeln mit Kräuterquark herausnehmen, anrichten, ausgarnieren und servieren.

Birnen im Teig

• 1 große Dose Birnenhälften • 150 g Butter oder Margarine • 125 g Zucker • 3 Eier • 125 g Instant-Haferflocken • 150 g Mehl • 1/2 Päckchen Backpulver • Butter oder Margarine zum Ausfetten • Blütenzarte Haferflocken zum Bestreuen • 300 g in dünne Scheiben geschnittenen, durchwachsenen, geräucherten Speck • Speisestärke zum Binden • Saft von 1 Zitrone • Zucker nach Geschmack

• Die Birnenhälften aus der Dose nehmen, gut abtropfen lassen, den Saft auffangen und beides bereitstellen.
• Die Butter oder Margarine und den Zucker in eine Schüssel geben und mit den Eiern schaumig schlagen.
• Die Instant-Haferflocken mit dem Mehl und dem Backpulver vermischen und unter den Eischaum ziehen.
• Eine Auflaufform mit Butter oder Margarine ausfetten, mit den Blütenzarten Haferflocken bestreuen, das Ganze mit Speckscheiben auslegen (auch den Rand) und anschließend den Teig einfüllen.
• 6-8 Birnenhälften in den Teig drücken, mit den restlichen Speckscheiben belegen und das Ganze im auf 200° C vorgeheizten Backofen 45 Minuten backen.
• In der Zwischenzeit die restlichen Birnen in Würfel oder Scheiben schneiden, mit dem Birnensaft in einen Topf geben und erhitzen.
• Die Birnen mit etwas angerührter Speisestärke leicht binden, mit Zitronensaft und Zucker abschmecken und bereitstellen.
• Die Birnen im Teig herausnehmen, dekorativ anrichten, mit der Sauce überziehen und sofort servieren.

Quarkstrudelauflauf

• 250 g feines Weizenmehl • 2 EL Olivenöl • 1 Ei • etwa 1/8 l lauwarmes Wasser • Olivenöl zum Bestreichen • 400 g Magerquark • 1 Schuss Sahne • 4 Eier • 125 g geriebenen Edelpilzkäse • Salz • Pfeffer aus der Mühle • 1 Prise Muskat • 1 Prise Cayennepfeffer • 1 Prise Zucker • 2 Hand voll frische Kräuter (Kresse, Dill, Schnittlauch, Petersilie)

• Das Weizenmehl mit dem Olivenöl und dem Ei sowie dem lauwarmen Wasser auf eine Arbeitsfläche geben und einen glatten, kompakten Strudelteig herstellen.
• Den Strudelteig gut durchkneten, mit Olivenöl bestreichen, in eine Schüssel geben, ein Tuch darüberlegen und an einem warmen Ort 1/2 Stunde ruhen lassen.
• Anschließend den Teig auf einem bemehlten, sauberen Küchentuch hauchdünn ausrollen und ausziehen.
• Den Magerquark mit der Sahne und den Eiern verrühren, den geriebenen Edelpilzkäse untermischen, mit Salz, Pfeffer, Muskat, Cayennepfeffer und Zucker kräftig abschmecken.
• Die verlesenen, gewaschenen und fein gehackten Kräuter unter die Quarkmasse ziehen und diese gleichmäßig auf dem Strudelteig verteilen.
• Den Strudel zusammenrollen und in eine ausgefettete Auflaufform legen. Anschließend im auf 180-200° C vorgeheizten Backofen 40-45 Minuten garen.
• Nach Ende der Garzeit den Quarkstrudelauflauf herausnehmen, dekorativ anrichten, ausgarnieren und sofort servieren.

DEFTIGER CHICORÉEAUFLAUF

• 1-2 EL Butter oder Margarine • 4 Scheiben Fleischkäse • 500 g Chicorée • 200 g Cocktailtomaten • Saft von 1 Zitrone • Salz • Pfeffer aus der Mühle • 1 EL Oregano • 1 TL Basilikum • 1 Tasse Sahne • 2-3 Eier • 150 g geriebenen Emmentaler Käse • 1 Prise Muskat • einige Zitronenschalenstreifen • Kräuterzweige zum Garnieren

• Die Butter oder Margarine in einer Auflaufform erhitzen und den Fleischkäse darin kurz anbraten.
• Den Chicorée putzen, halbieren, den Strunk herausschneiden, waschen, gut abtropfen lassen und auf den Fleischkäse legen.
• Die Cocktailtomaten waschen, halbieren oder vierteln und ebenfalls auf den Fleischkäse geben.
• Das Ganze mit Zitronensaft beträufeln, mit Salz, Pfeffer, Oregano und Basilikum bestreuen.
• Die Sahne mit den Eiern und dem geriebenen Emmentaler Käse verrühren, mit Salz, Pfeffer und Muskat kräftig abschmecken und auf das Gemüse verteilen.
• Den Chicoréeauflauf im auf 180-200° C vorgeheizten Backofen 15-20 Minuten garen. Nach Ende der Garzeit herausnehmen, dekorativ anrichten, mit den Zitronenschalenstreifen bestreuen, mit Kräuterzweigen ausgarnieren und servieren.

WIRSINGAUFLAUF MIT SCHINKEN

• 2 kleine Wirsingköpfe • 3/8 l Gemüsebrühe • 50 g Butter oder Margarine • 50 g Mehl • 1 Becher Sahne • Salz • Pfeffer aus der Mühle • 1 Prise Muskat • 1 Prise Cayennepfeffer • einige Tropfen Zitronensaft • einige Tropfen Worcestersauce • 200 g geriebenen Butterkäse • 200 g geräucherten Schinken • rote Pfefferkörner und Kräuterzweige zum Garnieren

• Die Wirsingköpfe halbieren, den Strunk herausschneiden, anschließend die Wirsingköpfe in grobe Stücke schneiden, waschen, abtropfen lassen und bereitstellen.
• Die Gemüsebrühe in einen Topf geben, zum Kochen bringen. Den Wirsing vorsichtig einlegen und bissfest garen. Herausnehmen, gut abtropfen lassen und bereitstellen.
• Die Gemüsebrühe durch ein feines Küchentuch passieren und erkalten lassen.
• Die Butter oder Margarine in einem Topf erhitzen und das Mehl mit dem Schneebesen einrühren. Es dürfen sich keine Klumpen gebildet haben.
• Die kalte Gemüsebrühe mit der Sahne angießen, das Ganze zu einer sämigen Sauce verkochen.
• Anschließend die Sauce mit Salz, Pfeffer, Muskat, Cayennepfeffer, Zitronensaft und Worcestersauce kräftig abschmecken.
• Die Sauce durch ein Sieb passieren, erkalten lassen und den geriebenen Butterkäse untermischen.
• Den Wirsing in eine ausgefettete Auflaufform schichten, mit der Käsesauce überziehen. Den in Würfel geschnittenen Schinken gleichmäßig darauf verteilen und das Ganze im auf 200° C vorgeheizten Backofen 20 Minuten garen.
• Nach Ende der Garzeit den Wirsingauflauf dekorativ anrichten, mit roten Pfefferkörnern bestreuen, mit Kräuterzweigen ausgarnieren und sofort servieren.

Scharfer Nudel-Auberginenauflauf

• 300 g Penne oder andere Nudeln • Salzwasser • einige Tropfen Olivenöl • 1-2 EL Olivenöl • 1 Zwiebel • 2 Knoblauchzehen • 500 g Auberginen • 1-2 rote Peperoni • 4-6 Tomaten • Salz • Pfeffer aus der Mühle • 1 Prise Cayennepfeffer • 1 Prise Zucker • 1 Schuss Weißwein • 2 Tassen geriebenen Parmesankäse • Kräuterzweige zum Garnieren

• Die Nudeln im Salzwasser mit dem Olivenöl bissfest garen, abgießen, abschrecken, gut abtropfen lassen und bereitstellen.
• Das Olivenöl in einer Pfanne erhitzen und die geschälte und fein gehackte Zwiebel darin glasig schwitzen.
• Die Knoblauchzehen schälen, fein hacken, zur Zwiebel geben und mitschwitzen.
• Die Auberginen putzen, in mundgerechte Würfel schneiden, zu den Knoblauchzehen geben und kurz braten.
• Die Peperoni putzen, halbieren, entkernen, klein schneiden, zu den Auberginen geben und kurz mitschwitzen.
• Die Tomaten enthäuten, entkernen, in Würfel schneiden und ebenfalls unter die Auberginen heben. Das Ganze mit Salz, Pfeffer, Cayennepfeffer und Zucker abschmecken.
• Die Auberginen-Tomaten-Masse mit Weißwein aromatisieren und einmal aufkochen lassen.
• Die Penne in eine ausgefettete Auflaufform schichten, mit der Auberginensauce überziehen, mit dem geriebenen Parmesankäse bestreuen und im auf 180-200° C vorgeheizten Backofen 10-12 Minuten garen.
• Nach Ende der Garzeit den Scharfen Nudel-Auberginenauflauf dekorativ anrichten, mit Kräuterzweigen ausgarnieren und sofort servieren.

Apfel-Nuss-Lasagne

• 300 g Lasagneplatten • Salzwasser • einige Tropfen Olivenöl • 1-2 EL Butter oder Margarine • 400 g süßsäuerliche Äpfel • Saft von 1 Zitrone • 75 g gehackte Mandeln • 75 g gehackte Walnüsse • 75 g gehackte Haselnüsse • 2-3 EL Zucker • 1 EL Zimtpulver • 1 Schuss Weißwein • Saft von 1 Orange • 2 Becher Joghurt • 125 g geriebenen Butterkäse • 150 g Mozzarellakäse

• Die Lasagneplatten im Salzwasser mit dem Olivenöl bissfest garen, abgießen, abschrecken, gut abtropfen lassen und bereitstellen.
• Die Butter oder Margarine in einer Pfanne erhitzen und die geschälten, entkernten und in Würfel oder Scheiben geschnittenen Äpfel darin kurz anschwitzen.
• Die gehackten Nüsse untermischen, das Ganze mit Zucker und Zimt bestäuben, mit Weißwein ablöschen und den Orangensaft einrühren.
• Den Joghurt mit dem geriebenen Butterkäse vermischen und je nach Geschmack mit etwas Zucker süßen.
• Eine Auflaufform ausfetten, schichtweise die Lasagneplatten, die Apfel- und Joghurt-Käse-Mischung einfüllen.
• Den Mozzarellakäse in Scheiben schneiden, ganz zum Schluß obenauf legen und das Ganze im auf 180-200° C vorgeheizten Backofen in 30 Minuten backen.
• Nach Ende der Backzeit die Apfel-Nuss-Lasagne herausnehmen, anrichten, ausgarnieren und sofort servieren.

Deftiger Zucchini-Kartoffelauflauf

• 400 g Kartoffeln • 400 g Zucchini • 1/2 l Gemüsebrühe • 1 Tasse Milch • 2 Eier • 1 Tasse geriebenen Butterkäse • Salz • Pfeffer aus der Mühle • 1 Prise Muskat • 1-2 EL Butter • 75 g durchwachsenen, geräucherten Speck • 200 g gekochtes oder gebratenes Rindfleisch • 2 Zwiebeln • 2 rote Paprikaschoten • 100 g frische Champignons • Saft von 1 Zitrone • 1 Prise Cayennepfeffer • 2 Tassen geriebene Semmelbrösel • 2 Tassen geriebenen Emmentaler Käse • 1 Hand voll Kräuter (Basilikum, Oregano, Kresse)

• Die Kartoffeln schälen und würfeln. Die Zucchini putzen und ebenfalls würfeln.
• Die Gemüsebrühe erhitzen und die Kartoffeln darin 15 Minuten garen.
• Die Zucchiniwürfel dazugeben und weitere 8-10 Minuten köcheln lassen.
• Die Zucchini-Kartoffeln abgießen und durch die Kartoffelpresse treiben.
• Die Masse mit Milch, den Eiern und dem geriebenen Butterkäse vermischen, mit Salz, Pfeffer und Muskat kräftig abschmecken.
• Die Butter erhitzen, den in feine Würfel geschnittenen Speck darin braten.
• Das Rindfleisch in Würfel schneiden, mit den geschälten und fein gehackten Zwiebeln zum Speck geben und kurz mitbraten.
• Die Paprikaschoten putzen, halbieren, entkernen, waschen, gut abtropfen lassen, in Würfel schneiden, zum Fleisch geben und kurz dünsten.
• Die Champignons putzen, klein schneiden, mit Zitronensaft beträufeln, zum Fleisch geben und mitschwitzen und mit Salz, Pfeffer und Cayennepfeffer würzen.
• Die Hälfte des Kartoffel-Zucchini-Breies in eine ausgefettete Auflaufform streichen, die Fleisch-Gemüse-Masse gleichmäßig darauf verteilen und mit der restlichen Kartoffel-Zucchini-Masse abdecken.
• Mit einem feuchten Messer die Kartoffelmasse glatt streichen und anschließend das Ganze mit den geriebenen Semmelbröseln und dem Emmentaler bestreuen.
• Den Auflauf im auf 200° C vorgeheizten Backofen 20 Minuten garen.
• Nach Ende der Garzeit den Auflauf herausnehmen, anrichten, mit den fein gehackten Kräutern bestreuen, ausgarnieren und sofort servieren.

Broccoliauflauf mit Speck

1 kg Broccoli • 3/4 l Gemüsebrühe • 250 g geräucherten, durchwachsenen Speck • 1/4 l süße Sahne • 1 Ei • Salz • weißen Pfeffer aus der Mühle • 125 g Lyoner • Butter für die Form • 3 EL Butter • 3 EL Mehl • 1/8 l Milch • 3 Eier • 75 g fein geriebenen Gouda • Kräuterzweige zum Garnieren

• Den Broccoli in Röschen zerteilen und in der Brühe in 15 Minuten bissfest garen.
• Den Speck in feine Würfel schneiden und in einer trockenen Pfanne auslassen.
• Die Sahne mit dem Ei glatt rühren, mit Salz und Pfeffer würzen und die Speckwürfel unterrühren, die in Streifen geschnittene Lyoner dazugeben.
• Eine Form ausfetten und die Hälfte der Eiermasse einfüllen. Die Broccoliröschen, den Speck und die Lyoner einlegen einlegen und die restliche Eiermasse einfüllen.
• Die Butter erhitzen, das Mehl einrühren und die Milch dazugießen. Rühren, bis eine sämige Sauce entstanden ist. Den Käse mit dem Eigelb verrühren, das Eiweiß zu Schnee schlagen und unterheben, mit Salz und Pfeffer würzen, über den Broccoli gießen und im auf 200° C vorgeheizten Backofen 40 Minuten backen.
• Herausnehmen, anrichten, mit Kräuterzweigen ausgarnieren und sofort servieren.

Hackfleisch-Strudelauflauf

• 250 g feines Weizenmehl • 2 EL Olivenöl • 1 Ei • etwa 1/8 l lauwarmes Wasser • Olivenöl zum Bestreichen • 1-2 EL Butterschmalz • 600 g gemischtes Hackfleisch • 1 Zwiebel • 1 Stange Lauch • 1 rote Paprikaschote • 1 grüne Paprikaschote • Salz • Pfeffer aus der Mühle • 1 EL Majoran • 1 TL Thymian • 1 EL Paprikapulver • 1 Prise Cayennepfeffer • 150 g geriebenen Käse • 1 Hand voll Kräuter (Petersilie, Basilikum, Oregano, Melisse)

• Das Weizenmehl mit dem Olivenöl, dem Ei und dem Wasser zu einem kompakten Strudelteig verarbeiten.
• Den Strudelteig mit Olivenöl bestreichen und an einem warmen Ort zugedeckt 1/2 Stunde ruhen lassen.
• Den Teig auf einem bemehlten, Küchentuch hauchdünn ausrollen und ausziehen.
• Das Butterschmalz in einer Pfanne erhitzen und das Hackfleisch darin unter ständigem Rühren braten.
• Die Zwiebel schälen, in Würfel schneiden, den Lauch putzen und würfeln.
• Die Paprikaschoten halbieren, entkernen, in Würfel schneiden, mit den Zwiebeln und dem Lauch zum Fleisch geben und mitbraten.
• Die Masse mit Salz, Pfeffer, Majoran, Thymian, Paprikapulver und Cayennepfeffer kräftig abschmecken, vom Feuer nehmen und leicht erkalten lassen.
• Den geriebenen Käse mit den verlesenen, gewaschenen und fein gehackten Kräutern unter die Masse ziehen und diese auf dem Strudelteig verteilen.
• Den Strudel zusammenrollen, in eine ausgefettete Auflaufform legen und im auf 180-200° C vorgeheizten Backofen in 40-45 Minuten garen.
• Nach Ende der Garzeit den Hackfleisch-Strudelauflauf herausnehmen, dekorativ anrichten, ausgarnieren und sofort servieren.

Kartoffelauflauf mit Fleischwurst

• 800 g Kartoffeln • 2 EL Butter oder Margarine • 1 große Zwiebel • je 1/2 rote, gelbe und grüne Paprikaschote • 1 Zucchini • 400 g Fleischwurst • 1 Tasse Gemüsebrühe • Salz • Pfeffer aus der Mühle • 1/2 l gebundene Helle Sauce • 1 Becher saure Sahne • 250 g geriebenen Gouda • 1-2 TL Kräuter der Provence • 1/2 Tasse gemischte, gehackte Kräuter

• Die Kartoffeln schälen und in dünne Scheiben schneiden.
• Die Butter oder Margarine in einer Auflaufform glasig schwitzen und die in feine Würfel geschnittene Zwiebel darin glasig schwitzen.
• Die Paprikaschoten putzen, halbieren, entkernen, in feine Würfel schneiden, mit den Kartoffelscheiben zur Zwiebel geben und mitschwitzen.
• Die Zucchini und die Fleischwurst würfeln, zum Gemüse geben und mitschwitzen.
• Mit der Gemüsebrühe ablöschen, mit Salz und Pfeffer würzen und in eine Auflaufform füllen.
• Die gebundene Helle Sauce mit der Sahne und dem Käse verrühren, mit Salz, Pfeffer und den Kräutern der Provence abschmecken und gleichmäßig auf dem Gemüse verteilen.
• Das Ganze im auf 180-200° C vorgeheizten Backofen in 25-30 Minuten garen.
• Den Auflauf mit den Kräutern bestreuen, ausgarnieren und sofort servieren.

Sauerkrautauflauf

• 250 g Magerquark • 50 g Mehl • 1 Becher Sahnedickmilch • 4 Eier • 100 g geriebenen Parmesankäse • 1 TL Sojasauce • 2 cl Cognac • 1 Stange Lauch • 200 g gekochten Schinken • 2 EL Butter • Butter für die Form • 500 g Sauerkraut • je 1/2 Bund Estragon und Majoran • Salz • Pfeffer aus der Mühle • 1 Eiweiß • 2-3 EL Schnittlauchröllchen

• Aus dem Magerquark, dem Mehl, der Sahnedickmilch und den Eiern einen Teig rühren.
• Den geriebenen Parmesankäse, die Sojasauce und den Cognac unter den Teig mischen.
• Den Lauch putzen, waschen, in feine Ringe schneiden und in der erhitzten Butter kurz anbraten.
• Den Schinken in Würfel schneiden, zum Lauch geben und ebenfalls mitbraten.
• Eine Auflaufform mit der Butter ausfetten, zwei Drittel des Teiges einfüllen und das Sauerkraut locker darauf geben.
• Die Kräuter verlesen, waschen, klein schneiden, über das Sauerkraut streuen, mit Salz und Pfeffer würzen und die Schinken-Lauch-Masse darauf verteilen.
• Das Eiweiß zu steifem Schnee schlagen, unter den restlichen Teig heben und auf dem Auflauf verteilen.
• Im auf 200° C vorgeheizten Backofen 45-50 Minuten backen, dekorativ anrichten, mit den Schnittlauchröllchen bestreuen und servieren.

Deftiger Hackfleischauflauf mit Pilzen

• 2-3 EL Olivenöl • 400 g Hackfleisch • 1 Zwiebel • 1 Bund Suppengemüse • 1 Tasse Gemüsebrühe • 2 Zucchini • 500 g frische Pfifferlinge • Saft von 1 Zitrone • 4-6 Tomaten • 500 g bissfest gegarte Gabelspaghetti • Salz • Pfeffer aus der Mühle • 1 Prise Muskat • 1 Prise Cayennepfeffer • 1 Bund Oregano • 1 Bund Basilikum • Butter für die Form • 200 g Butterkäse in Scheiben

• Das Olivenöl in einer Pfanne erhitzen und das Hackfleisch darin unter ständigem Rühren braten.
• Die Zwiebel schälen und hacken, das Suppengemüse putzen und fein würfeln, beides zum Fleisch geben und kurz mitbraten.
• Die Gemüsebrühe angießen und das Ganze bei mäßiger Hitze 10 Minuten dünsten.
• Die Zucchini putzen, in Würfel oder Scheiben schneiden. Die Pfifferlinge verlesen, putzen, je nach Bedarf klein schneiden, mit Zitronensaft beträufeln, mit den Zucchini zum Fleisch geben und kurz mitgaren.
• Die Tomaten enthäuten, entkernen und das Fruchtfleisch in Streifen schneiden, ebenfalls zum Fleisch geben und alles kräftig erhitzen.
• Die bissfest gegarten Gabelspaghetti unterheben. Das Ganze mit Salz, Pfeffer, Muskat und Cayennepfeffer abschmecken und die verlesenen, gewaschenen und fein gehackten Kräuter untermischen.
• Das Gemüse mit den Gabelspaghetti in eine ausgefettete Auflaufform füllen, mit dem in Streifen geschnittenen Käse gitterartig belegen. Im auf 180-200° C vorgeheizten Backofen überbacken, bis der Käse geschmolzen und goldbraun ist.
• Den Deftigen Hackfleischauflauf mit Pilzen herausnehmen, ausgarnieren und sofort servieren.

Deftiger Weisskohlauflauf

• 1-2 EL Butterschmalz • 2 Zwiebeln • 125 g durchwachsenen, geräucherten Speck • 1 kleinen Kopf Weißkohl • 1/4 l Gemüsebrühe • Salz • Pfeffer aus der Mühle • 1 Prise Kümmel • 1 Prise Muskat • 1 kg mehligkochende Kartoffeln • 1/4 l Milch • 1/2 Becher Sahne • 125 g geriebenen Gouda • Butter oder Margarine für die Form • 12-16 Scheiben Frühstücksspeck • 1 Tasse gemischte, gehackte Kräuter

• Das Butterschmalz in einer Pfanne erhitzen und die geschälten und fein gehackten Zwiebeln darin glasig schwitzen.
• Den in feine Würfel geschnittenen Speck zu den Zwiebeln geben und mitbraten.
• Den geputzten und in Streifen geschnittenen Weißkohl dazugeben und unter ständigem Rühren braten.
• Mit der Gemüsebrühe auffüllen, das Ganze mit Salz, Pfeffer, Kümmel und Muskat würzen, bei mäßiger Hitze 10-15 Minuten köcheln lassen, vom Feuer nehmen und bereitstellen.
• Die Kartoffeln in Salzwasser garen, abgießen, pellen und durch die Kartoffelpresse treiben.
• Das Püree mit Milch und Sahne glatt rühren und 2/3 des Käses untermischen.
• Eine Auflaufform mit Butter oder Margarine ausfetten, die Hälfte des Kartoffelbreis einfüllen, den Weißkohl gleichmäßig darauf verteilen und mit der restlichen Kartoffelmasse überziehen. Glatt streichen, mit dem restlichen Käse bestreuen und im auf 180-200° C vorgeheizten Backofen 10-15 Minuten backen.
• Die Frühstücksspeckscheiben in einer Pfanne kross braten, den Weißkohlauflauf damit belegen, mit den gehackten Kräutern bestreuen, ausgarnieren und servieren.

Deftige Birnen

• 8 große, säuerliche Birnen • Saft von 1 Zitrone • 200 g Rinderhack • 1 Zwiebel • 1 TL Majoran • 1 Prise Salbei • Salz • Pfeffer aus der Mühle • 1 Prise Zucker • 125 g geriebenen Gouda • Butter oder Margarine für die Form • 1 Schuss Sherry medium • 1/4 l Gemüsebrühe • Kräuterzweige zum Garnieren

• Die Birnen waschen, halbieren, entkernen und aushöhlen.
• Das ausgehöhlte Fruchtfleisch fein hacken, mit Zitronensaft beträufeln und mit dem Hackfleisch in eine Schüssel geben.
• Die Zwiebel schälen, sehr fein hacken, mit dem Majoran und dem Salbei zum Fleisch geben und alles zu einer glatten Masse verarbeiten.
• Die Masse mit Salz, Pfeffer und Zucker kräftig abschmecken und zwei Drittel des geriebenen Käses untermischen.
• Die Masse gleichmäßig in die Birnen füllen und diese in eine ausgefettete Auflaufform setzen.
• Das Ganze mit Sherry und Gemüsebrühe angießen, mit dem restlichen Käse bestreuen und im auf 180-200° C vorgeheizten Backofen in 30 Minuten garen.
• Nach Ende der Garzeit die Deftigen Birnen herausnehmen, anrichten, mit Kräuterzweigen ausgarnieren und sofort servieren.

Überbackene Bananen

• 4 Bananen • Saft von 1 Zitrone • 1-2 EL Butterschmalz • 4 Zwiebeln • 2-3 EL Honig • 1/2 Tasse Sojasauce • Salz • Pfeffer aus der Mühle • 1 Prise Cayennepfeffer • 150 g gekochten Schinken • 150 g gut schmelzenden Käse in Scheiben • Bananenscheiben und geröstete Mandelblättchen zum Garnieren

• Die Bananen schälen, in Scheiben schneiden und mit Zitronensaft beträufeln, die Zwiebeln schälen und fein würfeln.
• Das Butterschmalz in einer Auflaufform erhitzen und die Zwiebeln darin unter ständigem Rühren braten.
• Die Bananenscheiben dazugeben, den Honig darüber träufeln und die Sojasauce angießen.
• Das Ganze mit Salz, Pfeffer und Cayennepfeffer kräftig abschmecken und mit dem in Streifen geschnittenen Schinken bestreuen.
• Den Käse gitterförmig darauf legen und das Ganze im auf 180-200° C vorgeheizten Backofen in 10-15 Minuten garen.
• Nach Ende der Garzeit den Auflauf herausnehmen, mit Bananenscheiben ausgarnieren, mit den Mandelblättchen bestreuen und sofort servieren.

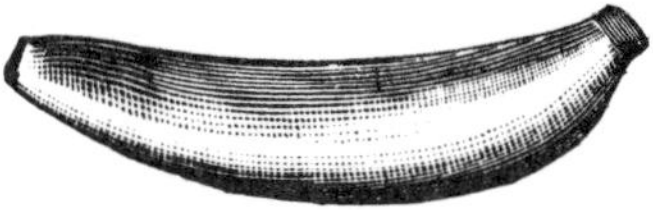

Sauerkrautauflauf mit Cabanossi

• 500 g Kartoffeln • 200 g Cabanossi • 100 g Emmentaler • 1 Apfel • 1 Birne • 1 EL Butter für die Form • 500 g Sauerkraut • 4 Eier • 1/2 l Milch • Salz • schwarzen Pfeffer aus der Mühle • 1 Bund Petersilie

• Die Kartoffeln am Vortag in Salzwasser kochen und erkalten lassen. Für die Zubereitung die Kartoffeln pellen und in Scheiben schneiden, die Cabanossi ebenfalls in Scheiben schneiden und den Käse fein würfeln.
• Den Apfel und die Birne schälen, das Kerngehäuse herausschneiden und das Fruchtfleisch grob raspeln.
• Eine feuerfeste Form mit der Butter ausfetten und lagenweise das Sauerkraut, die Kartoffeln, die Cabanossi, das Obst und die Käsewürfel einfüllen, mit Sauerkraut abschließen.
• Die Eier mit der Milch verquirlen, mit Salz und Pfeffer würzen und über den Auflauf gießen.
• Im auf 200-220° C vorgeheizten Backofen 60-65 Minuten backen, herausnehmen, dekorativ anrichten, mit der verlesenen, fein gehackten Petersilie bestreuen und servieren.

Pikanter Nudelauflauf

• 200 g bunte Nudeln • Salzwasser • einige Tropfen Olivenöl • 1-2 EL Butterschmalz • 2 Knoblauchzehen • 500 g gemischtes Hackfleisch • 2 Zwiebeln • 2-3 EL Tomatenmark • 1 große Dose geschälte Tomaten • 1 TL Kräuter der Provence • Salz • Pfeffer aus der Mühle • 1 Tasse Gemüsebrühe • 1/2 Bund Petersilie • 2 Karotten • je 250 g Blumenkohlröschen und grüne Bohnen (TK-Produkt) • 125 g geriebenen Edamer

• Die bunten Nudeln in Salzwasser mit dem Olivenöl bissfest garen, abgießen, abschrecken, gut abtropfen lassen und bereitstellen.
• Das Butterschmalz in einer Pfanne erhitzen und die geschälten und fein gehackten Knoblauchzehen darin anschwitzen.
• Das Hackfleisch dazugeben und unter ständigem Rühren braten.
• Die Zwiebeln schälen, fein hacken, zum Fleisch geben und kurz mitbraten.
• Das Tomatenmark einrühren, die geschälten Tomaten mit einer Gabel zerdrücken, zum Fleisch geben und mit Kräutern der Provence, Salz und Pfeffer abschmecken.
• Die Gemüsebrühe angießen und die Sauce bei mäßiger Hitze 10-15 Minuten köcheln lassen, nochmals abschmecken und die verlesene, gewaschene und fein gehackte Petersilie untermischen.
• Die Karotten schälen, grob raspeln, mit den Broccoliröschen und den Bohnen zum Fleisch geben und kurz dünsten.
• Ganz zum Schluss die Nudeln unterheben und das Ganze in eine ausgefettete Auflaufform geben.
• Mit dem geriebenen Edamer bestreuen und im auf 180-200° C vorgeheizten Backofen in 10-15 Minuten garen.
• Nach Ende der Garzeit den Pikanten Nudelauflauf herausnehmen, anrichten, ausgarnieren und servieren.

Nudeltopf mit Kasseler

• 150 g Bandnudeln • Salzwasser • einige Tropfen Olivenöl • 2-3 EL Butter oder Margarine • 1 Zwiebel • 150 g Kasseler • 1 Schuss Weißwein • 2 Becher Sahnedickmilch • 5 Eier • Salz • Pfeffer aus der Mühle • 1 Prise Muskat • 1 Prise Kümmel • 1 Prise Cayennepfeffer • 2-3 EL Semmelbrösel • 50 g geriebenen, gut schmelzenden Käse • Zitronenmelisse zum Garnieren

• Die Nudeln im Salzwasser mit dem Olivenöl bissfest garen, abgießen, abschrecken und gut abtropfen lassen.
• Die Butter oder Margarine in einer Auflaufform erhitzen und die fein gehackte Zwiebel darin glasig schwitzen.
• Das Kasseler würfeln, zur Zwiebel geben und kurz mitbraten.
• Mit Weißwein ablöschen, die Nudeln dazugeben, kurz durchschwenken und anschließend in eine ausgefettete Auflaufform geben.
• Die Sahnedickmilch mit den Eiern in einer Schüssel verschlagen. Mit Salz, Pfeffer, Muskat, Kümmel und Cayennepfeffer abschmecken, die Semmelbrösel mit dem geriebenen Käse hinein rühren und auf dem Kasseler-Nudeltopf verteilen.
• Das Ganze im auf 180-200° C vorgeheizten Backofen 15-20 Minuten backen. Herausnehmen, anrichten, mit Zitronenmelisseblättchen bestreuen und servieren.

Matjesauflauf

• 4 Matjesfilets • 1 Tasse Mineralwasser • 2-3 EL Olivenöl • 250 g Lauchzwiebeln • 750 g gekochte Kartoffeln • 2 Becher Sahnedickmilch • Salz • Pfeffer aus der Mühle • 2-3 El Butter oder Margarine • 2-3 EL Semmelbrösel • 1 Bund Schnittlauch

• Die Matjesfilets waschen, gut abtropfen lassen, in eine Schüssel geben, mit dem Mineralwasser bedecken und im Kühlschrank mindestens 1/2 Stunde ziehen lassen.
• Das Olivenöl in einer Pfanne erhitzen und die geputzten und klein geschnittenen Lauchzwiebeln darin anschwitzen.
• Die Kartoffeln pellen, in Würfel schneiden, mit den Lauchzwiebeln vermischen und in eine ausgefettete Auflaufform geben.
• Die Matjesfilets in Stücke schneiden und unter den Auflauf heben.
• Die Sahnedickmilch mit der Buttermilch verrühren, mit Salz und Pfeffer kräftig würzen und gleichmäßig auf dem Auflauf verteilen.
• Einige Butter oder Margarineflöckchen auf den Auflauf setzen und das Ganze mit Semmelbröseln bestreuen.
• Den Auflauf im auf 200° C vorgeheizten Backofen 15 Minuten backen, herausnehmen, anrichten und mit frisch geschnittenem Schnittlauch bestreut servieren.

Emmentaler Kartoffelauflauf

• 1 kg Kartoffeln • 2-3 EL Butter • 100 g Speck • 200 g gekochten Schinken • 2 Zwiebeln • 1 Tasse Gemüsebrühe • 1 Lorbeerblatt • 1 TL Kümmel • 1 EL Majoran • Salz • Pfeffer aus der Mühle • 1 Becher Sahne • 2 Eier • 200 g geriebenen Emmentaler • 1 Bund Schnittlauch

• Die Kartoffeln schälen und in feine Scheiben schneiden. Die Butter in einer Auflaufform erhitzen und den in feine Würfel geschnittenen Speck darin auslassen, den in Würfel geschnittenen Schinken dazugeben und kurz mitschwitzen.
• Die Zwiebeln schälen, fein hacken, zum Speck geben und mitschwitzen. Die Kartoffelscheiben dazugeben und mitschwitzen. Das Ganze miteinander vermischen.
• Die Gemüsebrühe angießen, das Lorbeerblatt, den Kümmel und den Majoran dazugeben und mit Salz und Pfeffer würzen. Das Gemüse zugedeckt weitere 6-8 Minuten dünsten.
• In der Zwischenzeit die Sahne mit den Eiern und dem Emmentaler verrühren und nochmals mit Salz und Pfeffer würzen. Das Ganze mit der Eier-Käse-Sahne überziehen.
• Den Auflauf in den auf 180-200° C vorgeheizten Backofen schieben und 20-25 Minuten backen. Herausnehmen, anrichten und mit frisch geschnittenem Schnittlauch bestreut servieren.

Husumer Auflauf mit Spargel

• 12 Dorschfilets à 75 g • 400 g Krabben oder Crevetten • Saft von 2 Zitronen • einige Tropfen Worcestersauce • Tropfen Weißwein • Salz • Pfeffer aus der Mühle • 1 Bund Dill • Butter oder Margarine zum Ausfetten • 500 g kleine, gekochte Butterkartoffeln • 500 g bissfest, gegarten Stangenspargel • 1 Tasse Gemüse oder Fischbrühe • 600 g Raclettekäse

• Die Dorschfilets waschen, trockentupfen, mit Zitronensaft, Worcestersauce und Weißwein beträufeln, mit Salz und Pfeffer würzen und 10 Minuten ziehen lassen.
• Die Krabben ebenfalls waschen, mit Zitronensaft, Worcestersauce und Weißwein beträufeln, mit Salz und Pfeffer würzen. Den Dill hacken und mit den Krabben vermischen.
• Eine Auflaufform dick mit Butter oder Margarine ausfetten, die Fischfilets mit den Krabben, den Butterkartoffeln und dem Spargel in der Form anrichten, die Gemüse oder Fischbrühe angießen und mit dem geriebenen Käse bestreuen, im auf 180-200° C vorgeheizten Backofen 15-20 Minuten backen, anrichten, ausgarnieren und mit gehackten Kräutern bestreut servieren.

Lengfischfilet auf Gemüsepüree

• 500 g Lengfischfilets • Saft von 1 Zitrone • einige Tropfen Worcestersauce • Salz • Pfeffer aus der Mühle • 2-3 EL Butter oder Margarine • 1 Zwiebel • 1/4 l Gemüsebrühe • 1 Tasse Weißwein • 500 g Kartoffeln • 300 g Mischgemüse • 3 EL Butter oder Margarine • 1/8 l kochende Milch • 1 EL Kapern • 1 Tasse gemischte, gehackte Kräuter • 1 Prise Muskat • 1 Prise Selleriesalz • 2 große Zwiebeln • 2-3 EL Butter oder Margarine

• Die Lengfischfilets waschen, trockentupfen und in mundgerechte Würfel schneiden. Die Fischwürfel mit Zitronensaft und Worcestersauce beträufeln, mit Salz und Pfeffer würzen und 10 Minuten ziehen lassen.
• Das Fett in einem Topf erhitzen und die fein gehackte Zwiebel glasig schwitzen, mit der Gemüsebrühe und dem Weißwein auffüllen, zum Kochen bringen, die geschälten und klein geschnittenen Kartoffeln sowie das geputzte und klein geschnittene Gemüse dazugeben und darin gar ziehen lassen.
• Die gekochten Kartoffeln und das Gemüse durch die Kartoffelpresse treiben, mit der Butter oder Margarine und der Milch glatt rühren.
• Die Kapern und die gehackten Kräuter unter das Püree ziehen und das Ganze mit Salz, Pfeffer, Muskat und Selleriesalz kräftig abschmecken.
• Die Fischwürfel in der Gemüsebrühe 8-10 Minuten garen, das Püree in eine ausgefettete Auflaufform füllen, die Fischwürfel darauf legen.
• Die Zwiebeln schälen, in Ringe schneiden, mit der Butter oder Margarine in einer Pfanne goldgelb ausbraten, mit dem Käse gleichmäßig auf das Püree verteilen, im Backofen oder unter dem Grill goldgelb überbacken, anrichten, ausgarnieren und servieren.

Seezungenfilets auf Gemüsebett

• 4 küchenfertige Seezungenfilets • einige Tropfen Zitronensaft • einige Tropfen Worcestersauce • Salz • Pfeffer aus der Mühle • 400 g Karotten • 400 g Kohlrabi • 2 Zwiebeln • 1 Fenchelknolle • 1-2 EL Butter oder Margarine • 1/2 l Gemüsebrühe • 1/2 Tasse Obstessig • 1/2 Tasse Weißwein • 4 cl Pernod • 1 Bund Dill • 2 Becher Sahne • 200 g geriebenen Butterkäse

• Die Seezungenfilets mit Zitronensaft und Worcestersauce beträufeln, mit Salz und Pfeffer würzen und 10 Minuten ziehen lassen.
• Die Karotten und die Kohlrabi in Würfel schneiden, die Zwiebeln schälen und ebenfalls in Würfel schneiden. Die Fenchelknolle waschen und in Würfel schneiden.
• Die Butter oder Margarine in einer Auflaufform erhitzen und das Gemüse darin anschwitzen.
• Mit der Gemüsebrühe, dem Obstessig und dem Weißwein auffüllen und das Ganze bei mäßiger Hitze 8-10 Minuten ziehen lassen.
• Den Gemüsesud mit Pernod aromatisieren, mit Salz, Pfeffer, Zitronensaft und Worcestersauce würzen und die Hälfte des zerpflückten Dills dazugeben.
• Die Seezungenfilets auf den Auflauf legen, die Sahne mit Dem Käse vermischen, abschmecken und die Seezungenfilets damit überziehen.
• Das Ganze im auf 180-200° C vorgeheizten Ofen 20 Minuten garen, anrichten, mit dem restlichen gehackten Dill bestreuen, ausgarnieren und servieren.

Makrelen-Lauch-Auflauf

• 2 Zwiebeln • 2-3 Stangen Lauch • 400 g Kartoffeln • 2-3 EL Butter oder Margarine • 1 Glas Weißwein • 1 Tasse Fisch- oder Gemüsebrühe • 1 TL Majoran • 500 g geräucherte Makrelenfilets • Salz weißen • Pfeffer aus der Mühle • 1 Prise Cayennepfeffer • 1 Prise Zucker • einige Tropfen Zitronensaft • einige Tropfen Worcestersauce • 2 Becher Sahne • 200 g geriebenen Emmentaler • 1 Tasse gemischte, gehackte Kräuter

• Die Zwiebeln schälen und in Würfel schneiden. Den Lauch putzen, in Streifen oder Ringe schneiden, waschen und gut abtropfen lassen. Die Kartoffeln waschen, schälen und würfeln
• Die Butter oder Margarine in einer Auflaufform erhitzen und das Gemüse dazu geben und glasig schwitzen.
• Den Weißwein und die heiße Fisch- oder Gemüsebrühe angießen, den Majoran unterrühren und das Ganze 10-15 Minuten garen.
• Die in kleine Stücke geschnittenen Makrelenfilets unterrühren, mit Salz, Pfeffer, Cayennepfeffer und Zucker kräftig würzen, mit etwas Zitronensaft und Worcestersauce abrunden.
• Die Sahne mit dem Käse und den Kräutern vermischen, abschmecken, über den Auflauf geben und im auf 180-200° C vorgeheizten Backofen 20-25 Minuten fertig garen. Heraus nehmen, anrichten, ausgarnieren und servieren.

Hähnchenkeulen auf Kartoffeln

• 4 Hähnchenkeulen • Salz • Pfeffer aus der Mühle • 1 Prise Kümmel • 1 Prise Cayennepfeffer • 2-3 EL Butterschmalz • 2 Zwiebeln • 800 g Kartoffeln • Lorbeerblatt • einige Wacholderbeeren • einige Pfefferkörner • 1 EL Kräuter der Provence • 1 EL Meersalz • 1/4 l Gemüse- oder Hühnerbrühe • 1 Becher Sahnedickmilch • Saft von 1 Zitrone • 150 g geriebenen Gouda • 1 Bund Schnittlauch • 1 Prise Zucker

• Die Hähnchenkeulen waschen und mit Salz, Pfeffer, Kümmel und Cayennepfeffer würzen. Das Butterschmalz in einer Auflaufform erhitzen, die Hähnchenkeulen darin Farbe nehmen lassen, herausnehmen und bereitstellen.

• Die fein gehackten Zwiebeln und die in Scheiben geschnittenen Kartoffeln ins Bratfett geben und kurz anschwitzen, mit dem zerriebenen Lorbeerblatt, den geschroteten Wacholderbeeren und Pfefferkörnern, den Kräutern der Provence und dem Meersalz vermischen, die Hähnchenkeulen darauf legen und mit der Brühe begießen.

• Die Sahnedickmilch mit dem Zitronensaft und dem Käse verrühren, den geschnittenen Schnittlauch untermischen, mit Salz, Pfeffer, Zucker abschmecken.

• Das Ganze auf dem Auflauf verteilen und im auf 180-200° C vorgeheizten Ofen 20 Minuten garen, anrichten, ausgarnieren und servieren.

Tolle Knolle in der Form

• 1,2 kg mittelgroße Kartoffeln • Salzwasser • 2 Lorbeerblätter • 2 EL Kümmel • Olivenöl zum Bestreichen • 2 Becher Sahnedickmilch • 1 Schuss Sahne • 1 Bund Schnittlauch • 1 Kästchen Kresse • Salz • Pfeffer aus der Mühle • 1 Prise Knoblauchpulver • 1 EL grob gemahlenen Kümmel • 200 g geriebenen Emmentaler

• Die Kartoffeln waschen und in einen Topf geben. Das Salzwasser, die Lorbeerblätter und den Kümmel dazugeben und die Kartoffeln bissfest garen. Eine Auflaufform mit Olivenöl bestreichen und die Kartoffeln einsetzen.

• Für die Sauce die Sahnedickmilch mit der Sahne in eine Schüssel geben und glatt rühren.

• Die verlesenen, gewaschenen und fein gehackten Kräuter untermischen, das Ganze mit Salz, Pfeffer, Knoblauchpulver sowie dem grob gemahlenen Kümmel kräftig würzen.

• Die Sauce gleichmäßig über die Kartoffeln verteilen und mit dem Käse bestreuen, das Ganze in dem auf 180-200° C vorgeheizten Backofen 10-15 Minuten überbacken. Den Kartoffelauflauf herausnehmen, anrichten, ausgarnieren und servieren.

Möhren-Hirse-Auflauf

• 1-2 EL Butter oder Margarine • 2 Zwiebeln • 100 g Hirse • 1/4 l Gemüsebrühe • 500 g Möhren • Salz • Pfeffer aus der Mühle • 1 Prise Muskat • einige Tropfen Zitronensaft • einige Tropfen Worcestersauce • 1 Becher Sahne • 2 Becher Joghurt • 2 Eier • 200 g geriebenen Pizzakäse • 1 Tasse gemischte, gehackte Kräuter

• Die Butter oder Margarine in einem Topf erhitzen und die fein gehackten Zwiebeln glasig schwitzen. Die Hirse unter fließendem Wasser abbrausen, gut abtropfen lassen, zu den Zwiebeln geben und kurz mitschwitzen.
• Die Brühe auffüllen und das Ganze unter ständigem Rühren 15-20 Minuten ausquellen lassen. Die Karotten schälen, fein reiben und unter die Hirsemasse heben.
• Die Masse mit Salz, Pfeffer, Muskat, Zitronensaft und Worcestersauce abschmecken. Die Sahne, den Joghurt, die Eier und die Hälfte des Käses sowie die Kräuter unter die Masse rühren und nochmals abschmecken.
• Die Hirsemasse in eine ausgefettete Auflaufform geben und mit dem restlichen Käse bestreuen, im auf 180-200° C vorgeheizten Ofen 20-25 Minuten backen.
• Nach Ende der Backzeit den Möhren-Hirse-Auflauf herausnehmen, anrichten, ausgarnieren und servieren.

Paprika-Salami-Auflauf

• 500 g Kartoffeln • 2 rote Paprikaschoten • 2 grüne Paprikaschoten • 4 Zwiebeln • 150 g Salami • 1/2-1 Tasse Gemüsebrühe • 200 g geriebenen Emmentaler • 1/4 l Milch • 1/8 l Sahne 2 Eier • Salz • Pfeffer aus der Mühle • 1 Prise Cayennepfeffer • 1 Prise Muskat • 1 Prise Paprikapulver • 1-2 EL Butter oder Margarine

• Die Kartoffeln unter fließendem Wasser waschen, abtropfen lassen, schälen und in Würfel schneiden.
• Die Paprikaschoten halbieren, entkernen, waschen und in Würfel schneiden, mit den geschälten, gewürfelten Zwiebeln und der gewürfelten Salami vermischen.
• Das Gemüse in eine gefettete Auflaufform schichten und das Ganze mit geriebenem Käse bestreuen.
• Die Milch mit der Sahne und den Eiern verschlagen und mit den Gewürzen kräftig abschmecken.
• Die Creme gleichmäßig auf das Gemüse verteilen, Butterflöckchen darauf setzen und den Auflauf im auf 180-200° C vorgeheizten Backofen ca. 35-45 Minuten backen.
• Nach Ende der Backzeit den Paprika-Salami-Auflauf herausnehmen, anrichten, ausgarnieren und servieren.

Kartoffelauflauf mit Kalbsbries

• 400 g gekochte Kartoffeln • 200 g bissfest gegarte Karotten • 400 g Tomaten • 1 Zwiebel • 1 Tasse Fleischbrühe • 1 Becher Sahne • 200 g geriebenen Emmentaler • Salz • Pfeffer aus der Mühle • 1 EL Oregano • 1 EL Basilikum • 1 Prise Zucker • Butter- oder Margarineflöckchen • 400 g Kalbsbries • 1 Tasse Weizenmehl • 2 Eier • 1 Tasse Semmelbrösel • 2-3 EL Butter oder Margarine

• Die Kartoffeln pellen, in Würfel schneiden, die Karotten ebenfalls in Würfel schneiden, die Tomaten enthäuten, entkernen und würfeln, die Zwiebel schälen und fein hacken, die Zutaten in eine ausgefettete Auflaufform geben.
• Die Fleischbrühe mit der Sahne und der Hälfte des Käses vermischen, mit Salz, Pfeffer, Oregano, Basilikum und Zucker abschmecken.
• Die Creme gleichmäßig auf das Gemüse verteilen, den restlichen Käse darüber streuen, Butter- oder Margarineflöckchen darauf setzen und den Auflauf im auf 180-200° C vorgeheizten Backofen ca. 15-20 Minuten backen.
• Das küchenfertige Kalbsbries unter fließendem Wasser waschen und trockentupfen. Mit Salz und Pfeffer kräftig würzen.
• Das Kalbsbries im Mehl wenden, die Eier verschlagen und die Semmelbrösel in eine Schüssel geben. Das Kalbsbries zuerst durch das Ei ziehen und anschließend mit den Semmelbröseln panieren.
• Das Fett in einer Pfanne erhitzen und das Kalbsbries goldgelb ausbacken. Herausnehmen, in Scheiben oder Streifen schneiden und dekorativ auf den angerichteten Auflauf legen, ausgarnieren und servieren.

Schwäbischer Filetauflauf

• 6-8 Schweinemedaillons • 1 Prise Thymian • 1 Prise Majoran • 2-3 EL Butter oder Margarine • 1 Schuss Weinbrand • 1 Bund Frühlingszwiebel • 1 rote Paprikaschote • 1 grüne Paprikaschote • 1 EL grüne Pfefferkörner • 600 g gekochte Spätzle • 1/4 l Bratensaft • Salz • Pfeffer aus der Mühle • 1 Prise Cayennepfeffer • 200 g geriebenen Bergkäse • 50 g Romadur • 1 Bund Schnittlauch

• Die Schweinemedaillons unter fließendem Wasser abwaschen, gut abtropfen lassen, mit Thymian und Majoran kräftig würzen.
• Die Margarine in einer Pfanne erhitzen und die Schweinemedaillons darin je nach Geschmack braten und anschließend mit Weinbrand beträufeln. Leicht salzen, pfeffern heraus nehmen und warm stellen.
• Die Frühlingszwiebeln putzen, in feine Ringe schneiden. Die Paprikaschoten entkernen, waschen, gut abtropfen lassen, in dünne Streifen schneiden.
• Das Gemüse ins verbliebene Bratfett geben und glasig schwitzen. Die grünen Pfefferkörner und die Spätzle dazugeben, mit dem Bratensaft auffüllen. Das Ganze bei mäßiger Hitze 2-3 Minuten köcheln lassen, mit Salz, Pfeffer und Cayennepfeffer kräftig abschmecken.
• Die Gemüsespätzle und die Medaillons in einer ausgefetteten Auflaufform anrichten, mit dem in Scheiben oder Würfel geschnittenen Romadur belegen und im auf 180-200° C vorgeheizten Backofen 5-10 Minuten überbacken. Herausnehmen, anrichten, ausgarnieren und mit dem verlesenen, gewaschenen und fein geschnittenen Schnittlauch bestreut servieren.

Wolfgangs Festauflauf

• 4 Schweineherzen • 4 Schweinezüngchen • 2-3 l Gemüsebrühe • 2 Lorbeerblätter • einige Nelken • einige Pfefferkörner • einige Senfkörner • 1 Peperoni • Salz • Pfeffer aus der Mühle • 1 Prise Muskatpulver • 1 Prise Cayennepfeffer • 2 Zwiebeln • 4 Karotten • 1 Stange Lauch • 600 g Kartoffeln • 2 Becher Joghurt • 1 kleines Glas Sahnemeerrettich • 200 g geriebenen Butterkäse

• Die Schweineherzen und die Schweinezüngchen putzen, waschen und trockentupfen. Die Gemüsebrühe in einen Topf geben und zum Kochen bringen.
• Die Lorbeerblätter, die Nelken, die Pfefferkörner, die Senfkörner und die Peperoni dazugeben, mit Salz, Pfeffer, Muskat und Cayennepfeffer würzen und 2-3 Minuten ziehen lassen.
• Die Schweineherzen und die Schweinezüngchen dazugeben und bei mäßiger Hitze 60 Minuten garen.
• Die Zwiebeln schälen und in grobe Würfel schneiden. Die Karotten schälen und ebenfalls würfeln. Den Lauch putzen, waschen, gut abtropfen lassen und in Stücke schneiden. Die Kartoffeln schälen, halbieren oder vierteln.
• Das Gemüse zu dem Fleisch geben und 10-15 Minuten garen. Nach Ende der Garzeit die Schweineherzen und die Züngchen in mundgerechte Würfel schneiden und mit dem Gemüse in eine ausgefettete große Auflaufform schichten.
• 1/4 l Sud abmessen, nochmals abschmecken und über den Auflauf gießen.
• Den Joghurt mit dem Meerrettich und dem Käse vermischen und gleichmäßig auf dem Auflauf verteilen, das Ganze in dem auf 180-200° C vorgeheizten Backofen 30 Minuten garen. Den Festauflauf herausnehmen, ausgarnieren und servieren.

Krumbacher Kartoffelrippchen

• 1 kg dicke Rippe • Salz • Pfeffer aus der Mühle • 1 TL Paprikapulver • 1 EL Majoran • 1 TL Thymian • 2 Knoblauchzehen • 1 TL Salz • 2-3 EL Butterschmalz • 1/4 l Weißwein • 500 g Kartoffeln • 500 g Karotten • 2 Zwiebeln • etwas Gemüsebrühe • 2 Becher Sahne • 200 g geriebenen Emmentaler • Kräuterzweige zum Garnieren

• Die dicke Rippe in acht gleich große Stücke teilen, waschen und trockentupfen. Die Rippchen mit Salz, Pfeffer, Paprika, Majoran und Thymian kräftig würzen.
• Die Knoblauchzehen schälen und mit Salz zu einer Paste zerreiben. Das Fleisch mit der Knoblauchpaste und dem Butterschmalz in eine Auflaufform geben und rundherum Farbe nehmen lassen.
• Während der Garzeit die Fleischteile mehrmals wenden und je nach Bedarf mit etwas Weißwein ablöschen.
• In der Zwischenzeit die Kartoffeln, die Karotten und die Zwiebeln schälen. Das Gemüse in mundgerechte Stücke schneiden, zum Fleisch geben, den restlichen Weißwein angießen, je nach Bedarf mit etwas Gemüsebrühe auffüllen und zugedeckt bei mäßiger Hitze das Ganze 40-50 Minuten schmoren lassen.
• Die Sahne mit dem Käse vermischen über dem Auflauf verteilen und weitere 20 Minuten offen backen.
• Nach Ende der Garzeit die Krumbacher Kartoffelrippchen nochmals abschmecken, anrichten, mit Kräuterzweigen garnieren und servieren.

Karpfenfilets im Kartoffelbett

• 4 Karpfenfilets • einige Tropfen Zitronensaft • einige Tropfen Worcestersauce • Salz • Pfeffer aus der Mühle • 600 g Kartoffeln • 2 Zwiebeln • 1 Becher Crème fraîche • 1/2 Tasse Weizenmehl • 1 Ei • 1 Prise Muskat • 150 g geriebenen Käse • 2-3 EL Butter oder Margarine • 1/2 l gebundene Helle Sauce • 1 Becher saure Sahne • 1 Kästchen Kresse

• Die küchenfertigen Karpfenfilets waschen und trockentupfen, mit Zitronensaft und Worcestersauce beträufeln, mit Salz und Pfeffer würzen und 10-15 Minuten ziehen lassen.
• Die geschälten Kartoffeln und die Zwiebeln grob reiben und in einer Schüssel vermischen. Die Crème fraîche, das Mehl und das Ei dazugeben und zu einem kompakten Teig verarbeiten.
• Die Kartoffelmasse abschmecken, das Butterschmalz erhitzen und 8 einzelne Reibekuchen ausbacken.
• 4 Reibekuchen in eine ausgefettete Auflaufform geben. Die Fischfilets darauf legen und mit den restlichen Reibekuchen bedecken. Mit dem geriebenem Käse bestreuen, im auf 180-200° C vorgeheizten Backofen 15-20 Minuten backen.
• Die Sauce mit der sauren Sahne erhitzen, abschmecken und die gehackte Kresse unterrühren. Die Karpfenfilets im Kartoffelbett anrichten, die Sauce darauf verteilen, ausgarnieren und servieren.

Kartoffelauflauf Biergarten

• 800 g Kartoffeln • 1 EL Kümmel • Salzwasser • 1 Zwiebel • 2 rote Paprikaschoten • 1 Bund Lauchzwiebeln • 200 g Leberkäse • 1/8 l Fleischbrühe • 1 Becher Sahnedickmilch • 1 Tasse Sahne • 2-3 EL mittelscharfen Senf • Salz • Pfeffer aus der Mühle • 1 Prise Zucker • 200 g geriebenen Emmentaler • 1 Bund Petersilie

• Die Kartoffeln unter fließendem Wasser waschen, gut abtropfen lassen und mit dem Kümmel in einen Topf geben. Das Salzwasser angießen und die Kartoffeln darin bissfest garen.
• Die Kartoffeln abgießen, leicht erkalten lassen, pellen, in Scheiben oder Würfel schneiden und in eine Schüssel geben.
• Die Zwiebeln schälen und fein hacken. Die geputzten Paprikaschoten halbieren und in Würfel schneiden.
• Die geputzten Lauchzwiebeln und den Leberkäse ebenfalls in Würfel schneiden und mit den anderen Zutaten vorsichtig unter die Kartoffeln heben.
• Die Fleischbrühe mit der Sahnedickmilch, der Sahne und dem Senf in einer Schüssel glatt rühren, mit Salz, Pfeffer und Zucker kräftig würzen und die Hälfte des geriebenen Käses unterziehen.
• Die Zutaten in eine ausgefettete Auflaufform geben, die Creme gleichmäßig auf das Gemüse verteilen, den restlichen Käse darüber streuen, Butter- oder Margarineflöckchen darauf setzen und den Auflauf im auf 180-200° C vorgeheizten Backofen etwa 15-20 Minuten backen.
• Nach Ende der Backzeit den Kartoffelauflauf herausnehmen, anrichten, ausgarnieren und servieren.

Auflauf mit Seelachs

• 4 Seelachsfilets à 200 g • einige Tropfen Zitronensaft • einige Tropfen Worcestersauce • Salz • Pfeffer aus der Mühle • 1 Zwiebel • 2-3 EL Butter oder Margarine • 1 Knoblauchzehe • 400 g Karotten • 1 große Paprikaschote • 1 Zucchini • 1 Tasse gemischte, gehackte Kräuter • 1 kleines Glas kernlose schwarze Oliven • 1 Glas Weißwein • 1/4 l gebundene Helle Sauce • 1 Becher Crème fraîche mit Kräutern • 100 g Kräuterschmelzkäse • 1 Prise Cayennepfeffer • 1 Prise Muskat • 1 Prise Zucker

• Die küchenfertigen Seelachsfilets unter fließendem Wasser waschen, trockentupfen, in mundgerechte Würfel schneiden, mit Zitronensaft und Worcestersauce beträufeln, mit Salz und Pfeffer würzen und 15 Minuten ziehen lassen.
• Die Butter oder Margarine in einer Auflaufform erhitzen, und die geschälte und fein gehackte Zwiebel glasig schwitzen.
• Die geschälte Knoblauchzehe mit Salz zu einer Paste zerreiben, zu den Zwiebeln geben und ebenfalls kurz mitschwitzen.
• Die geschälten Karotten und den Zucchini in Scheiben schneiden und mit der geputzten und in Streifen geschnittenen Paprikaschote ebenfalls mitbraten.
• Die Oliven dazugeben und das Ganze mit Weißwein und Gemüsebrühe auffüllen. Die gehackten Kräuter untermischen, das Gemüse mit Salz, Pfeffer, Cayennepfeffer und Muskat kräftig abschmecken.
• Die Seelachsfilets zum Gemüse geben, die Helle Sauce mit der Crème fraîche mit Kräutern und dem Kräuterschmelzkäse verrühren und über den Auflauf geben, das Ganze in dem auf 180-200° C vorgeheizten Backofen 25-30 Minuten garen.
• Den Auflauf mit Seelachs herausnehmen, anrichten, ausgarnieren und servieren.

Hähnchenauflauf mit Safran

• 500 g gekochtes Hähnchenfleisch • 250 g Karotten • 500 g Kartoffeln • 1 kleine Sellerieknolle • 1 Stange Lauch • 2 Zwiebeln • 1/2 l Gemüsebrühe • 1 Dose Champignonköpfe • 1/2 l gebundene Helle Sauce • 1 Bund Petersilie • 1 Bund Schnittlauch • 1 Msp. Safran • Salz • weißen Pfeffer aus der Mühle • einige Tropfen Zitronensaft • einige Tropfen Worcestersauce • Butter- oder Margarineflöckchen • 200 g geriebenen Butterkäse • 1 Bund Schnittlauch

• Das Hähnchenfleisch in Würfel schneiden und bereit stellen. Die Karotten, die Kartoffeln und den Sellerie schälen und in Würfel bzw. in Stifte schneiden.
• Den Lauch putzen, waschen und in Ringe schneiden. Das Gemüse in der erhitzten Brühe 10 Minuten garen, heraus nehmen, gut abtropfen lassen und mit dem Fleisch, den geschälten und fein gehackten Zwiebeln und den abgetropften Champignonköpfen in eine ausgefettete Auflaufform geben.
• Die Helle Sauce mit den gehackten Kräutern vermischen, mit Safran, Salz, Pfeffer, Zitronensaft und Worcestersauce abschmecken und die Hälfte des Käses untermischen.
• Die Sauce gleichmäßig auf das Gemüse verteilen, den restlichen Käse darüber streuen, Butter- oder Margarineflöckchen darauf setzen und den Auflauf im auf 180-200° C vorgeheizten Backofen etwa 10-15 Minuten backen.
• Nach Ende der Backzeit den Hähnchenauflauf mit Safran herausnehmen, anrichten, ausgarnieren, mit frisch geschnittenem Schnittlauch bestreuen und servieren.

Kartoffelauflauf mit Eisbergsalat

• 600 g Kartoffeln • 1 TL Kümmel • Salzwasser • 1 Kopf Eisbergsalat • 1 Kopf Radicchiosalat • 2 Bund Radieschen • 1 rote und 1 grüne Paprikaschote • 1 kleines Glas schwarze Oliven • 4 Becher Joghurt • 4 Eier • 200 g geriebenen Butterkäse • Salz • Pfeffer aus der Mühle • 1 Prise Muskat • 1 Prise Cayennepfeffer • Butter- oder Margarineflöckchen • 1 Bund Schnittlauch

• Die Kartoffeln unter fließendem Wasser abwaschen, gut abtropfen lassen und mit dem Kümmel in einen Topf geben. Das Salzwasser angießen und die Kartoffeln darin bissfest garen.
• Die Kartoffeln abgießen, erkalten lassen, pellen, würfeln und in eine Schüssel geben.
• Die Blattsalate verlesen, waschen, abtropfen lassen und in dicke Streifen schneiden. Die Radieschen waschen und in Scheiben schneiden. Die Paprikaschoten halbieren, entkernen, waschen und in feine Streifen schneiden.
• Die Oliven abtropfen lassen und mit den restlichen Zutaten zu den Kartoffeln geben und vorsichtig miteinander vermengen.
• Den Joghurt mit den Eiern und der Hälfte des Käses vermischen, mit Salz, Pfeffer, Muskat und Cayennepfeffer abschmecken.
• Die Zutaten in eine ausgefettete Auflaufform geben, die Creme gleichmäßig auf das Gemüse verteilen, den restlichen Käse darüber streuen, Butter- oder Margarineflöckchen darauf setzen und den Auflauf im auf 180-200° C vorgeheizten Backofen etwa 10-15 Minuten backen.
• Nach Ende der Backzeit den Kartoffelauflauf mit Eisbergsalat herausnehmen, anrichten, ausgarnieren, mit frisch geschnittenem Schnittlauch bestreuen und servieren.

Auflauf mit Kabeljau und Schillerlocken

• 500 g Kabeljaufilet • einige Tropfen Zitronensaft • 1/4 l Gemüsebrühe • Salz • 1 TL Pfefferkörner • 1/2 TL Wacholderbeeren • 1 Lorbeerblatt • 2-3 mittelgroße Zwiebeln • 1 Knoblauchzehe • 100 g Räucherspeck • Butter • 500 Kartoffeln • 500 g Mischgemüse (TK-Produkt) • 300 g Schillerlocken • weißen Pfeffer • 1 Prise Zucker • 1 Becher Crème fraîche • 200 g geriebenen Käse • 1 Bund Dill

• Das Kabeljaufilet abspülen und trockentupfen, würfeln und mit Zitronensaft beträufeln. Die Gemüsebrühe mit Salz, Pfeffer, Wacholderbeeren und dem Lorbeerblatt zugedeckt 10 Minuten kochen lassen.
• Den Fischhineinlegen, 5 Minuten ziehen lassen, heraus nehmen und bereit stellen.
• Die Zwiebeln schälen, hacken, den Knoblauch zerdrücken. Den Speck würfeln und in einer Auflaufform auslassen. Die Butter dazugeben und die Zwiebelwürfel darin goldgelb braten. Den Knoblauch zufügen.
• Die Kartoffeln schälen und fein würfeln, das Mischgemüse in mundgerechte Stücke schneiden und beides zu den Speckzwiebeln geben. Mit der Brühe auffüllen und zugedeckt 20 Minuten köcheln lassen.
• Die Kabeljaustücke und die in Ringe geschnittenen Schillerlocken hinein geben, die Crème fraîche mit der Hälfte des Käses vermischen und abschmecken, auf das Gemüse verteilen, den restlichen Käse darüber streuen, Butterflöckchen darauf setzen und im auf 200° C vorgeheizten Backofen etwa 20 Minuten backen.
• Nach Ende der Backzeit den Auflauf mit Kabeljau und Schillerlocken herausnehmen, anrichten, ausgarnieren, mit frisch geschnittenem Dill bestreuen und servieren.

Kartoffeltopf mit Krabben

• 400 g Kartoffeln • 1 Gemüsezwiebel • 2 Karotten • 2-3 EL Butter oder Margarine • 200 g Champignons • Saft von 1 Zitrone • 1 Stange Lauch • 400 g Krabben oder Crevetten • 1 Glas Weißwein • 1/4 l Fleisch- oder Gemüsebrühe • 1 Rosmarinzweig • Salz • Pfeffer aus der Mühle • 1 Prise Cayennepfeffer • 1 Prise Muskat • 1 Bund Schnittlauch • 1 Becher Dickmilch • 200 g geriebenen Butterkäse • Butter- oder Margarineflöckchen

• Die geschälten Kartoffeln in Würfel schneiden, die Zwiebel schälen und fein hacken. Die Karotten schälen, in Scheiben oder in Streifen schneiden und das Gemüse im erhitzten Fett, in einer Auflaufform anschwitzen.
• Die Champignons verlesen, waschen, in Scheiben schneiden und sofort mit Zitronensaft beträufeln. Den in Scheiben geschnittenen Lauch mit den Pilzen zum Gemüse geben, kurz mitschwitzen, die Krabben oder Crevetten untermischen, mit Weißwein ablöschen und mit der Brühe auffüllen.
• Den Rosmarinzweig dazugeben und mit den Gewürzen kräftig abschmecken. Die Dickmilch mit dem Käse vermischen, gleichmäßig auf das Gemüse verteilen, den restlichen Käse darüber streuen, Butter- oder Margarineflöckchen darauf setzen und den Auflauf im auf 180-200° C vorgeheizten Backofen etwa 15-20 Minuten backen.
• Nach Ende der Backzeit den Hähnchenauflauf mit Safran herausnehmen, anrichten, ausgarnieren, mit frisch geschnittenem Schnittlauch bestreuen und servieren.

Barschauflauf mit Schinken und Käse

• 8 Barschfilets à 100 g • einige Tropfen Zitronensaft • einige Tropfen Worcestersauce • einige Tropfen Weinessig • Salz • Pfeffer aus der Mühle • 1-2 EL Butter oder Margarine • 2 Zwiebeln • 200 g gekochten Schinken • 600 g bissfest gegart, grüne Bandnudeln • 4 Tomaten • 4 Zucchini • 1 1/2 Becher Sahne • 1 Glas Weißwein • 1 Prise Speisewürze • 1 TL Oregano • 250 g Mozzarella • 1 Bund Oregano

• Die Barschfilets waschen, trockentupfen, in grobe Stücke schneiden, mit Zitronensaft, Worcestersauce und Essig beträufeln, mit Salz und Pfeffer würzen und 10 Minuten ziehen lassen.
• Die Butter oder Margarine in einer Auflaufform erhitzen und die fein gehackten Zwiebeln darin glasig schwitzen, den gewürfelten Schinken dazugeben und kurz mitschwitzen.
• Die Nudeln mit den gewürfelten Tomaten und den geputzten und gewürfelten Zucchini zu den Zwiebeln geben und anschwitzen.
• Die Sahne und den Wein angießen, mit Salz, Pfeffer, Zitronensaft, Worcestersauce, Speisewürze und Oregano abschmecken.
• Mit dem in Scheiben geschnittenen Mozzarella belegen, in den auf 180-200° C vorgeheizten Ofen schieben und 15-20 Minuten garen.
• Anschließend herausnehmen, anrichten, mit gehacktem Oregano bestreuen, ausgarnieren und servieren.

Hähnchenschnitzel mit Sahnesauce

• 4 Hähnchenbrustfilets • Salz • Pfeffer aus der Mühle • 1 Tasse Weizenmehl • 2 Eier • 1 Tasse Semmelbrösel • 3 EL Butter oder Margarine • 2 Essiggurken • 1 Becher saure Sahne • 2 EL mittelscharfen Senf • 2 EL Tomatenketchup • 1/2 Tasse gehackte Kräuter • Salz • Pfeffer aus der Mühle • einige Tropfen Zitronensaft • einige Tropfen Worcestersauce • 1 Prise Zucker • 4 Tomaten • 200 g Mozzarella

• Die Hähnchenbrustfilets waschen, trockentupfen, mit Salz und Pfeffer würzen.
• Die Filets zuerst in Mehl wenden, anschließend durch das verquirlte Ei ziehen und mit Semmelbröseln panieren.
• Das Fett in einer Pfanne erhitzen und die Schnitzel darin goldgelb braten, herausnehmen und bereitstellen.
• In der Zwischenzeit die Essiggurken fein hacken, mit der sauren Sahne, dem Senf, dem Tomatenketchup und den gehackten Kräutern verrühren.
• Die Sahnesauce mit Salz, Pfeffer, Zitronensaft, Worcestersauce und Zucker kräftig abschmecken.
• Die Sauce in eine Auflaufform geben, die Hähnchenschnitzel darauf legen, mit den gewaschenen und in Scheiben geschnittenen Tomaten und dem Käse belegen und im auf 200-220° C vorgeheizten Backofen überbacken, anrichten, ausgarnieren und mit Kartoffelpüree sofort servieren.

Kartoffel-Schlemmerauflauf

• 500 g Kartoffeln • 1 große Karotte • 1 Stange Lauch • 200 g Blumenkohlröschen • 200 g Broccoliröschen • 250 g Schweineschulter • 250 g Schweinebauch • 1 in Milch eingeweichtes Brötchen • 1 Zwiebel • 1-2 EL mittelscharfen Senf • 1 TL Majoran • 1 Knoblauchzehe • Salz • Pfeffer • 1 Prise Cayennepfeffer • Butter für die Form • 1 TL Kräuter der Provence • 1/2 l Gemüsebrühe • 1/2 Becher saure Sahne • 125 g geriebenen. Parmesankäse • 1 Bund Petersilie

• Die Kartoffeln, die Karotte und den Lauch in Scheiben schneiden, die Broccoliröschen und die Blumenkohlröschen waschen und gut abtropfen lassen.
• Das Schweinefleisch mit dem ausgedrückten Brötchen und der Zwiebel durch die feine Scheibe des Fleischwolfs drehen, mit Senf, Majoran und der zerriebenen Knoblauchzehe verrühren, mit Salz, Pfeffer und Cayennepfeffer kräftig würzen.
• Eine Auflaufform ausfetten, das Gemüse mit dem Schweinefleisch schichtweise einfüllen und jede Schicht mit Kräutern der Provence bestreuen. Die letzte Schicht sollten Kartoffelscheiben sein. Die Gemüsebrühe und die saure Sahne miteinander verrühren und über dem Auflauf verteilen. Das Ganze im auf 180-200° C vorgeheizten Backofen 40-50 Minuten garen. Kurz vor Garende den Auflauf mit dem Parmesankäse bestreuen, goldgelb überbacken, herausnehmen, mit der verlesenen, gewaschenen, fein gehackten Petersilie bestreuen und servieren.

Reisauflauf mit Erdnüssen

• 2 EL Sojaöl • 1 Zwiebel • 250 g Wildreismischung • 1 EL Curry • Salz • Pfeffer aus der Mühle • 1/2 l Gemüse- oder Fleischbrühe • 50 g Erdnüsse, geschält und gesalzen • 1 Bund Petersilie • 600 g Lachsfilets • einige Tropfen Zitronensaft • einige Tropfen Worcestersauce • 2 hartgekochte Eier • Kräuterzweige zum Garnieren

• Das Sojaöl in einer Auflaufform erhitzen und die geschälte und fein gehackte Zwiebel darin glasig schwitzen.
• Die Wildreismischung unter fließendem Wasser waschen, gut abtropfen lassen, zu den Zwiebeln geben und kurz mitschwitzen.
• Das Ganze mit Curry bestäuben, mit Salz und Pfeffer würzen und mit Gemüse- oder Fleischbrühe auffüllen.
• Den Reisauflauf in den auf 180-200° C vorgeheizten Backofen schieben und 20-25 Minuten garen.
• Die Erdnüsse grob hacken, mit der verlesenen, gewaschenen und fein gehackten Petersilie vermischen und bereitstellen.
•. Die Lachsfilets unter fließendem Wasser waschen, trockentupfen, in mundgerechte Stücke schneiden, mit Zitronensaft und Worcestersauce beträufeln, mit Salz und Pfeffer würzen und im Kühlschrank 10 Minuten ziehen lassen.
• Die hartgekochten Eier pellen und achteln. Nach Ende der Garzeit den Reisauflauf mit den Lachsfilets belegen, mit den Erdnüssen und der Petersilie bestreuen, die Eiachtel darauf setzen und im Backofen weitere 10 Minuten garen.
• Nach Ende der Garzeit den Auflauf herausnehmen, dekorativ anrichten, mit Kräuterzweigen ausgarnieren und sofort servieren.

Hähnchenbrustfilets in Gurkenhälften

• 2 Salatgurken • 4 Hähnchenbrustfilets • Salz • Pfeffer • Butterschmalz zum Braten • 1 Zwiebel • 1 Karotte • 250 g geputzte Pfifferlinge • 1 Schuss Weißwein • 1/8 l Gemüsebrühe • 1 Prise Cayennepfeffer • 1 Prise Muskat • 1 Becher Schmant • 150 g geriebenen Käse • Butter für die Form • Kräuterzweige zum Garnieren

• Die Gurken halbieren und mit einem Teelöffel das Kerngehäuse herausschaben. Die Hähnchenbrustfilets in feine Streifen schneiden, mit Salz und Pfeffer würzen.
• Das Butterschmalz erhitzen, das Fleisch darin unter ständigem Rühren braten und bereitstellen.
• Die Zwiebel fein hacken. Die Karotte in feine Streifen schneiden, mit der Zwiebel ins verbliebene Bratfett geben und glasig schwitzen.
• Die Pfifferlinge klein schneiden, zum Gemüse geben und kurz mitschwitzen. Mit einem Schuss Weißwein ablöschen, mit der Gemüsebrühe auffüllen, mit Salz, Pfeffer, Cayennepfeffer und Muskat kräftig abschmecken.
• Die Fleischstreifen mit dem Schmant und 2/3 des geriebenen Käses unterrühren.
• Die Gurkenhälften in eine ausgefettete Auflaufform setzen, die Füllung gleichmäßig darauf verteilen, mit dem restlichen Käse bestreuen und im auf 200° C vorgeheizten Backofen 15-20 Minuten backen.
• Die Gurkenhälften herausnehmen, anrichten, mit Kräuterzweigen ausgarnieren und servieren.

Lauchauflauf mit Hackfleisch

• 750 g gegarte Pellkartoffeln • 500 g Lauch • Salzwasser zum Blanchieren • 2 Zwiebeln • 2 Knoblauchzehen • 2 EL Olivenöl • 500 g Rinderhack • Salz • schwarzen Pfeffer aus der Mühle • 1 Prise Cayennepfeffer • 1 Becher saure Sahne • 1 Bund Schnittlauch • Butter für die Form • 50 g geriebenen Käse • Butterflöckchen

• Die Pellkartoffeln schälen und in Scheiben schneiden, den Lauch putzen, in Ringe schneiden, im kochenden Salzwasser zwei Minuten blanchieren, abschrecken und beiseite stellen.
• Die Zwiebeln und die Knoblauchzehen schälen und fein hacken.
• Das Olivenöl in einer Pfanne erhitzen und die Zwiebeln und den Knoblauch darin glasig dünsten. Das Hackfleisch dazugeben und unter ständigem Rühren anbraten. Mit Salz, Pfeffer und Cayennepfeffer würzen.
• Die saure Sahne und den in Röllchen geschnittenen Schnittlauch verrühren.
• Eine Auflaufform mit der Butter ausfetten, die Hälfte der Kartoffeln und die Hälfte des Lauchs einfüllen. Salzen und das Hackfleisch mit der Hälfte der Schnittlauchsahne darüber geben. Nochmals Kartoffeln und Lauch einfüllen, salzen und die restliche Sahne darüber gießen.
• Den Käse darüber streuen, einige Butterflöckchen obenauf setzen und das Ganze im auf 200-220° C vorgeheizten Backofen 30-40 Minuten backen. Herausnehmen, dekorativ anrichten, ausgarnieren und servieren.

Wirsingauflauf mit Kasseler

• 250 g Kasseler • 1-2 EL Schweineschmalz • 2 Zwiebeln • 600 g Wirsing • 1/4 l Gemüsebrühe • Salz • Pfeffer aus der Mühle • 2 Lorbeerblätter • einige Nelken • einige Pimentkörner • Butter oder Margarine für die Form • 1 Becher Sahne • 1 Schuss Weißwein • 125 g geriebenen Käse

• Das Kasseler in Würfel schneiden und im erhitzten Schmalz anbraten.
• Die Zwiebeln in Würfel schneiden, zum Fleisch geben und kurz mitbraten.
• Den Wirsing in Streifen schneiden, zum Fleisch geben und kurz anbraten. Die Gemüsebrühe angießen, mit Salz und Pfeffer würzen.
• Die Lorbeerblätter, die Nelken und die Pimentkörner in einen Gewürzbeutel geben und in den Wirsing legen. Das Ganze bei mäßiger Hitze 25-30 Minuten köcheln lassen.
• DenWirsing herausnehmen, gut abtropfen lassen und in eine ausgefettete Auflaufform schichten.
• Die Sahne mit dem Weißwein und dem Käse verrühren. Das Ganze mit der Sahne-Käse-Masse überziehen und im auf 180-200° C vorgeheizten Backofen 20-25 Minuten garen.
• Nach Ende der Garzeit den Wirsingauflauf herausnehmen, dekorativ anrichten, ausgarnieren und sofort servieren.

Gratinierte Pilze

• 1-2 EL Butter oder Margarine • 150 g Bierschinken • 2 Zwiebeln • 400 g gemischte Pilze • Saft von 1 Zitrone • 1 Schuss Weißwein • 1 Becher Sahne • Salz • Pfeffer aus der Mühle • 1 Prise Muskat • 1 Prise Cayennepfeffer • 250 g geriebenen Gouda • 1 große Dose geschälte Tomaten • Butter für die Form • 1 Hand voll Kräuter (Basilikum, Oregano, Estragon)

• Die Butter oder Margarine in einer Pfanne erhitzen und den in kleine Würfel oder Streifen geschnittenen Bierschinken darin anschwitzen.
• Die Zwiebeln fein würfeln, zum Bierschinken geben und kurz mitschwitzen. Die Pilze klein schneiden, mit Zitronensaft beträufeln, zu den Bierschinkenzwiebeln geben und kurz mitschwitzen.
• Mit Weißwein ablöschen, die Sahne angießen, mit Salz, Pfeffer, Muskat und Cayennepfeffer abschmecken, vom Feuer nehmen und erkalten lassen.
• 75 g Gouda mit den abgetropften und zerkleinerten Tomaten unter die Pilze heben.
• Eine Auflaufform mit Butter oder Margarine ausfetten, die Masse einfüllen, mit dem restlichen Gouda überziehen und im auf 180-200° C vorgeheizten Backofen 25-30 Minuten garen.
• Nach Ende der Garzeit die Gratinierte Pilze herausnehmen, dekorativ anrichten, mit den fein gehackten Kräutern bestreuen, ausgarnieren und sofort servieren.

Brotauflauf

• 8 Scheiben Vollkornbrot • 4 EL Butter oder Margarine • 1 TL Meerrettich • 2-3 Schalotten • 4 Stangen Bleichsellerie • 2 EL Butter • Butter für die Form • 100 g geriebenen Käse • 1 Tasse gemischte, gehackte Kräuter • Salz • Pfeffer aus der Mühle • 2 Eier • 1 Glas Milch • 1 Becher süße Sahne

• Die Rinden von den Broten entfernen, die Scheiben mit Butter oder Margarine und dem Meerrettich bestreichen und in Dreiecke schneiden.
• Die Schalotten schälen und fein hacken, den Bleichsellerie waschen und in Scheiben schneiden.
• Die Butter in einem Topf erhitzen und die Schalotten sowie den Bleichsellerie darin 4-5 Minuten dünsten.
• Eine Auflaufform mit Butter ausfetten, den Boden mit einer Lage Brot auslegen, etwas Gemüse, Käse und Kräuter darüber verteilen, mit Salz und Pfeffer würzen.
• Die Eier mit der Milch und der Sahne verrühren, mit Salz und Pfeffer würzen und über den Auflauf gießen. Den restlichen Käse darüber streuen und das Ganze im auf 200° C vorgeheizten Backofen in 35-40 Minuten backen. Herausnehmen, dekorativ anrichten, ausgarnieren und servieren.

Bauernbrot mit Gemüse

• 1-2 EL Olivenöl • 125 g Frühstücksspeck • 1 Zwiebel • 1 Knoblauchzehe • 1 Karotte • 1 kleinen Kohlrabi • 1 Schuss Sahne • Salz • Pfeffer aus der Mühle • 1 Prise Cayennepfeffer • 1 Prise Muskat • 8 Scheiben Bauernbrot • Butter zum Bestreichen • 4 Tomaten • 200 g geriebenen Edamer

• Das Olivenöl in einer Pfanne erhitzen und den in feine Würfel geschnittenen Speck darin auslassen. Die Zwiebel und die Knoblauchzehe fein hacken, beides zu den Speckwürfeln geben und kurz mitschwitzen.
• Die Karotte und den Kohlrabi putzen, beides in feine Streifen schneiden oder grob raspeln, zum Speck geben und unter ständigem Rühren kurz braten.
• Etwas Sahne angießen und das Gemüse bissfest dünsten, mit Salz, Pfeffer, Cayennepfeffer und Muskat kräftig abschmecken.
• Das Bauernbrot dünn mit Butter bestreichen, mit den in Scheiben geschnittenen Tomaten belegen und mit dem Gemüse gleichmäßig überziehen.
• Die Brote auf ein Backblech setzen, mit dem geriebenen Edamer bestreuen, im auf 200-220° C vorgeheizten Backofen goldgelb überbacken, herausnehmen, anrichten, ausgarnieren und servieren.

Überbackene Fenchelknollen

• 4 Fenchelknollen • 2-3 EL Butter oder Margarine • 1 Schuss Weißwein • Salz • Pfeffer aus der Mühle • 400 g Fleischwurst am Stück • 1/2 Tasse Milch • 1/2 Tasse Sahne • 2 Eier • 3 EL Instant-Haferflocken • 1 Prise Muskat • 125 g geriebenen Edamer • 1 Bund Schnittlauch

• Die Fenchelknollen putzen, waschen, gut abtropfen lassen und halbieren.
• Die Butter oder Margarine in einer feuerfesten Form erhitzen, die Fenchelhälften einsetzen und kurz anschwitzen.
• Mit Weißwein beträufeln und bei mäßiger Hitze 8-10 Minuten dünsten.
• Die Fenchelknollen mit Salz und Pfeffer bestreuen, die Fleischwurst in 5-6 cm lange Streifen schneiden und in einer anderen Pfanne kross braten.
• Die Wurststreifen gleichmäßig auf den Fenchelhälften verteilen, die Milch mit der Sahne und den Eiern sowie den Instant-Haferflocken verrühren, mit Salz, Pfeffer und Muskat würzen, gleichmäßig auf dem Fenchel verteilen.
• Das Ganze mit dem geriebenen Edamer bestreuen und im auf 200° C vorgeheizten Backofen in 20-25 Minuten backen.
• Den Fenchel herausnehmen, anrichten, mit dem verlesenen, gewaschenen und in Röllchen geschnittenen SChnittlauch bestreuen, ausgarnieren und sofort servieren.

Herzhafter Pilzauflauf

• 1-2 EL Butter oder Margarine • 150 g durchwachsenen, geräucherten Speck • 1 Zwiebel • 400 g gemischte Waldpilze • Saft von 1 Zitrone • 1 Schuss Weinbrand • 1 Becher süße Sahne • Salz • Pfeffer aus der Mühle • 1 Prise Muskat • 1 Prise Cayennepfeffer • einige Tropfen flüssigen Süßstoff • 1 große Dose geschälte Tomaten • 150 g geriebenen Gouda • 1 Tasse Weißbrotbrösel • Salbeizweige zum Garnieren

• Die Butter oder Margarine in einer Pfanne erhitzen und den in Würfel geschnittenen Speck darin auslassen.
• Die Zwiebel schälen, fein hacken, zum Speck geben und kurz mitbraten.
• Die Waldpilze verlesen, waschen, je nach Bedarf klein schneiden oder grob hacken, zu den Speckzwiebeln geben und unter ständigem Rühren kurz braten.
• Das Ganze mit Zitronensaft und Weinbrand beträufeln, die süße Sahne angießen, mit Salz, Pfeffer, Muskat, Cayennepfeffer und Süßstoff kräftig abschmecken.
• Die Tomaten abtropfen lassen, grob zerkleinern und mit den Pilzen schichtweise in eine ausgefettete Auflaufform geben.
• Den geriebenen Gouda mit den Weißbrotbröseln vermischen und gleichmäßig auf dem Pilzauflauf verteilen.
• Das Ganze im auf 180-200° C vorgeheizten Backofen in 10-15 Minuten garen, herausnehmen, anrichten, mit Salbeizweigen ausgarnieren und sofort servieren.

Pilze mit Speck

• 1-2 EL Butter oder Margarine • 150 g durchwachsenen, geräucherten Speck • 1 Zwiebel • 500 g frische Steinpilze • Saft von 1 Zitrone • 1/8 l Rotwein • 1 Becher Sahne • Salz • Pfeffer aus der Mühle • 1 Prise Muskat • 1 Prise Cayennepfeffer • 150 g geriebenen Leerdamer • Kräuterzweige zum Garnieren

• Die Butter oder Margarine in einer Pfanne erhitzen und den in feine Würfel geschnittenen Speck darin auslassen.
• Die Zwiebel schälen, fein hacken, zum Speck geben und unter ständigem Rühren anbraten.
• Die Steinpilze putzen, in Scheiben schneiden, mit Zitronensaft beträufeln, zu den Speckzwiebeln geben und kurz mitschwitzen.
• Mit Rotwein ablöschen, mit der Sahne auffüllen, einmal aufkochen lassen und das Ganze mit Salz, Pfeffer, Muskat und Cayennepfeffer kräftig abschmecken.
• Die Pilze mit Speck in vier feuerfeste Förmchen geben, mit dem Leerdamer bestreuen und unter dem Grill oder im auf 200-220° C vorgeheizten Backofen überbacken. Anrichten, mit Kräuterzweigen ausgarnieren und sofort servieren.

Vollkorntoast mit Gemüse

• 1 kleine Salatgurke • 4 Tomaten • 1 rote Zwiebel • 8 Scheiben Vollkorntoastbrot • Butter zum Bestreichen • 150 g feine Salami in Scheiben • Salz • Pfeffer aus der Mühle • 1 TL Kräuter der Provence • 150 g Tilsiter in Scheiben • Kräuterzweige zum Garnieren

• Die Gurke halbieren, mit einem Teelöffel das Kerngehäuse herausschaben, das Fruchtfleisch grob raspeln. Die Tomaten waschen und in Scheiben schneiden, die Zwiebel schälen und in dünne Ringe schneiden.
• Die Brotscheiben toasten, herausnehmen, auf ein Backblech setzen und mit Butter bestreichen.
• Das Gemüse mit den Salamischeiben dekorativ auf den Broten anrichten und mit Salz, Pfeffer und Kräutern der Provence bestreuen.
• Den Tilsiter in Streifen schneiden und gitterförmig aus das Gemüse legen.
• Das Ganze im auf 200-220° C vorgeheizten Backofen oder unter dem Grill überbacken, herausnehmen, anrichten, mit Kräuterzweigen ausgarnieren und sofort servieren.

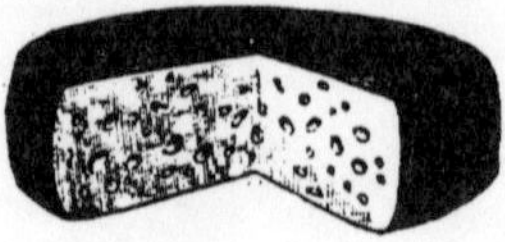

Winzertoast

• 8 Scheiben Vollkorntoastbrot • Butter oder Margarine zum Bestreichen • 200 g in Scheiben geschnittenes Kasseler • 200 g blaue Weintrauben • 200 g grüne Weintrauben • einige Tropfen Aceto balsamico • einige Tropfen Olivenöl • Salz • Pfeffer aus der Mühle • 4 Camemberthalbmonde • Salatblätter

• Die Brotscheiben toasten und sofort mit Butter oder Margarine bestreichen, auf ein Backblech setzen und mit den Kasselerscheiben belegen.
• Die Weintrauben waschen, je nach Geschmack halbieren, entkernen, in eine Schüssel geben, mit Aceto balsamico und Olivenöl beträufeln, mit Salz und Pfeffer würzen. Kurz ziehen lassen und auf dem Kasseler dekorativ anrichten.
• Die Camemberthalbmonde in Scheiben schneiden und über die Weintrauben legen.
• Das Ganze unter dem Grill oder im auf 200-220° C vorgeheizten Backofen kurz überbacken, herausnehmen, auf Salatblättern anrichten, ausgarnieren und sofort servieren.

Camembert mit Birnen

• 1 großes Stangenweißbrot • Butter oder Margarine zum Bestreichen • 1 Dose Birnenhälften • einige Tropfen Birnendicksaft • 8 in Scheiben geschnittene Camemberthalbmonde • Salz • Pfeffer aus der Mühle • 2-3 EL grobgeschrotete weiße Pfefferkörner • Zitronenmelisseblättchen • 4 TL Preiselbeerkompott

• Das Stangenweißbrot in Scheiben schneiden, mit Butter oder Margarine bestreichen und auf ein Backblech setzen.
• Die Birnen gut abtropfen lassen, in Spalten schneiden und mit Birnendicksaft beträufeln.
• Die Birnenspalten fächerartig auf den Weißbrotscheiben anrichten und mit den Camembertscheiben belegen.
• Das Ganze mit Salz und Pfeffer würzen und mit grob geschrotetem weißem Pfeffer bestreuen.
• Das Backblech in den auf 200-220°C vorgeheizten Backofen schieben und die Brote darin rösten. Herausnehmen, dekorativ anrichten, mit Zitronenmelisseblättchen und Preiselbeerkompott ausgarnieren und sofort servieren.

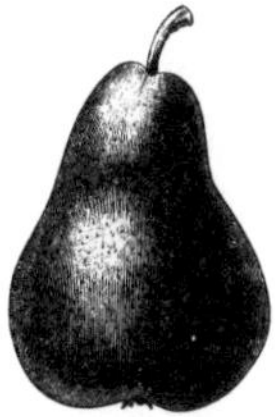

Pizzatoast

• 8-12 Toastbrotscheiben • Butter oder Margarine zum Bestreichen • 2-3 EL Tomatenmark • 1 TL Pizzagewürz • 100 g Salamischeiben • 5-6 Tomaten • Salz • Pfeffer aus der Mühle • 150 g Provolonekäse in Scheiben • schwarze Oliven und Kräuterzweige zum Garnieren

• Die Toastbrotscheiben toasten, auf ein Backblech setzen und mit Butter oder Margarine sowie dem Tomatenmark bestreichen, mit Pizzagewürz bestreuen.
• Die Salamischeiben darauf legen und mit den gewaschenen und in Scheiben geschnittenen Tomaten abdecken.
• Die Tomaten mit Salz und Pfeffer kräftig würzen und zum Schluss den Provolonekäse darauf legen.
• Das Ganze im auf 180-200° C vorgeheizten Backofen in 10 Minuten überbacken, herausnehmen, je eine Olive auf den Käse drücken, mit Kräuterzweigen ausgarnieren und sofort servieren.

PIZZAFLADEN

• 1-2 EL Olivenöl • 1 Zwiebel • 1 Dose geschälte Tomaten • 1-2 TL Pizzagewürz • Salz • Pfeffer aus der Mühle • 1 Prise Cayennepfeffer • 1 Schuss Sahne • Speisestärke zum Binden • 8-12 kleine Fladenbrote • 4 Tomaten • 4 hart gekochte Eier • 200 g Krabben oder Crevetten • einige Tropfen Zitronensaft • 200 g Mozzarella • 2-3 rote Peperoni • 1/2 Bund Petersilie

• Das Olivenöl erhitzen und die gehackte Zwiebel darin glasig schwitzen.
• Die geschälten Tomaten mit einer Gabel zerdrücken, zu den Zwiebeln geben und kurz mitschwitzen.
• Mit Pizzagewürz, Salz, Pfeffer und Cayennepfeffer abschmecken und bei starker Hitze einreduzieren lassen.
• Mit der Sahne verfeinern, mit etwas angerührter Speisestärke gut binden und vollständig erkalten lassen.
• Die Fladenbrote auf ein ausgefettetes Backblech setzen und mit der Tomatensauce bestreichen.
• Die Tomaten waschen, in Scheiben schneiden, die Eier pellen, ebenfalls in Scheiben schneiden und beides auf den Fladenbroten anrichten.
• Die Krabben oder Crevetten mit Zitronensaft beträufeln, mit Salz und Pfeffer würzen und auf die Eischeiben legen.
• Den Mozzarella in Scheiben schneiden, auf die Krabben legen und das Ganze im auf 180-200° C vorgeheizten Backofen in 10-15 Minuten garen.
• Die Peperoni in Scheiben schneiden, die Pizzafladen damit belegen, mit der verlesenen, gewaschenen und fein gehackten Petersilie bestreuen, ausgarnieren und sofort servieren.

SCHINKENWICKERL

• 8 Scheiben gekochten Hinterschinken (je 1/2 cm dick) • 2-3 EL mittelscharfen Senf • 1 Dose Sauerkraut • 1 Tasse Gemüsebrühe • 1 Lorbeerblatt • einige Nelken • einige Pfefferkörner • Salz • Pfeffer aus der Mühle • 1 Prise Zucker • Butter oder Margarine zum Ausfetten • 200 g geriebenen Gouda • 1 Bund Schnittlauch

• Die Schinkenscheiben auf eine Arbeitsfläche legen und dünn mit dem Senf bestreichen.
• Das Sauerkraut je nach Säure waschen, gut abtropfen lassen, mit der Gemüsebrühe, dem Lorbeerblatt, den Nelken und den Pfefferkörnern in einen Topf geben und zum Kochen bringen, 15-20 Minuten garen, mit Salz, Pfeffer und Zucker kräftig würzen.
• Das Sauerkraut vom Feuer nehmen und gleichmäßig auf den Schinkenscheiben verteilen, anschließend diese zusammenrollen und in eine ausgefettete Auflaufform setzen.
• Das Ganze mit dem geriebenen Gouda bestreuen und im auf 180-200° C vorgeheizten Backofen 10-15 Minuten backen.
• Nach Ende der Garzeit die Schinkenwickerl herausnehmen, anrichten, ausgarnieren und mit dem verlesenen, gewaschenen und fein geschnittenen Schnittlauch bestreut servieren.

KRABBENCHAMPIGNONS

• 8 große Champignonköpfe • Saft von 1 Zitrone • 2 EL Butter oder Margarine • 1 Zwiebel • 100 g Krabben oder Crevetten • einige Tropfen Zitronensaft • einige Tropfen Worcestersauce • Salz • Pfeffer aus der Mühle • 1/2 Bund Dill • 4 Eier • 1 EL Butter oder Margarine • 100 g gut schmelzenden Käse • Kräuterzweige zum Garnieren

• Die Champignonköpfe waschen und die Stiele herausdrehen.
• Die Stiele und die Köpfe mit Zitronensaft beträufeln, die Stiele grob hacken.
• Die Butter oder Margarine in einer Pfanne erhitzen und die geschälte und fein gehackte Zwiebel darin glasig schwitzen.
• Die gehackten Champignonstiele dazugeben und kurz mitschwitzen.
• Die Krabben oder Crevetten unter fließendem Wasser waschen, trockentupfen, zu den Zwiebeln geben und kurz mitschwitzen.
• Mit Zitronensaft, Worcestersauce, Salz und Pfeffer kräftig würzen, den fein gehackten Dill unterheben. Die Krabbenmischung in die Champignonköpfe füllen.
• Die hart gekochten Eier schälen und vierteln.
• Die Champignonköpfe mit den Eiern in eine gefettete Form setzen und mit dem Käse bedecken.
• Im auf 180-200° C vorgeheizten Backofen 8-10 Minuten überbacken, herausnehmen, anrichten, mit Kräuterzweigen ausgarnieren und servieren.

SCHARFE CHAMPIGNONS

• 600 g große, frische Champignons • Saft von 2 Zitronen • 1-2 EL Butter • 1 Zwiebel • 60 g geschroteten Dinkel • 1 Tasse Gemüsebrühe • 1 Tasse gemischte, gehackte Kräuter (Petersilie, Schnittlauch, Basilikum) • Salz • Pfeffer aus der Mühle • 1 Prise Muskat • 1-2 Spritzer Tabasco • 1 Becher saure Sahne • 1-2 EL scharfen Senf • 1 Schuss Weißwein • 150 g geriebenen Leerdamer

• Die Champignons putzen und mit Zitronensaft beträufeln, die Stiele herausdrehen und hacken.
• Die Butter in einer Pfanne erhitzen und die geschälte und fein gehackte Zwiebel darin glasig schwitzen.
• Den Dinkel dazugeben, kurz mitschwitzen, mit der Gemüsebrühe auffüllen und bei mäßiger Hitze 10-15 Minuten quellen lassen.
• Die Kräuter und die gehackten Champignons dazugeben und kurz mitdünsten. Mit Salz, Pfeffer, Muskat und Tabasco kräftig abschmecken.
• Die Masse gleichmäßig in die Champignonköpfe füllen und diese in eine gebutterte Auflaufform setzen.
• Die saure Sahne mit dem scharfen Senf und dem Weißwein glatt rühren, mit dem Leerdamer vermischen und gleichmäßig auf den Champignons verteilen.
• Das Ganze im auf 180-200° C vorgeheizten Backofen 15-20 Minuten backen, herausnehmen, anrichten, ausgarnieren und servieren.

Überbackene Kartoffelsuppe

• 750 g Kartoffeln • 1 Gemüsezwiebel • 1 Knoblauchzehe • 2-3 EL Butter oder Margarine • 1 Bund Suppengemüse • 3/4 l Gemüse- oder Hühnerbrühe • Salz • Pfeffer aus der Mühle • 1 Prise Muskat • 1 Prise Cayennepfeffer • 1 Becher süße Sahne • 125 g 60 %igen Schnittkäse • 8 Scheiben Meterbrot

• Die Kartoffeln schälen und in Würfel schneiden.
• Die Zwiebel und die Knoblauchzehe putzen, fein hacken und in der erhitzten Butter oder Margarine glasig schwitzen.
• Das Suppengemüse putzen und würfeln, mit den Kartoffelwürfeln dazugeben und ebenfalls kurz mitschwitzen.
• Das Ganze mit Gemüse- oder Hühnerbrühe auffüllen und 15-20 Minuten bei mäßiger Hitze leicht köcheln lassen.
• Die Suppe mit Salz, Pfeffer, Muskat und Cayennepfeffer kräftig abschmecken, die Sahne und die Hälfte des Käses zugeben und schmelzen lassen.
• Das Meterbrot in Scheiben schneiden, den restlichen Käse darauf verteilen.
• Die Kartoffelsuppe anrichten, das Brot darauf legen und im Grill oder Backofen überbacken und sofort servieren.

Tomaten mit Hirse

• 8 mittelgroße Tomaten • 1 Zwiebel • 1-2 EL Butter • 2 Karotten • 60 g Hirse • gut 1 Tasse Gemüsebrühe • Salz • Pfeffer aus der Mühle • 1 Prise Cayennepfeffer • 1 Prise Muskat • Majoran und Oregano nach Geschmack • 3/8 l Tomatensauce • 150 g geriebenen Bel-Paese-Käse • Kräuterzweige zum Garnieren

• Die Tomaten putzen, eine Haube abschneiden und mit einem Teelöffel das Innere herausschaben.
• Die Zwiebel schälen, fein hacken und in der erhitzten Butter glasig schwitzen.
• Die Karotten schälen, grob raspeln, mit der Hirse zur Zwiebel geben und kurz mitschwitzen.
• Die Gemüsebrühe angießen und das Ganze unter ständigem Rühren zum Kochen bringen, 4-5 Minuten köcheln lassen, vom Feuer nehmen und mit Salz, Pfeffer, Cayennepfeffer, Muskat, Majoran und Oregano kräftig abschmecken.
• Die Masse in die ausgehöhlten Tomaten füllen und diese in eine gebutterte Auflaufform setzen.
• Die Tomatensauce angießen, die Tomaten mit dem geriebenen Käse bestreuen und das Ganze im auf 180-200° C vorgeheizten Backofen 15 Minuten backen. Herausnehmen, anrichten, mit Kräuterzweigen ausgarnieren und servieren.

Tiroler Raclette

• 400 g Tiroler Bauchspeck • 400 g Tiroler Schinken • 400 g eingelegte schwarze und grüne Oliven • 1 kg Raclettekäse • 4 Portionen Pellkartoffeln • 4 Fleischtomaten • 2 Paprikaschoten • Gemüsezwiebeln

• Den Bauchspeck, den Tiroler Schinken und die Oliven dekorativ anrichten und auf den Tisch stellen.
• Den Raclettekäse in Scheibchen schneiden, die Pellkartoffeln in einer Schüssel auf ein Rechaud stellen.
• Die gewaschenen Fleischtomaten und die geputzten Paprikaschoten sowie die geschälten Zwiebeln in mundgerechte Stücke schneiden und mit den restlichen Zutaten dekorativ anrichten.
• Je nach Geschmack die Zutaten auf den Tellern anrichten, die Pellkartoffeln dazugeben und das Ganze mit geschmolzenem Käse überziehen.

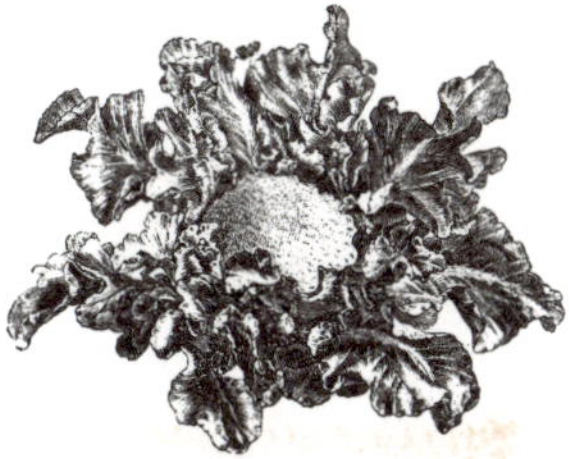

Zucchini-Tomaten-Auflauf

• 4 mittelgroße Zucchini • 1 kg Tomaten • Salz • Pfeffer aus der Mühle • 1 EL Oregano • 1 EL Basilikum • 4 Knoblauchzehen • 1 TL Salz • 1/2 l Sahnedickmilch • 6-8 Eier • 200 g geriebenen Käse • 1 Tasse gemischte, gehackte Kräuter

• Die Zucchini putzen, in Scheiben schneiden, die Tomaten über Kreuz einschneiden, in der Salzwasser blanchieren, herausnehmen, abziehen und in Scheiben schneiden.
• Die Zucchini- und Tomatenscheiben schichtweise in eine ausgefettete Auflaufform geben. Mit Salz, Pfeffer, Oregano und Basilikum bestreuen.
• Die Knoblauchzehen fein hacken, mit Salz zu einer Paste zerreiben und mit der Sahnedickmilch verrühren.
• Die Eier verschlagen, mit der Hälfte des geriebenen Käses unter die Sahnedickmilch ziehen. Die Käse-Eidickmilch auf dem Gemüse verteilen, mit dem restlichen Käse bestreuen und im auf 180-200° C vorgeheizten Backofen 25-30 Minuten backen.
• Den Auflauf anrichten, mit den verlesenen und fein gehackten Kräutern bestreuen, ausgarnieren und servieren.

ZUCCHINISOUFFLÉ

• 8-12 Zucchiniblüten mit Stiel • einige Tropfen Zitronensaft • Salz • Pfeffer aus der Mühle • 75 g Fleischkäse • 75 g frische Champignons • 1 Becher Frischkäse mit französischen Kräutern • 1 Becher Sahne • 2 Eier • 100 g geriebenen Gouda • 2-3 EL Olivenöl • Butterflöckchen

• Die Zucchiniblüten vorsichtig säubern und die Blütenstengel entfernen.
• Die Zucchiniblüten mit Zitronensaft beträufeln und mit Salz und Pfeffer würzen.
• Den in feine Würfel geschnittenen Fleischkäse mit den geputzten und klein geschnittenen Champignons sowie dem Frischkäse in eine Schüssel geben und vermischen. Mit Salz und Pfeffer kräftig würzen.
• Die Frischkäsemasse vorsichtig in die Zucchiniblüten füllen und die Blütenränder zusammendrehen.
• Eine Auflaufform mit Olivenöl bestreichen und die Zucchiniblüten einschichten.
• Die Sahne mit den Eiern und dem Gouda verrühren und das Ganze über die Zucchiniblüten gießen.
• Die Butter in Flöckchen darauf setzen und das Ganze im vorgeheizten Backofen 15-20 Minuten garen.
• Das Zucchinisoufflé anrichten, ausgarnieren und servieren.

KARTOFFELAUFLAUF

• 100 g durchwachsenen, geräucherten Speck • 500 g Kartoffeln • 2 kleine Stangen Lauch • 2-3 Karotten • 1 1/2 Becher Sahnedickmilch • 2 Eier • 1/4 l Milch • 1/4 l süße Sahne • 1/8 l Gemüsebrühe • Salz • Pfeffer aus der Mühle • 1 Prise Muskat • 1 Prise Cayennepfeffer • 1 Prise Kümmelpulver • 1 Bund Schnittlauch • 6 gehäufte EL klassische helle Mehlschwitze • 1-2 EL Butter oder Margarine • 100 g geriebenen Emmentaler

• Den Speck in feine Würfel schneiden und in eine Schüssel geben.
• Die Kartoffeln schälen, in feine Scheiben schneiden, den Lauch putzen und in Ringe schneiden, die Karotten schälen und grob raspeln.
• Die Sahnedickmilch mit den Eiern, der Milch, der Sahne und der Brühe in einer Schüssel kräftig miteinander verrühren.
• Das Ganze mit Salz, Pfeffer, Muskat, Cayennepfeffer und Kümmelpulver kräftig abschmecken, den fein geschnittenen Schnittlauch untermischen und die klassische Mehlschwitze einrühren.
• Das Gemüse mit dem Speck vermischen, in eine ausgefettete Auflaufform füllen und mit der Flüssigkeit übergießen.
• Den geriebenen Käse darüber streuen und im auf 180-200° C vorgeheizten Backofen 40-50 Minuten garen.
• Nach Ende der Garzeit den Kartoffelauflauf herausnehmen, ausgarnieren und servieren.

Kartoffelgnocchi einmal anders

• 1 kg mehligkochende Kartoffeln • Salzwasser • 1 TL Kümmel • 25 g Butter oder Margarine • Salz • weißen Pfeffer aus der Mühle • 1 Prise Muskat • 1 Prise Cayennepfeffer • 100 g Weizenmehl • 2 Eier • 1 l Salzwasser • 1/2 l Milch • 50 g Butter • 50 g ganz fein geriebenen Emmentaler

• Die Kartoffeln waschen und im Salzwasser mit dem Kümmel bissfest garen, herausnehmen, leicht abkühlen lassen, pellen und durch die Kartoffelpresse treiben.
• Die Butter oder Margarine in die Kartoffelmasse rühren und das Ganze mit Salz, Pfeffer, Muskat und Cayennepfeffer abrunden.
• Die Masse unter Rühren auf dem Herd etwas abtrocknen lassen und anschließend mit dem Mehl und den Eiern verkneten.
• Salzwasser und Milch in einen Topf geben, zum Sieden bringen, aber nicht sprudelnd kochen lassen.
• Mit zwei Teelöffeln vom Teig kleine Nocken abstechen und diese im Salzwasser 6-8 Minuten gar ziehen lassen.
• Die Gnocchi herausnehmen, gut abtropfen lassen, auf eine vorgewärmte Platte geben, die restliche zerlassene Butter oder Margarine gleichmäßig darüber gießen, mit dem Emmentaler bestreuen, ausgarnieren und servieren.

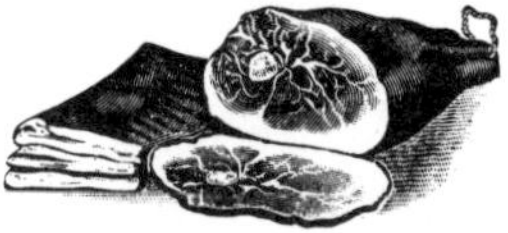

Kartoffelkuchen mit Speck

• 1 kg mehlige Kartoffeln • 4 Zwiebeln • 250 g durchwachsenen, geräucherten Speck • 2-3 EL Butter oder Margarine • 4 Eier • 2 Becher Joghurt • 100 g geriebenen Parmesankäse • Salz • Pfeffer aus der Mühle • 1 Prise Muskat • 1 Prise Cayennepfeffer • Butter oder Margarine zum Ausfetten

• Die Kartoffeln gründlich waschen, schälen und grob raffeln. Die Zwiebeln schälen und in feine Würfel schneiden.
• Den Speck in feine Würfel schneiden. Die Butter oder Margarine in einer Pfanne erhitzen und den Speck darin auslassen. Die Zwiebeln und die Kartoffeln dazugeben.
• Die Eier mit dem Joghurt und dem Parmesankäse verschlagen und das Ganze kräftig würzen.
• Eine Auflaufform mit Butter oder Margarine ausfetten, die Kartoffelmasse einfüllen.
• Die Eiermasse darauf verteilen und im auf 180-200° C vorgeheizten Backofen 30-40 Minuten backen. Nach Ende der Garzeit herausnehmen, anrichten, ausgarnieren und servieren.

Geflügelauflauf mit Speck

• 400 gekochte oder gebratene Hähnchenbrustfilets • 2 EL Olivenöl • 100 g durchwachsenen geräucherten Speck • 2 Zwiebeln • 200 g frische Champignons • Saft von 1 Zitrone • Salz • Pfeffer aus der Mühle • 1 Prise Muskat • 1 TL Thymian • 400 g bissfest gegarte Höhrnchennudeln • 1 Becher saure Sahne • 1/4 l Bèchamelsauce • 100 g geriebenen Peccorino-Käse • 1 Bund Zitronenmelisse • 250 g Mozzarella • Kräuterzweige

• Das Hähnchenbrustfilets in Würfel schneiden, das Olivenöl in einer Auflaufform erhitzen und den in feine Würfel geschnittenen Speck darin auslassen. Die Zwiebeln schälen, fein hacken, zum Speck geben und kurz mitschwitzen.
• Die Champignons putzen, waschen, halbieren, mit Zitronensaft beträufeln, mit den Hähnchenwürfeln in die Pfanne geben und kurz anschwitzen.
• Das Ganze mit Salz, Pfeffer, Muskat und Thymian würzen. Die saure Sahne mit der Bèchamelsauce, dem geriebenen Peccorino-Käse, mit der gehackten Zitronenmelisse und den Höhrnchennudeln unter das Gemüse mischen.
• Den Mozzarella in Scheiben schneiden und den Geflügelauflauf damit abdecken. Im auf 180-200° C vorgeheizten Backofen 10-15 Minuten backen, herausnehmen, anrichten und mit Kräuterzweigen garniert servieren.

Kartoffelauflauf mit Rote Bete

• 800 g festkochende Kartoffeln • 1 El Kümmel • Salzwasser • 2 Zwiebeln • 250 g kalten Braten • 1 Stück Stangensellerie • 1 Glas Rote Bete • 1 Glas Kürbiswürfel • 1/4 Sahne • 1/2 Tasse Weißwein • 4 Eier • 200 g geriebenen Emmentaler • Salz • Pfeffer aus der Mühle • 1 Prise Zucker • 1 Prise Cayennepfeffer • 1 EL Kümmel • 1 EL Majoran • Butter- oder Margarineflöckchen • 1 Bund Schnittlauch

• Die Kartoffeln unter fließendem Wasser waschen, gut abtropfen lassen und mit dem Kümmel in einen Topf geben. Das Salzwasser angießen und die Kartoffeln darin bissfest garen.
• Die Kartoffeln abgießen, leicht erkalten lassen, pellen, in Würfel schneiden und in eine Schüssel geben.
• Die Zwiebeln schälen und fein hacken. Den kalten Braten und den geputzten Stangensellerie in mundgerechte Stücke schneiden.
• Die Rote-Bete-Streifen und den Kürbiswürfel gut abgetropften lassen, mit den restlichen Zutaten vorsichtig unter die Kartoffeln heben und in eine ausgefettete Auflaufform geben.
• Die Sahne mit dem Weißwein, den Eiern und der Hälfte des Käses vermischen, mit Salz, Pfeffer, Zucker, Cayennepfeffer, Kümmel und Majoran abschmecken.
• Die Creme gleichmäßig auf das Gemüse verteilen, den restlichen Käse darüber streuen, Butter- oder Margarineflöckchen darauf setzen und den Auflauf im auf 180-200° C vorgeheizten Backofen etwa 10-15 Minuten backen.
• Nach Ende der Backzeit den Kartoffelauflauf herausnehmen, anrichten, ausgarnieren, mit frisch geschnittenem Schnittlauch bestreuen und servieren.

Gemüseauflauf mit Geflügelbällchen

• 400 g Geflügelfleisch • 200 g Kalbsbrät • 1 Zwiebel • 2 Eier • 2-3 EL Butter oder Margarine • 1 Tasse Haferflocken • 1 Bund Petersilie • Salz • Pfeffer aus der Mühle • 1 Prise Muskat • 1/4 l Gemüsebrühe • 2-3 EL Butter oder Margarine • 1 Zwiebel • 400 g gekochte Kartoffeln • 1 Dose Mischgemüse • 1 Dose Zuckermais • 1 Dose Champignonköpfe • 1 Becher süße Sahne • 200 g geriebenen Butterkäse • 1 Tasse gemischte, gehackte Kräuter

• Das Geflügelfleisch waschen, trockentupfen, durch die feine Scheibe des Fleischwolfs drehen und in eine Schüssel geben. Das Fleisch mit dem Kalbsbrät vermischen.
• Die Zwiebel hacken, mit den Eiern, der Butter oder Margarine, den Haferflocken und der gehackten Petersilie zum Fleisch geben. Mit Salz, Pfeffer und Muskat würzen und kleine Klößchen abdrehen.
• Die Klößchen in der erhitzten Gemüsebrühe garen, herausnehmen und warm stellen. Die Butter oder Margarine in einer Auflaufform erhitzen und die fein gehackte Zwiebel darin glasig schwitzen.
• Die geschälten Kartoffeln würfeln, zu den Zwiebeln geben und kurz mitschwitzen. Das abgetropfte Mischgemüse, den Mais, die Champignons und die Klößchen zu den Kartoffeln geben, das Ganze mit etwas Klößchensud und der Sahne auffüllen, mit dem geriebenen Käse bestreuen und im auf 180-200° C vorgeheizten Backofen etwa 10-15 Minuten backen.
• Nach Ende der Backzeit den Gemüseauflauf mit Geflügelbällchen herausnehmen, anrichten, ausgarnieren, mit frisch gehackten Kräutern bestreuen und servieren.

Käse-Sahne-Nudeln

• 2-3 EL Olivenöl • 75 g geräucherten Speck • 1 Bund Frühlingzwiebeln • 100 g frische Champignons • Saft von 1 Zitrone • 1 große Dose Mischgemüse 1 Schuss Weißwein • 1 Tasse Gemüsebrühe • 1 Becher Sahne • Salz • Pfeffer aus der Mühle • 1 Prise Cayennepfeffer • 1 Prise Zucker • 1 Bund Schnittlauch • 400 g gekochte Eiernudeln

• Das Olivenöl in einer Auflaufform erhitzen und den gewürfelten Speck darin auslassen. Die geputzten und in Scheiben geschnittenen Frühlingszwiebeln dazugeben und glasig schwitzen.
• Die Champignons waschen, in Scheiben schneiden, mit Zitronensaft beträufeln, zu den Speckzwiebeln geben und kurz mitschwitzen, das gut abgetropfte Mischgemüse unterziehen.
• Mit Weißwein ablöschen und mit der Gemüsebrühe auffüllen. Die Sahne dazugeben, mit Salz, Pfeffer, Cayennepfeffer und Zucker kräftig würzen und kurz einreduzieren lassen.
• Den verlesenen, gewaschenen und fein geschnittenen Schnittlauch mit den Eiernudeln und der Hälfte des Käses unter das Gemüse heben, den restlichen Käse darüber streuen, Butter- oder Margarineflöckchen darauf setzen und den Auflauf im auf 180-200° C vorgeheizten Backofen etwa 10-15 Minuten backen.
• Nach Ende der Backzeit die Käse-Sahne-Nudeln herausnehmen, anrichten, ausgarnieren und servieren.

Kartoffelpfannkuchen-Auflauf mit Matjes

• 250 g Matjesfilets • 1 Zwiebel • einige Tropfen Zitronensaft • einige Tropfen Gin • Salz • Pfeffer aus der Mühle • 1 Becher Crème fraîche • Saft von 1 Zitrone • 1 EL mittelscharfen Senf • 2 EL Mayonnaise • 1 kg festkochende Kartoffeln • 2 Zwiebeln • Salz • Pfeffer aus der Mühle • 1 Prise Muskat • 1 Prise Cayennepfeffer • 3 Eier • 1 Tasse Dickmilch • 1 Tasse Weizenmehl • Sonnenblumenöl zum Ausbacken • 250 g Mozzarella

• Die Matjesfilets fein würfeln und in eine Schüssel geben. Die fein gehackte Zwiebel unter das Matjestatar verrühren und das Ganze mit Zitronensaft, Gin, Salz und Pfeffer abschmecken.
• Die Crème fraîche mit Zitronensaft, Senf und Mayonnaise verrühren und schaumig schlagen, mit Salz, Pfeffer abschmecken und unter das Tatar rühren, nochmals abschmecken und bereit stellen.
• Für die Pfannkuchen die Kartoffeln schälen, grob reiben, in ein sauberes Küchentuch geben und ausdrücken. Die Zwiebeln fein hacken und mit den Kartoffeln in einer Schüssel vermischen, mit Salz, Pfeffer, Muskat und Cayennepfeffer würzen.
• Die Eier mit der Dickmilch und dem Mehl verrühren zur Kartoffelmischung geben und alles miteinander vermischen.
• Den Teig nochmals kräftig abschmecken. Eine beschichtete Pfanne mit Öl leicht ausstreichen und portionsweise den Teig in die Pfanne geben.
• Den Teig mit einer Palette oder dem Kochlöffel andrücken und die Kartoffelpfannkuchen auf beiden Seiten goldgelb backen.
• Die Kartoffelpfannkuchen auf eine Arbeitsfläche legen, das Matjestatar gleichmäßig darauf geben, zusammen rollen und in eine ausgefettete Auflaufform schichten, mit dem Mozzarella belegen und im auf 180-200° C vorgeheizten Ofen 10-15 Minuten backen. Nach Ende der Backzeit den Pfannkuchenauflauf mit Matjes herausnehmen, anrichten, ausgarnieren und servieren.

Kartoffel-Karotten-Auflauf mit Käse

• 500 g Kartoffeln • 500 g Karotten • 2-3 EL Butter • 100 g durchwachsenen, geräucherten Speck • 2 Zwiebeln • 1 Tasse Gemüsebrühe • 1 Lorbeerblatt • 1 TL Kümmel • 1 EL Majoran • Salz • Pfeffer aus der Mühle • 1 Becher Sahne • 2 Eier • 200 g geriebenen Provolone-Käse • 1 Bund Schnittlauch

• Die Kartoffeln und die Karotten schälen und in Scheiben schneiden. Die Butter in einer Pfanne erhitzen und den in Würfel geschnittenen Speck darin auslassen.
• Die Zwiebeln schälen, hacken, zum Speck geben und mitschwitzen. Die Kartoffel- und Karottenscheiben kurz mitschwitzen. Das Ganze gut vermischen.
• Die Gemüsebrühe angießen, das Lorbeerblatt, den Kümmel und den Majoran dazugeben und mit Salz und Pfeffer würzen.
• Das Gemüse weitere 8 Minuten dünsten. In der Zwischenzeit die Sahne mit den Eiern und dem Provolone-Käse verrühren und nochmals mit Salz und Pfeffer würzen.
• Das Gemüse in eine ausgefettete Auflaufform geben und mit der Eier-Käse-Sahne überziehen.
• Den Auflauf in den auf 180-200° C vorgeheizten Backofen schieben und 20-25 Minuten backen. Herausnehmen, anrichten und mit frisch geschnittenem Schnittlauch bestreut servieren.

Quarkauflauf mit Rosinen

• 500 g mehligkochende Kartoffeln • Salzwasser • 1 TL Kümmel • 400 g Mischgemüse (TK-Produkt) • 500 g Magerquark • 4 Eier • 100 g in Weißwein eingeweichte Rosinen • 250 g gekochten Schinken • 1 Becher Sahne • Salz • Pfeffer aus der Mühle • 1 Prise Muskat • 1 Prise Cayennepfeffer • einige Tropfen Zitronensaft • einige Tropfen Worcestersauce • 2 EL geriebene Zitronenschale • 1 Tasse gemischte, gehackte Kräuter • 1/2 Tasse geröstete Sonnenblumenkerne • 200 g geriebenen Emmentaler • 2 Becher Joghurt • 1 Becher Sahne • 2 Bund Schnittlauch

• Die Kartoffeln waschen, trockentupfen und in einen Topf geben. Das Salzwasser mit dem Kümmel angießen und die Kartoffeln darin bissfest garen.
• Die Kartoffeln herausnehmen, leicht auskühlen lassen, pellen und in Scheiben oder Würfel schneiden. Das Mischgemüse auftauen lassen und mit den Kartoffeln in eine Schüssel geben.
• Den in einem Küchentuch ausgedrückten Quark, die Eier, die Rosinen, den in Würfel geschnittenen Schinken und die Sahne gut miteinander vermischen, mit den Gewürzen abschmecken, die Zitronenschale, die Kräuter und die gehackten Sonnenblumenkerne sowie die Hälfte des Käses dazugeben und die Quarkmasse unter das Gemüse heben.
• Die Gemüsemasse in eine ausgefettete Auflaufform geben und mit dem restlichen Käse bestreuen, im auf 180-200° C vorgeheizten Ofen 20-25 Minuten backen.
• Für die Joghurtsauce den Joghurt und die Sahne in eine Schüssel geben und glatt rühren, mit Zitronensaft, Worcestersauce, Salz und Pfeffer abschmecken und den fein geschnittenen Schnittlauch unter ziehen.
• Nach Ende der Backzeit den Quarkauflauf mit Rosinen herausnehmen, mit der Joghurtsauce anrichten, ausgarnieren und servieren.

Chinakohlauflauf mit Schinken

• 1-2 EL Olivenöl • 1 Gemüsezwiebel • 2 Knoblauchzehen • 1 TL Salz • 600 g Chinakohl • Salz • Pfeffer aus der Mühle • 1 Prise Cayennepfeffer • 1 Prise Muskat • 200 g gekochten Schinken • 4 Eier • 1 Becher Sahne • 1 Becher Joghurt • 200 g geriebenen Edamer-Käse • 1 Tasse gemischte, gehackte Kräuter

• Das Öl in einer Pfanne erhitzen und die geschälte und fein gehackte Gemüsezwiebel darin glasig schwitzen. Die Knoblauchzehen schälen, mit dem Salz zu einer Paste zerreiben, zu den Zwiebeln geben und kurz mitschwitzen.
• Den Chinakohl verlesenen, halbieren, den Strunk herausschneiden, waschen und gut abgetropften lassen, in feine Streifen schneiden, zu den Zwiebeln geben und bei mäßiger Hitze 6-8 Minuten dünsten.
• Den Chinakohl mit Salz, Pfeffer, Cayennepfeffer und Muskat kräftig abschmecken und in eine ausgefettete Auflaufform geben.
• Den Schinken in Butter braten und auf den Chinakohl legen. Die Eier aufschlagen, mit der Sahne, dem Joghurt und dem Käse verschlagen und auf den Schinken geben.
• Das Ganze im auf 180-200° C vorgeheizten Backofen 10-12 Minuten backen. Den Chinakohlauflauf herausnehmen, anrichten, ausgarnieren und servieren.

Buttergemüse aus der Form

• 500 g Kartoffeln • 1/2 l Gemüsebrühe • 500 g Zucchini • 50 g Butter • 2 Zwiebeln • 1 Knoblauchzehe • 1 TL Salz • 1 Dose Erbsen und Karotten • 1 Dose Zuckermais • 1 Schuss Sekt • Salz • Pfeffer aus der Mühle • 1 Prise Zucker • 1 Prise Muskatpulver • 2 Becher Sahnedickmilch • 2 Eier • 200 g geriebenen Emmentaler • 1 Bund Estragon

• Die Kartoffeln waschen, schälen und in Würfel schneiden. Die Gemüse- oder Fleischbrühe erhitzen und die Kartoffeln darin bissfest garen, herausnehmen, gut abtropfen lassen und bereitstellen.
• Die Zucchini putzen und ebenfalls in Stücke schneiden, in der Brühe kurz blanchieren, herausnehmen und mit den Kartoffeln vermischen.
• Die Butter in einer großen Pfanne erhitzen und die geschälten und fein gehackten Zwiebeln darin glasig schwitzen. Die Knoblauchzehe schälen, fein hacken, mit Salz zu einer Paste zerreiben und mit den Zwiebeln kurz mitschwitzen.
• Das Gemüse dazugeben, mit einem Schuss Sekt ablöschen und einmal aufkochen lassen. Das Buttergemüse mit Salz, Pfeffer, Zucker und Muskat kräftig würzen.
• Den verlesenen, gewaschenen und fein gehackten Estragon untermischen, nochmals abschmecken und in eine ausgefettete Auflaufform geben. Die Sahnedickmilch mit den Eiern und dem Emmentaler vermischen, abschmecken und über das Gemüse verteilen. • Den Auflauf im auf 180-200° C vorgeheizten Backofen 15-20 Minuten garen, herausnehmen, anrichten, ausgarnieren und mit dem fein geschnittenen Estragon bestreut servieren.

Karottenauflauf mit Gouda

• 1 Zwiebel • 600 g Karotten • 1-2 EL Butter oder Margarine • 1 Schuss Sekt oder Champagner • 1 Tasse Gemüsebrühe • Salz • Pfeffer aus der Mühle • 1 Prise Muskatpulver • 1 EL Zucker • 1 Becher Sahne • 200 g geriebenen Gouda • 1 Tasse frische, gehackte Kräuter

• Die Zwiebel schälen und fein hacken. Die Karotten schälen, waschen, gut abtropfen lassen und in Scheiben oder Würfel schneiden.
• Die Butter oder Margarine in einer Pfanne erhitzen und die Zwiebeln darin glasig schwitzen. Die Karotten dazugeben und kurz mitschwitzen. Mit Sekt oder Champagner ablöschen und mit der Gemüsebrühe auffüllen.
• Mit Salz, Pfeffer und Muskat kräftig würzen und 10-12 Minuten dünsten. Anschließend das Gemüse bei kräftiger Hitze so lange kochen, bis die Flüssigkeit fast vollständig verdunstet ist.
• Das Gemüse mit dem Zucker bestreuen und in eine ausgefettete Auflaufform geben. Die Sahne angießen und das Ganze mit dem geriebenen Käse bestreuen.
• Den Auflauf im auf 180-200° C vorgeheizten Backofen 15-20 Minuten garen, herausnehmen, anrichten, ausgarnieren und mit den gehackten Kräutern bestreut servieren.

Paprika aus der Form

• 1 Zwiebel • 2 rote Paprikaschoten • 2 grüne Paprikaschote • 1-2 EL Butter oder Margarine • 600 g Staudensellerie • 1 Schuss Weißwein • 1 Tasse Gemüsebrühe • Salz • Pfeffer aus der Mühle • 1 Prise Muskat • 1 Prise Cayennepfeffer • 200 g Schafskäse • 50 g geriebenen Emmentaler • 1 Bund Schnittlauch

• Die Zwiebel schälen und fein hacken, die Paprikaschoten halbieren, entkernen, waschen, gut abtropfen lassen und in Würfel schneiden.
• Die Butter oder Margarine in eine feuerfeste Form geben und die Zwiebeln und Paprikaschoten darin glasig schwitzen.
• Den Staudensellerie verlesen, waschen, abtropfen lassen und in mundgerechte Stücke schneiden. Den Staudensellerie zum Gemüse geben und ebenfalls kurz mitschwitzen.
• Mit Weißwein ablöschen und mit der Gemüsebrühe auffüllen. Bei mäßiger Hitze das Gemüse bissfest garen. Die Flüssigkeit bei starker Hitze einreduzieren.
• Das Gemüse mit Salz, Pfeffer, Muskat und Cayennepfeffer kräftig abschmecken und in eine feuerfeste Auflaufform geben.
• Den Schafskäse in Scheiben schneiden, auf das Gemüse legen und das Ganze mit Emmentaler bestreuen.
• Den Paprika im auf 180-200° C vorgeheizten Backofen 10-12 Minuten überbacken, herausnehmen, anrichten und mit frisch geschnittenem Schnittlauch bestreut servieren.

Kartoffelbohnen

• 500 g Pellkartoffeln • 500 g dicke Bohnen (TK-Produkt) • 200 g gekochten Schinken • 1/4 l gebundene Helle Sauce • 200 g geriebenen Gouda • einige Tropfen Zitronensaft • einige Tropfen Worcestersauce • Salz • Pfeffer aus der Mühle • 1 Prise Cayennepfeffer • 1 Prise Muskat • 1 TL Bohnenkraut • Butter oder Margarineflöckchen zum Belegen

• Die Kartoffeln pellen, in Scheiben oder Würfel schneiden, mit den dicken Bohnen in eine ausgefettete Auflaufform geben.
• Den Schinken in Streifen oder Würfel schneiden und gleichmäßig auf dem Kartoffelauflauf verteilen.
• Die Helle Sauce und 2/3 des Käses verrühren. Mit Zitronensaft, Worcestersauce, Salz, Pfeffer, Cayennepfeffer, Muskat und Bohnenkraut kräftig abschmecken.
• Die Käsesauce auf den Auflauf geben und mit dem restlichen Käse bestreuen.
• Einige Butter- oder Margarineflöckchen darauf legen und das Ganze im auf 180-200° C vorgeheizten Backofen 20-25 Minuten backen. Herausnehmen, anrichten, ausgarnieren und servieren.

Makkaroniauflauf

• 300 g Makkaroni • Salzwasser • einige Tropfen Olivenöl • 1-2 EL Butter oder Margarine • 1 Zwiebel • 1 rote Paprikaschote • 1 grüne Paprikaschote • 1 gelbe Paprikaschote • 2 Zucchini • 200 g Kirschtomaten • Salz • Pfeffer aus der Mühle • 1 Prise Muskat • 1 Prise Cayennepfeffer • 1/4 l gebundene Helle Sauce • 1 Becher süße Sahne • 125 g geriebenen Provolone-Käse • 1 Tasse geriebene Semmelbrösel • 1 Tasse geriebenen Parmesankäse

• Die Makkaroni im Salzwasser mit einigen Tropfen Olivenöl bissfest garen, abgießen, abschrecken, gut abtropfen lassen und bereitstellen.
• Die Butter oder Margarine in einer Pfanne erhitzen und die geschälte und fein gehackte Zwiebel darin glasig schwitzen.
• Die Paprikaschoten putzen, halbieren, entkernen, waschen, in feine Würfel schneiden, zu den Zwiebeln geben und kurz mitschwitzen.
• Die Zucchini putzen, in Würfel schneiden, zum Paprika geben und kurz mitschwitzen. Die Tomaten waschen, halbieren oder vierteln, zum Gemüse geben und einmal durchschwenken.
• Das Gemüse mit Salz, Pfeffer, Muskat und Cayennepfeffer kräftig abschmecken.
• Das Gemüse mit den Makkaroni schichtweise in eine Auflaufform geben.
• Die gebundene Helle Sauce mit der süßen Sahne und dem geriebenen Provolone-Käse vermischen und gleichmäßig auf dem Auflauf verteilen.
• Die Semmelbrösel mit dem Parmesankäse vermischen und den Auflauf damit bestreuen. Das Ganze im auf 200° C vorgeheizten Backofen 30 Minuten garen.
• Nach Ende der Garzeit den Makkaroniauflauf herausnehmen, dekorativ anrichten, ausgarnieren und sofort servieren.

Hackfleischauflauf

• 2-3 EL Olivenöl • 2-3 Knoblauchzehen • 1 TL Salz • 400 g gemischtes Hackfleisch • 1 Zwiebel • 2 Auberginen • 1 große Dose geschälte Tomaten • 1 EL Kräuter der Provence • 1 Schuss Weißwein • 400 g bissfest gegarte Hörnchennudeln • Butter für die Form • Salz • Pfeffer aus der Mühle • 1 Prise Kümmelpulver • 200 g fein geriebenen Gouda • 4 Eier • 1 Becher Sahne

• Das Olivenöl in einer Pfanne erhitzen und die mit Salz zerriebenen Knoblauchzehen darin anschwitzen.
• Das Hackfleisch dazugeben und unter ständigem Rühren braten.
• Die Zwiebel schälen, fein hacken, zum Fleisch geben und kurz mitbraten.
• Die Auberginen putzen, waschen, in Würfel schneiden, zum Fleisch geben und ebenfalls kurz mitbraten.
• Die Tomaten gut abtropfen lassen, grob zerkleinern und unter das Gemüse heben. Mit Kräutern der Provence würzen, mit Weißwein ablöschen und dünsten.
• Die bissfest gegarten Hörnchennudeln mit dem Hackfleisch schichtweise in eine ausgefettete Auflaufform geben, mit Salz, Pfeffer und Kümmelpulver bestreuen.
• Den fein geriebenen Gouda mit den Eiern und der Sahne verrühren und gleichmäßig auf dem Auflauf verteilen.
• Den Hackfleischauflauf im auf 180-200° C vorgeheizten Backofen in 25-30 Minuten garen, herausnehmen, dekorativ anrichten, ausgarnieren und servieren.

Kartoffelpfanne mit Zucchini

• 1 kg Kartoffeln • 1 l Salzwasser • 500 g Zucchini • 2 EL Butter oder Margarine • Salz • Pfeffer aus der Mühle • 100 g gekochten Schinken • 1 kleine Dose geschälte Tomaten • 200 g geräucherten, durchwachsenen Speck • 6 Eier • 1/2 Becher süße Sahne • 1 Bund Petersilie

• Die Kartoffeln waschen und im Salzwasser in 25-30 Minuten weich kochen. Abgießen, kurz kalt abbrausen, pellen, erkalten lassen und in Scheiben schneiden.
• Die Zucchini waschen und grob raspeln.
• Die Butter oder Margarine in einer Pfanne erhitzen und die Kartoffelscheiben darin goldbraun anbraten. Mit Salz und Pfeffer abschmecken und den in Würfel geschnittenen Schinken dazugeben.
• Die Zucchiniraspel unter die Kartoffeln heben, die Tomaten gut abtropfen lassen, grob zerkleinern und auf der Kartoffel-Zucchini-Mischung verteilen.
• Den geräucherten Speck in Würfel schneiden und in einer Pfanne auslassen.
• Die Eier mit der Sahne verquirlen und die Speckwürfel dazugeben. Das Ganze über die Kartoffel-Zucchini-Mischung gießen, die Pfanne verschließen und die Eimasse stocken lassen.
• Die Kartoffelpfanne mit Zucchini dekorativ anrichten, mit der verlesenen, gewaschenen und fein gehackten Petersilie bestreuen und servieren.

Überbackene Estragonravioli

• 250 g Mehl • 2 Eier • 2-3 EL Wasser • 1 EL Olivenöl • 1 Prise Salz • 1 Prise Muskat • 1-2 EL Butter oder Margarine • 1 Zwiebel • 75 g gekochten Schinken • 100 g frische Champignons • Saft von 1 Zitrone • Salz • Pfeffer aus der Mühle • 1 Prise Cayennepfeffer • 2 Eier • 3-4 EL Semmelbrösel • 1 Hand voll Kräuter (Salbei, Kresse, Melisse) • Eiweiß zum Bestreichen • Gemüsebrühe zum Garen • 100 g Butter • 1 Hand voll Estragonblätter • 200 g geriebenen Parmesankäse

• Das Mehl, die Eier, das Wasser und das Olivenöl, mit Salz und Muskat zu einem glatten Teig verkneten und in ein feuchtes Küchentuch wickeln. Eine halbe Stunde ruhen lassen.
• Die Butter oder Margarine erhitzen, die fein gehackte Zwiebel und den gewürfelten Schinken dazugeben und glasig schwitzen. Die Champignons hacken, mit Zitronensaft beträufeln, zum Schinken geben und kurz mitschwitzen, mit Salz, Pfeffer und Cayennepfeffer abschmecken, die Eier dazugeben und stocken lassen. Die Semmelbrösel unterheben und die gehackten Kräuter zugeben.
• Den Teig auf einer Arbeitsfläche hauchdünn ausrollen und Rechtecke ausschneiden.
• Von der Füllung je einen Esslöffel voll auf die Teigteile geben, die Ränder mit Eiweiß bestreichen, zusammenklappen und festdrücken.
• Die Ravioli in der heißen Gemüsebrühe gar ziehen lassen, herausnehmen und gut abtropfen lassen.
• Die Butter in einer Auflaufform erhitzen, die geschnittenen Estragonblätter anschwitzen.
• Die Ravioli dazugeben, kurz durchschwenken, mit geriebenem Parmesankäse bestreuen und im auf 180-200° C vorgeheizten Backofen 15-20 Minuten überbacken, anrichten, ausgarnieren und sofort servieren.

Schneller Nudelauflauf

• 300 g grüne Bandnudeln • Salzwasser • 1-2 EL Olivenöl • 1/2 l gebundene Helle Sauce (Fertigprodukt) • 1-2 EL Butter oder Margarine • 100 g Lachsschinken • 100 g gekochten Schinken • 1 Schuss Weißwein • 500 g Fleischtomaten • Salz • Pfeffer aus der Mühle • 1 Prise Muskat • 1 Bund Basilikum • 100 g geriebenen Blauschimmelkäse • Butter oder Margarine zum Ausfetten • 1 Dose Stangenspargel • 75 g fein geriebenen Emmentaler

• Die Bandnudeln im Salzwasser mit dem Olivenöl bissfest garen, abgießen, abschrecken, gut abtropfen lassen und bereitstellen.
• Die gebundene Helle Sauce nach Packungsanweisung zubereiten und bereitstellen.
• Die Butter oder Margarine in einer Pfanne erhitzen und den in feine Würfel geschnitten Lachsschinken darin anbraten.
• Den gekochten Schinken würfeln oder in Streifen schneiden, zum Lachsschinken geben und kurz mitschwitzen. Mit Weißwein ablöschen und kurz dünsten.
• Die Fleischtomaten enthäuten, entkernen, in Würfel schneiden, zum Schinken geben, mit Salz, Pfeffer, Muskat und dem verlesenen, gewaschenen und fein gehackten Basilikum würzen.
• Die Bandnudeln unterheben, den geriebenen Blauschimmelkäse ebenfalls dazugeben.
• Eine Auflaufform mit Butter oder Margarine ausfetten, die Nudeln einschichten, den gut abgetropften Stangenspargel darauf anrichten. Mit dem Emmentaler bestreuen und im auf 200-220° C vorgeheizten Backofen in 20 Minuten garen.
• Den Schnellen Nudelauflauf herausnehmen, anrichten, ausgarnieren und sofort servieren.

Überbackene Paprikaschoten

• 4 Paprikaschoten • 1/4 l Gemüsebrühe • 100 g gekochten Schinken • 1 Zwiebel • 400 g gekochte Kartoffeln • 2 EL fein geschnittene Senfgurken • Salz • Pfeffer aus der Mühle • 1 Prise Paprikapulver • 1 Prise Kümmelpulver • 200 g geriebenen Bergkäse • 1 Bund Petersilie

• Die Paprikaschoten halbieren, entkernen, waschen, gut abtropfen lassen und in der Gemüsebrühe bissfest garen. Herausnehmen und in eine ausgefettete Auflaufform setzen.
• Die Butter oder Margarine in einer Pfanne erhitzen und den in feine Würfel geschnittenen Schinken darin anbraten, die geschälte und fein gehackte Zwiebel dazugeben und kurz mitbraten.
• Die gekochten Kartoffeln pellen, in Würfel schneiden, mit den fein gewürfelten Senfgurken zu den Schinkenzwiebeln geben und kurz braten.
• Mit Salz, Pfeffer, Paprikapulver und Kümmel kräftig abschmecken und in die Paprikahälften füllen.
• Das Ganze mit dem geriebenen Bergkäse bestreuen und im auf 180-200° C vorgeheizten Backofen in 15-20 Minuten backen.
• Die Überbackenen Paprikaschoten dekorativ anrichten, mit der verlesenen, gewaschenen und fein gehackten Petersilie bestreuen, ausgarnieren und servieren.

Nudelauflauf mit Spargel

• 300 g Spiral- oder Hörnchennudeln • Salzwasser • 1-2 EL Olivenöl • 250 g Romanescoröschen • 250 g weiße und grüne Spargelabschnitte (TK-Produkt) • 1 EL Butter oder Margarine • 1 Zwiebel • Salz • Pfeffer aus der Mühle • 1 Prise Muskat • einige Tropfen Zitronensaft • 150 g Bierschinken • 200 g Doppelrahmfrischkäse • 1 Tasse Spargelfond • Butterflöckchen • Semmelbrösel zum Bestreuen

• Die Nudeln im Salzwasser mit dem Olivenöl bissfest garen, abgießen, abschrecken, gut abtropfen lassen und bereitstellen.
• Die Romanescoröschen verlesen, waschen gut abtropfen lassen, je nach Bedarf klein schneiden, mit den Spargelabschnitten in der Gemüsebrühe kurz blanchieren, abtropfen lassen und bereitstellen.
• Die Butter oder Margarine in einer Auflaufform erhitzen und die fein gehackte Zwiebel darin glasig schwitzen.
• Das Gemüse dazugeben, kurz durchschwenken, mit Salz, Pfeffer, Muskat und Zitronensaft abschmecken.
• Den in feine Würfel oder Streifen geschnittenen Bierschinken und die Nudeln unterheben und nochmals kräftig abschmecken.
• Den Spargelfond mit dem Doppelrahmfrischkäse glatt rühren und gleichmäßig auf dem Auflauf verteilen, einige Butterflöckchen darauf setzen und mit Semmelbröseln bestreuen.
• Den Auflauf im auf 180-200° C vorgeheizten Backofen in 15-20 Minuten garen, anrichten, ausgarnieren und servieren.

Nudelpfanne mit Tomaten und Pilzen

• 1-2 EL Butter oder Margarine • 2 Zwiebeln • 1 Knoblauchzehe • 400 g frische Mischpilze • einige Tropfen Zitronensaft • 1 Dose geschälte Tomaten • 1 Prise Meersalz • weißer Pfeffer aus der Mühle • 1 Prise Cayennepfeffer • 600 g bissfest gegarte Nudeln • 1 Bund Basilikum • 2 Tassen gut schmelzenden, geriebenen Käse • Kräuterzweige zum Garnieren

• Die Butter oder Margarine in einer Pfanne erhitzen und die fein gehackten Zwiebeln glasig schwitzen. Die Knoblauchzehe schälen, fein hacken, zu den Zwiebeln geben und kurz mitschwitzen.
• Die Mischpilze putzen, in Scheiben schneiden, mit Zitronensaft beträufeln, zu den Zwiebeln geben und mitgaren.
• Die Tomaten mit einer Gabel zerdrücken. Mit dem Saft unter die Pilze heben, kräftig durchschwenken und erhitzen, mit Meersalz, Pfeffer und Cayennepfeffer abschmecken und die Nudeln mit dem fein gehackten Basilikum unterziehen.
• Die Nudelpfanne erhitzen, nochmals abschmecken, mit dem geriebenen Käse bestreuen und unter dem Grill kurz überbacken, bis der Käse zerlaufen ist. Kräuterzweigen ausgarnieren und servieren.

Nudelauflauf für Eilige

• 300 g Gabelspaghetti • Salzwasser • 1-2 EL Olivenöl • 1-2 EL Butter oder Margarine • 1 Zwiebel • 2 Knoblauchzehen • 1 TL Salz • 1 rote Paprikaschote • 1 grüne Paprikaschote • 250 g frischen Mangold • 1 Schuss Weißwein • 1 Tasse Gemüsebrühe • Salz • Pfeffer aus der Mühle • 1 Prise Muskat • Butter oder Margarine für die Form • 150 g geriebenen Edamer • 2-3 EL Schnittlauchröllchen

• Die Gabelspaghetti in Salzwasser mit dem Olivenöl bissfest garen, abgießen, abschrecken, gut abtropfen lassen und bereitstellen.
• Die Butter oder Margarine in einer Pfanne erhitzen und die geschälte und fein gehackte Zwiebel darin glasig schwitzen.
• Die Knoblauchzehen schälen, mit Salz zu einer Paste zerreiben, mit den geputzten und in Streifen geschnittenen Paprikaschoten zu den Zwiebeln geben und kurz mitbraten.
• Den klein geschnittenen Mangold dazugeben, kurz dünsten, mit Weißwein ablöschen, die Gemüsebrühe angießen und einmal aufkochen lassen. Mit Salz, Pfeffer und Muskat kräftig abschmecken.
• Die Hälfte der Gabelspaghetti in eine ausgefettete Auflaufform geben, das Gemüse gleichmäßig darauf verteilen und mit den restlichen Nudeln abdecken.
• Den Käse auf dem Auflauf verteilen und das Ganze im auf 180-200° C vorgeheizten Backofen in 10-15 Minuten garen. Herausnehmen, anrichten, ausgarnieren und mit Schnittlauchröllchen bestreut servieren.

Nudel-Schinken-Auflauf

• 1-2 EL Butter oder Margarine • 1 Bund Frühlingszwiebeln • je 150 g Erbsen und Karotten • 1 Schuss Weißwein • 100 g gekochten Schinken • Salz • Pfeffer aus der Mühle • 1 Prise Cayennepfeffer • 1 Prise Muskat • 1 TL Kräuter der Provence • 600 g bissfest gegarte Bandnudeln • Butter oder Margarine für die Form • 1/4 l gebundene Helle Sauce • 200 g Crème fraîche mit Knoblauch • 150 g geriebenen Käse • Butterflöckchen • 2 EL Schnittlauchröllchen

• Die Butter oder Margarine in einer Pfanne erhitzen und die geschälte und fein gehackte Zwiebel darin anschwitzen.
• Die Frühlingszwiebeln putzen, in Ringe schneiden, die Erbsen und Karotten zur Zwiebel geben und kurz mitschwitzen.
• Mit Weißwein ablöschen und den in Würfel oder Streifen geschnittenen Schinken untermischen.
• Das Ganze mit Salz, Pfeffer, Cayennepfeffer, Muskat und Kräutern der Provence würzen.
• Die Bandnudeln unter die Schinken-Gemüse-Mischung heben, nochmals abschmecken und anschließend in eine ausgefettete Auflaufform füllen.
• Die Helle Sauce mit der Crème fraîche und dem geriebenen Käse vermischen und gleichmäßig auf dem Auflauf verteilen.
• Das Ganze mit Butterflöckchen belegen und anschließend im auf 180-200° C vorgeheizten Backofen 10-15 Minuten backen, herausnehmen, anrichten, ausgarnieren und mit Schnittlauchröllchen bestreut servieren.

Gemüse-Apfel-Auflauf

• 600 g gekochte Kartoffeln • 2 Zwiebeln • 4 mittelgroße Äpfel • Saft von 1 Zitrone • 250 g frische Champignons • Kräutersalz • Pfeffer aus der Mühle • 1 Prise Muskat • 1 Prise Cayennepfeffer • 2 Becher Sahnedickmilch • 2-3 Eier • 250 g geriebenen Emmentaler • 1 Tasse gemischte, gehackte Kräuter

• Die Kartoffeln in Scheiben schneiden. Die Zwiebeln schälen und in Scheiben schneiden. Die Äpfel schälen, entkernen, in Scheiben schneiden und mit Zitronensaft beträufeln.
• Die Champignons putzen und in Scheiben schneiden, mit Zitronensaft beträufeln. Die Kartoffeln, die Zwiebeln, die Äpfel und die Pilze in einer ausgefetteten Form anrichten. Mit Kräutersalz, Pfeffer, Muskat und Cayennepfeffer würzen.
• Die Sahnedickmilch und die Eier verrühren und auf dem Gemüse verteilen. Den Emmentaler darüber streuen und im auf 180-200° C vorgeheizten Backofen 20-25 Minuten garen.
• Nach Ende der Garzeit den Gemüse-Apfel-Auflauf herausnehmen. Mit den verlesenen, gewaschenen und fein gehackten Kräutern bestreuen, ausgarnieren und sofort servieren.

Bauernschmaus mit Pfifferlingen

• 1-2 EL Butterschmalz • 150 g geräucherten Speck • 2 Zwiebeln • 1 Knoblauchzehe • 1 TL Salz • 600 g gekochte Kartoffeln • 1/8 l Gemüsebrühe • Salz • Pfeffer aus der Mühle • 1 Prise Muskat • 1 Prise Cayennepfeffer • 400 g frische Pfifferlinge • einige Tropfen Zitronensaft • 150 g geriebenen Tilsiter • 1 Bund Basilikum

• Das Butterschmalz in einer großen Pfanne erhitzen und den in feine Würfel geschnittenen Speck darin auslassen.
• Die Zwiebeln schälen, fein hacken, zum Speck geben und kurz mitbraten. Die Knoblauchzehe schälen, mit Salz zu einer Paste zerreiben, zu den Speckzwiebeln geben und ebenfalls kurz mitschwitzen.
• Die Kartoffeln pellen, in Scheiben schneiden, zu den Speckzwiebeln geben, kurz mitschwitzen, bei mäßiger Hitze 6-8 Minuten braten lassen, mit Salz, Pfeffer, Muskat und Cayennepfeffer kräftig abschmecken.
• Die Pfifferlinge verlesen, waschen, gut abtropfen lassen, mit Zitronensaft beträufeln, zu den Kartoffeln geben und weitere 5 Minuten braten.
• Den Bauernschmaus nochmals kräftig abschmecken, die verlesenen, gewaschenen und fein geschnittenen Basilikumblätter untermischen, auf feuerfesten Tellern dekorativ anrichten, mit Käse bestreuen und portionsweise unter dem Grill kurz überbacken.
• Herausnehmen, mit einigen Basilikumblättern belegen, ausgarnieren und sofort servieren.

Schneller Fisch

• 4 Fischfilets nach Wahl à 200 g (TK-Produkt) • einige Tropfen Zitronensaft • einige Tropfen Worcestersauce • Salz • Pfeffer aus der Mühle • 1-2 EL Butter oder Margarine • 500 g fertiges Kartoffelpüree • 1 Schuss Sahne • 125 g geriebenen Edamer • 1/4 l Fisch- oder Gemüsebrühe • 1 Becher Crème double • Speisestärke zum Binden • 1 Tasse gemischte, gehackte Kräuter

• Die Fischfilets waschen, trockentupfen, mit Zitronensaft und Worcestersauce beträufeln, mit Salz und Pfeffer würzen und im Kühlschrank 10-15 Minuten ziehen lassen.
• Eine Auflaufform mit Butter oder Margarine ausfetten und die Fischfilets einsetzen. Die Fisch- oder Gemüsebrühe angießen und die Fischfilets im auf 180-200° C vorgeheizten Backofen 20-25 Minuten gar ziehen lassen.
• Das Kartoffelpüree mit einem Schuss Sahne verfeinern und den geriebenen Edamer unterziehen.
• Das Püree portionsweise auf die Fischfilets streichen und im auf 180-200° C vorgeheizten Backofen nochmals überbacken.
• Nach Ende der Garzeit die einzelnen Fischfilets herausnehmen und warm stellen.
• Den Fond mit der Crème double vermischen und kurz einreduzieren lassen.
• Die Sauce mit Speisestärke binden und die gehackten Kräuter unter die Sauce ziehen.
• Die Sauce mit Salz, Pfeffer, Zitronensaft und Worcestersauce abschmecken. Die Fischfilets mit der Sauce anrichten, ausgarnieren und servieren.

Kohlrabiauflauf mit Sonnenblumenkernen

• 600 g Kohlrabi • 1 große Zwiebel • 4 Karotten • 2 große Äpfel • Saft von 1 Zitrone • Salz • Pfeffer aus der Mühle • 1 Prise Zimt • 1/4 l Sahne • 3 Eier • 3-4 EL Sonnenblumenkerne • Butter oder Margarine zum Ausfetten und für die Flöckchen

• Die Kohlrabi schälen, in Scheiben schneiden, kurz in Salzwasser blanchieren, herausnehmen, abtropfen lassen und bereitstellen.
• Die Zwiebel und die Karotten schälen und in Scheiben schneiden. Die Äpfel schälen, entkernen, in Scheiben schneiden und mit Zitronensaft beträufeln.
• Die Kohlrabi, die Zwiebel, die Karotten und die Äpfel vorsichtig miteinander vermischen, mit Salz, Pfeffer und Zimt kräftig würzen. Die Sahne mit den Eiern verschlagen. Mit Salz, Pfeffer und Zimt abschmecken.
• Eine Auflaufform ausfetten. Das Kohlrabigemüse einfüllen. Mit der Eier-Sahne-Mischung überziehen, mit Sonnenblumenkernen bestreuen und im auf 200° C vorgeheizten Backofen 20-25 Minuten backen.
• Den Kohlrabiauflauf mit Eiern und Sonnenblumenkernen herausnehmen, anrichten, ausgarnieren und sofort servieren.

Kartoffelbrei mit Gemüse

• 800 g mehlig kochende Kartoffeln • Salzwasser • 1/4 l Buttermilch • 1 Schuss Sahne • Salz • Pfeffer aus der Mühle • 1 Prise Muskat • Butterschmalz für die Form • 2 kleine Stangen Lauch • 4 Karotten • 4 Eier • 1/2 Becher saure Sahne

• Die Kartoffeln schälen und in Salzwasser garen, abtropfen lassen und durch die Kartoffelpresse treiben.
• Die Buttermilch mit der Sahne erhitzen, zum Kartoffelpüree geben und alles gut miteinander vermischen.
• Das Püree mit Salz, Pfeffer und Muskat abrunden und in einen Spritzbeutel füllen.
• Eine Auflaufform mit Butterschmalz ausfetten und das Püree an den Rand spritzen.
• Den Lauch waschen, gut abtropfen und in Ringe schneiden.
• Die Karotten schälen, grob raspeln und in einer Schüssel mit dem Lauch vermischen.
• Die Eier mit der sauren Sahne verschlagen, mit Salz, Pfeffer und Muskat abrunden und unter die Gemüsemasse rühren.
• Die Masse in die Mitte der Auflaufform geben und das Ganze im auf 200° C vorgeheizten Backofen 25 Minuten backen, herausnehmen, anrichten, ausgarnieren und servieren.

Waldpilzflan

• 2-3 EL Butter • 1 Zwiebel • 1 rote Paprikaschote • 250 g frische Waldpilze • einige Tropfen Zitronensaft • 1/2 l Sahne • 1 Bund Petersilie • 3 Eier • Salz • Pfeffer • 1 Prise Muskat • Butter oder Margarine zum Ausfetten • 100 g Butter • 2-3 EL Gemüsebrühe • 1 Bund glatte Petersilie

• Die Butter erhitzen und die fein gehackte Zwiebel darin glasig schwitzen.
• Die Paprikaschote halbieren, entkernen, waschen, abtropfen lassen, in Würfel schneiden, zur Zwiebel geben und kurz mitschwitzen. Die Waldpilze klein schneiden, mit Zitronensaft beträufeln, zum Gemüse geben und ebenfalls mitschwitzen.
• Die Sahne angießen, solange einkochen lassen, bis eine sämige Sauce entstanden ist.
• Anschließend das Ganze im Mixer pürieren und erkalten lassen.
• Die verlesene, gewaschene und fein gehackte Petersilie mit den Eiern kräftig darunter schlagen. Das Ganze mit Salz, Pfeffer und Muskat würzen.
• Flanförmchen mit Butter oder Margarine ausfetten und die Masse einfüllen.
• Ein Wasserbad bei 170-180° C im Backofen erhitzen. Die Flanförmchen einsetzen und ca. 1 Stunde gar ziehen lassen.
• Kurz vor Garende die Butter erhitzen. Die Brühe angießen und die gewaschenen, gut abgetropften Petersilienblätter in die Butter legen, kurz anschwenken.
• Die Petersilienblätter dekorativ anrichten, den Flan darauf setzen, mit der restlichen Butter überziehen, ausgarnieren und sofort servieren.

Leichter Kartoffelauflauf

• 800 g Kartoffeln • 1 Zwiebel • 2 Gewürzgurken • 1 Röhrchen Kapern • 1 Becher Sahne • 4 Eier • 1-2 EL mittelscharfen Senf • Salz • Pfeffer aus der Mühle • 1 Prise Zucker • 1 Prise Cayennepfeffer • 1 Prise Kümmelpulver • Butter für die Form • 125 g geriebenen Gouda • 2-3 EL SChnittlauchröllchen • Tomatenscheiben zum Garnieren

• Die Kartoffeln waschen, in einen Topf geben; Salzwasser angießen und die Kartoffeln in 20-25 Minuten garen.
• Die Kartoffeln abschrecken, pellen, vollständig erkalten lassen und in Scheiben oder Würfel schneiden.
• Die Zwiebel schälen und fein hacken, mit den in feine Würfel geschnittenen Gewürzgurken und den gut abgetropften Kapern unter die Kartoffeln heben.
• Die Sahne mit den Eiern und dem Senf glatt rühren, mit Salz, Pfeffer, Zucker, Cayennepfeffer und Kümmelpulver kräftig würzen.
• Eine Auflaufform mit Butter ausfetten, die Kartoffelmischung einfüllen und die Sahne-Eier-Mischung darüber gießen.
• Mit dem geriebenen Käse bestreuen und im auf 180-200° C vorgeheizten Backofen 25-30 Minuten backen. Herausnehmen, dekorativ anrichten, mit Schnittlauchröllchen bestreuen, mit Tomatenscheiben ausgarnieren und sofort servieren.

Kartoffel-Blumenkohl-Auflauf

• 800 g Kartoffeln • Salzwasser • 1 EL Kümmel • 2 Lorbeerblätter • 2 Vollkornbrötchen • 1 Tasse heiße Milch • 4 Eier • 500 g Blumenkohlröschen • Gemüsebrühe • 200 g kalten Braten • 125 g Butter oder Margarine • Salz • Pfeffer aus der Mühle • 1 Prise Muskatpulver • 1 TL Majoran • 1 Bund Petersilie • Butter oder Margarine zum Ausfetten • einige Butterflöckchen • 3-4 EL Semmelbrösel

• Die Kartoffeln waschen, in Salzwasser mit dem Kümmel und den Lorbeerblättern bissfest garen, herausnehmen, kurz auskühlen lassen, pellen und durch die Kartoffelpresse treiben.
• Die Brötchen in Würfel schneiden, in eine Schüssel geben und mit der heißen Milch übergießen. Die Eier trennen, das Eiweiß steif schlagen.
• Die Blumenkohlröschen waschen, gut abtropfen lassen, in der Gemüsebrühe bissfest garen. Den kalten Braten in Würfel oder Rauten schneiden.
• Die Butter oder Margarine in einer Schüssel schaumig rühren, das Eigelb darunter schlagen, die Brötchen, die Blumenkohlröschen, den kalten Braten und die Kartoffeln unterziehen.
• Zum Schluss das steif geschlagene Eiweiß unterheben und das Ganze mit Salz, Pfeffer, Muskat und Majoran abrunden.
• Die verlesene, gehackte Petersilie untermischen, eine Auflaufform mit Butter oder Margarine ausfetten und die Masse einfüllen.
• Den Auflauf mit einigen Butterflöckchen belegen und mit Semmelbröseln bestreuen. Im auf 180-200° C vorgeheizten Backofen 35-40 Minuten garen. Den Auflauf herausnehmen, anrichten, ausgarnieren und servieren.

Kartoffel-Erbsen-Auflauf

• 2 Zwiebeln • 2-3 EL Olivenöl • 200 g eingeweichte, grüne Erbsen • 3/4 l Gemüse- oder Fleischbrühe • 750 g Kartoffeln • 1 Becher Sahne • 4 Eier • 50 g geriebenen Butterkäse • Salz • Pfeffer aus der Mühle • 1 Prise Cayennepfeffer • 1 Prise Muskat • 1 Bund Petersilie • 1 Bund Kerbel • einige Tropfen Zitronensaft • einige Tropfen Worcestersauce

• Die Zwiebeln fein hacken. Das Olivenöl in einem Topf erhitzen und die Zwiebeln darin glasig schwitzen. Die eingeweichten, grünen Erbsen gut abtropfen lassen, zu den Zwiebeln geben und kurz mitschwitzen.
• Die Gemüse- oder Fleischbrühe angießen und zum Kochen bringen und die Erbsen darin bei mäßiger Hitze 40-50 Minuten köcheln lassen.
• Die Kartoffeln schälen, in Würfel oder Scheiben schneiden, zu den Erbsen geben und 15-20 Minuten mitgaren.
• Die Kartoffel-Erbsen-Mischung in eine Auflaufform geben. Die Sahne mit den Eiern und dem Butterkäse verschlagen. Mit Salz, Pfeffer, Cayennepfeffer und Muskat kräftig abschmecken, die gehackten Kräuter untermischen und mit Zitronensaft und Worcestersauce abrunden.
• Den Auflauf ebenfalls abschmecken und anschließend die Eiermischung gleichmäßig darauf verteilen. Den Auflauf im auf 180-200° C vorgeheizten Backofen 20-25 Minuten garen.
• Den Kartoffel-Erbsen-Auflauf nach Ende der Garzeit herausnehmen, anrichten, ausgarnieren und sofort servieren.

Gratinierter Lauch

• 4 Stangen Lauch • 4 Zwiebeln • 1-2 EL Butter oder Margarine • 1 Schuss Weißwein • Salz • Pfeffer aus der Mühle • 1 Prise Cayennepfeffer • 1 Prise Zucker • Saft von 1 Zitrone • 1 Lorbeerblatt • 1 Zweig Thymian • 1/4 l Béchamel-Sauce • 1 Becher Sahne • einige Tropfen Worcestersauce • Butter für die Form • 250 g geriebenen Provolone-Käse • 1 Bund Basilikum

• Den Lauch putzen, in 5 cm große Stücke schneiden, waschen, gut abtropfen lassen und bereitstellen.
• Die Zwiebeln schälen und in Würfel schneiden. Die Butter oder Margarine in einer Pfanne erhitzen, die Zwiebeln und den Lauch darin glasig schwitzen.
• Das Gemüse mit Weißwein ablöschen, mit Salz, Pfeffer, Cayennepfeffer, Zucker und Zitronensaft abrunden. Das Lorbeerblatt und den Thymianzweig dazugeben und bei mäßiger Hitze 6-8 Minuten dünsten.
• Die Béchamel-Sauce mit der Sahne vermischen, mit Salz, Pfeffer, Cayennepfeffer, Zitronensaft und Worcestersauce würzen.
• Das Gemüse in eine ausgefettete Auflaufform legen, mit der Béchamelsauce überziehen, mit dem geriebenen Provolone-Käse bestreuen und im auf 200° C vorgeheizten Backofen 15-20 Minuten überbacken. Herausnehmen, anrichten, ausgarnieren und mit dem verlesenen, gewaschenen und fein gehackten Basilikum bestreut servieren.

Tomatenauflauf mit Basilikum

• 1 kg Tomaten • 1 Zwiebel • 1 kleine Stange Lauch • Salz • Pfeffer aus der Mühle • 2-3 EL Butter oder Margarine • 1 Bund Basilikum • Butter für die Form • 4 Eier • 1/4 l süße Sahne • 150 g geriebenen Gouda

• Die Tomaten kurz in kochendes Wasser tauchen, enthäuten und in Scheiben schneiden.
• Die Zwiebel schälen und fein hacken, den Lauch waschen und in dünne Ringe schneiden.
• Die Butter oder Margarine in einem Topf erhitzen und die Zwiebel darin glasig schwitzen. Den Lauch dazugeben, ebenfalls kurz mitschwitzen und mit Salz und Pfeffer würzen.
• Eine Auflaufform mit Butter ausfetten, die Tomatenscheiben und die Zwiebel-Lauchmischung einfüllen.
• Die Eier trennen, das Eiweiß zu steifem Schnee schlagen und das Eigelb mit der Sahne und dem geriebenen Gouda sowie dem verlesenen, gewaschenen und fein gehackten Basilikum verrühren. Das Eiweiß darunter heben.
• Die Ei-Käse-Masse auf dem Gemüse verteilen und das Ganze im auf 200° C vorgeheizten Backofen 10 Minuten backen. Herausnehmen, dekorativ anrichten, ausgarnieren und servieren.

Anna-Kartoffeln

• 1 kg mehligkochende Kartoffeln • 100 g Butterschmalz • Salz • Paprikapulver

• Die Kartoffeln schälen, waschen, gut abtropfen lassen und in zentimeterdicke Scheiben schneiden.
• In kaltem Wasser zweimal waschen, dann abtropfen lassen und mit einem Küchentuch trockentupfen.
• Einen runden, dickwandigen Bratentopf mit Butterschmalz einfetten.
• Die Kartoffelscheiben auf den Topfboden legen, dabei einen Kranz von sich dachziegelartig überlappenden Scheiben legen.
• Den nächsten Kranz so legen, dass er die Scheiben des ersten etwas überlappt.
• Jede Schicht mit Salz und Paprika bestreuen.
• Die restlichen Kartoffelscheiben lagenweise darüber einschichten. Jede Lage mit Salz und Paprika würzen und mit etwas geschmolzenem Butterschmalz beträufeln.
• Die Kartoffeln im gut verschlossenen Topf auf dem Herd kurz erhitzen und anschließend im auf 250° C vorgeheizten Backofen 35-40 Minuten backen.
• Die Kartoffeln nach Ende der Garzeit auf eine Platte stürzen, ausgarnieren und sofort servieren.

Nudelauflauf mit jungem Gemüse

• 200 g junge Karotten • 300 g Kohlrabi mit Grün • 100 g grüne Bohnen • 1/4 l Gemüsebrühe • 2-3 EL Butter oder Margarine • 500 g bissfest gegarte Spiralnudeln • 1 Becher Sahne • 200 g geriebenen Tilsiter • Salz • Pfeffer aus der Mühle • 1 Prise Cayennepfeffer • 1 Prise Muskat • einige Butterflöckchen • 100 g Katenschinken

• Die Karotten und den Kohlrabi schälen. Die Karotten in Stifte, die Kohlrabi in Scheiben und die Bohnen in mundgerechte Stücke schneiden.
• Karotten, Kohlrabi und Bohnen in der erhitzten Gemüsebrühe bissfest garen, herausnehmen, gut abtropfen lassen und bereitstellen.
• Eine runde Gratinform mit Butter oder Margarine ausfetten und die Hälfte der Nudeln einfüllen.
• Die Sahne mit einem Drittel des Käses vermischen, mit Salz, Pfeffer, Cayennepfeffer und Muskat abschmecken und über die Nudeln gießen.
• Die restlichen Nudeln, die Möhrenstifte, die Kohlrabischeiben und die Bohnen dekorativ in die Form schichten und das Ganze mit dem restlichen Käse bestreuen.
• Einige Butterflöckchen darauf setzen und im auf 180-200° C vorgeheizten Backofen 15-20 Minuten backen.
• Den Nudelauflauf mit jungem Gemüse anrichten und mit dem hauchdünn geschnittenen Katenschinken servieren.

Überbackene Röstis

• 1 kg mehligkochende Kartoffeln • Salzwasser • 1 TL Kümmel • Salz • weißen Pfeffer aus der Mühle • 1 Prise Muskat • 2-3 EL Butter oder Margarine • 1 Tasse Pflanzenfett • 250 g geriebenen Butterkäse

• Die Kartoffeln gründlich waschen, abbürsten und in reichlich Salzwasser sprudelnd 10 Minuten garen.
• Anschließend die Kartoffeln abgießen, abschrecken, sofort pellen und über Nacht auskühlen lassen.
• Die Kartoffeln auf einer groben Reibe mit tropfenförmigen Öffnungen in Streifchen raspeln.
• Die Masse mit Salz, Pfeffer und Muskat abschmecken und die zerlassene Butter oder Margarine einrühren.
• Das Pflanzenfett in einer Pfanne erhitzen, portionsweise Kartoffeln in die Pfanne geben, mit einem Bratenwender flachdrücken und den Deckel schließen.
• Sobald die Unterseite goldbraun gebraten ist, weiteres Pflanzenfett dazugeben, die Kartoffelmasse wenden und die zweite Seite ohne Deckel goldgelb braten.
• Die Röstis herausnehmen, in eine ausgefettete Auflaufform geben, mit dem Butterkäse bestreuen und im Backofen oder unter dem Grill überbacken, anrichten, ausgarnieren und servieren.

Kartoffeln mit Zwiebeln

• 500 g gekochte Kartoffeln • 500 g Zwiebeln • 1-2 EL Butter oder Margarine • 1/4 l Sahne • 1 Becher Crème fraîche • Salz • Pfeffer aus der Mühle • 1 Prise Muskat • einige Tropfen Zitronensaft • einige Tropfen Worcestersauce • 4 Eier • 250 g geriebenen Emmentaler • 1 Hand voll gehackte Petersilie

• Die Kartoffeln pellen und in Scheiben schneiden.
• Die Butter oder Margarine in einer Auflaufform oder einem hohen Backblech erhitzen und die geschälten und in Scheiben geschnittenen Zwiebeln darin anschwitzen.
• Die Kartoffeln mit den Zwiebeln vermischen.
• Die Sahne mit der Crème fraîche und den Eiern verschlagen, mit Salz, Pfeffer, Muskat, Zitronensaft und Worcestersauce kräftig abschmecken.
• Die Hälfte des geriebenen Emmentalers unterziehen und gleichmäßig auf dem Auflauf verteilen.
• Den restlichen Emmentaler darüber streuen, das Ganze im auf 180-200° C vorgeheizten Backofen in 20-25 Minuten backen, herausnehmen, dekorativ anrichten, mit der Petersilie bestreuen und sofort servieren.

Schlemmerauflauf

• 500 g Kartoffeln • 1 Bund Suppengemüse • 400 g Romanesco • 500 g Schweinenacken • 1 in Milch eingeweichtes Brötchen • 1 Zwiebel • 1-2 EL mittelscharfen Senf • 1 TL Majoran • 1 Knoblauchzehe • Salz • Pfeffer aus der Mühle • 1 Prise Cayennepfeffer • 1 TL Kräuter der Provence • 1/2 l Gemüsebrühe • 1/2 Becher Sahne • 125 g Schafskäse • 1 Bund Schnittlauch

• Die Kartoffeln in Scheiben schneiden. Das Suppengemüse putzen und in Scheiben oder Stifte schneiden. Das Gemüse mit dem Romanesco unter fließendem Wasser abwaschen und gut abtropfen lassen.
• DasSchweinefleisch mit dem ausgedrückten Brötchen und der geschälten Zwiebel durch die feine Scheibe des Fleischwolfs drehen.
• Die Masse mit Senf, Majoran und der zerriebenen Knoblauchzehe verrühren, mit Salz, Pfeffer und Cayennepfeffer kräftig würzen.
• Eine Auflaufform ausfetten, das Gemüse mit dem Schweinefleisch schichtweise einfüllen und jede Schicht mit Kräutern der Provence bestreuen. Die letzte Schicht sollten Kartoffelscheiben sein.
• Die Gemüsebrühe und die Sahne miteinander verrühren und über dem Auflauf verteilen. Das Ganze im auf 180-200° C vorgeheizten Backofen 40-50 Minuten garen. Kurz vor Garende den Auflauf mit dem in Würfel geschnittenen Schafskäse bestreuen und überbacken.
• Anschließend herausnehmen und mit frisch geschnittenem Schnittlauch bestreut servieren.

Kartoffel-Gratin mit Gorgonzola

• 1 kg fest kochende Kartoffeln • Salzwasser • 1-2 EL Kümmel • 2 Lorbeerblätter • 1-2 EL Butterschmalz • 100 g durchwachsenen, geräucherten Speck • 2 Zwiebeln • 200 g Gorgonzola • Salz • Pfeffer aus der Mühle • 1 Prise Muskat • 1 Spritzer Tabasco • 1 Bund Schnittlauch

• Die Kartoffeln waschen und in einen Topf geben. Das Salzwasser angießen, Kümmel und Lorbeerblätter dazugeben und die Kartoffeln in etwa 20 Minuten garen.
• Die Kartoffeln abgießen, leicht erkalten lassen, pellen und raspeln oder in Würfel schneiden.
• Das Butterschmalz in einer großen Pfanne erhitzen und den in feine Würfel geschnittenen Speck darin auslassen.
• Die Zwiebeln schälen, fein hacken, zum Speck geben und kurz mitbraten.
• Die Kartoffeln unterheben und den in Würfel geschnittenen Gorgonzola darüber streuen. Mit Salz, Pfeffer, Muskat und Tabasco würzen und im auf 200-220° C vorgeheizten Backofen goldgelb überbacken.
• Das Kartoffel-Gratin herausnehmen, dekorativ anrichten, mit dem in Röllchen geschnittenen Schnittlauch bestreuen, ausgarnieren und servieren.

Gratinierte Kartoffeln

• 500 g Kartoffeln • Salzwasser • 1 EL Kümmel • 1 kleine Dose geschälte Tomaten • 2-3 EL Butter oder Margarine • Salz • Pfeffer aus der Mühle • 1 TL Oregano • 1 TL Basilikum • 1 Becher Sahne • 3-4 EL Crème fraîche • 200 g Tilsiter • 1 Bund Basilikum

• Die Kartoffeln mit dem Salzwasser in einen Topf geben, den Kümmel dazugeben und das Ganze zum Kochen bringen.
• Die Kartoffeln in 15-20 Minuten garen, anschließend abgießen, leicht erkalten lassen, pellen und in Scheiben schneiden.
• Die Tomaten abtropfen lassen und grob zerkleinern.
• Eine Auflaufform mit Butter oder Margarine ausfetten, die Tomaten und die Kartoffeln schichtweise in die Form geben. Das Ganze mit Salz, Pfeffer, Basilikum und Oregano bestreuen.
• Die Schlagsahne mit der Crème fraîche verrühren, gleichmäßig auf dem Kartoffelgratin verteilen.
• Den Tilsiter in kleine Würfel schneiden, auf den Auflauf geben und das Ganze im auf 180-200° C vorgeheizten Backofen 15-20 Minuten backen.
• Nach Ende der Garzeit das Kartoffelgratin herausnehmen und anrichten. Das Basilikum verlesen, waschen, gut abtropfen lassen, die Blättchen abpflücken und das Kartoffelgratin damit belegen, ausgarnieren und sofort servieren.

Kartoffel-Wirsingauflauf

• 800 g Kartoffeln • Salzwasser • 1-2 EL Kümmel • Fett für die Form • 1-2 EL Butter • 2 Zwiebel • 2 Knoblauchzehen • 500 g Rahm-Wirsing (TK-Produkt) • Salz • Pfeffer • 1 Prise Muskat • 1 Prise Cayennepfeffer • 1/2 Becher Sahne • 200 g geriebenen, gutschmelzenden Käse • 1 Tasse gehackte Kräuter

• Die Kartoffeln im Salzwasser mit Kümmel in 20-25 Minuten garen.
• Die Kartoffeln abgießen, pellen, in Scheiben schneiden und in eine ausgefettete Auflaufform geben.
• Die Butter in einer Pfanne erhitzen und die geschälten und fein gehackten Zwiebeln sowie den fein gehackten Knoblauch kurz anschwitzen.
• Den aufgetauten Rahm-Wirsing dazugeben und 3-4 Minuten mitdünsten.
• Mit Salz, Pfeffer, Muskat und Cayennepfeffer abschmecken und die Sahne angießen.
• Den Wirsing auf den Kartoffeln verteilen und mit dem geriebenen Käse bestreuen.
• Den Auflauf im auf 180-200° C vorgeheizten Backofen in 20-25 Minuten backen, herausnehmen, anrichten, ausgarnieren und mit den gehackten Kräutern bestreut servieren.

Schneller Weisskohltopf

• 500 g fertigen Schweinebraten • 500 g Pellkartoffeln • 2-3 EL Butterschmalz • 100 g durchwachsenen, geräucherten Speck • 2 Zwiebeln • 500 g Weißkohl • 1 Schuss Weißwein • 1/4 l Gemüsebrühe • Salz • Pfeffer aus der Mühle • 1 Prise Cayennepfeffer • 1 Prise Kümmelpulver • 1 Prise Muskat • 1 Tasse gemischte, gehackte Kräuter

• Den fertigen Schweinebraten sowie die Pellkartoffeln in mundgerechte Würfel schneiden.
• Das Butterschmalz in einem Topf erhitzen, den gewürfelten Speck darin auslassen und die fein gehackten Zwiebeln glasig schwitzen.
• Den Weißkohl putzen, in Streifen schneiden, zu den Zwiebeln geben und kurz mitbraten.
• Mit Weißwein ablöschen, mit der Gemüsebrühe auffüllen und das Ganze zum Kochen bringen. Mit Salz, Pfeffer, Cayennepfeffer, Kümmel und Muskat kräftig abschmecken.
• Den Weißkohl bissfest garen, die Kartoffel- und Schweinebratenwürfel unterheben, das Ganze erhitzen und nochmals abschmecken.
• Die verlesenen, gewaschenen Kräuter darüber streuen, den Weißkohltopf dekorativ anrichten, ausgarnieren und sofort servieren.

Kartoffel-Pfifferlinge-Auflauf

• 800 g Kartoffeln • Salzwasser • 1 EL Kümmel • 1-2 EL Butter oder Margarine • 150 g roh geräuchertes Kasseler ohne Knochen • 1 Stange Lauch • 400 g Pfifferlinge • Saft von 1 Zitrone • 1 Schuss Weißwein • 1 Becher Sahne • Salz • Pfeffer aus der Mühle • 1 Prise Muskat • 1 Prise Cayennepfeffer • 1 Becher saure Sahne • 4 Eier • 150 g geriebenen Käse

• Die Kartoffeln im Salzwasser mit dem Kümmel garen, leicht erkalten lassen, pellen und in Würfel schneiden.
• Das Fett erhitzen und das in Würfel geschnittene Kasseler darin anbraten.
• Den Lauch putzen, in Ringe schneiden, zum Schinken geben und kurz mitbraten.
• Die Pilze putzen, klein schneiden, mit Zitronensaft beträufeln, zu den Schinkenzwiebeln geben und kurz mitschwitzen.
• Mit Weißwein und Sahne auffüllen, mit Salz, Pfeffer, Muskat und Cayennepfeffer abschmecken und bei mäßiger Hitze 5 Minuten dünsten.
• Eine feuerfeste Auflaufform ausfetten und schichtweise Kartoffeln und Pilzmischung einfüllen.
• Die saure Sahne mit den Eiern und dem geriebenen Käse verschlagen, mit Salz, Pfeffer und Muskat abschmecken und auf dem Auflauf verteilen.
• Den Auflauf im auf 180-200° C vorgeheizten Backofen in 20-25 Minuten garen, herausnehmen, anrichten, ausgarnieren und servieren.

Kräuter-Käse-Soufflé

• 3/8 l Wasser • 1 Prise Salz • 1/8 l kalte Milch • 1 Päckchen Kartoffelpüreepulver • 1-2 EL Butter oder Margarine • 1 Schale Kräuterschmelzkäse • 4 Eier • Salz • Pfeffer aus der Mühle • 1 Prise Muskat • 1 Prise Paprikapulver • 1 Tasse gemischte, gehackte Kräuter • Semmelbrösel für die Auflaufform

• Das Wasser mit dem Salz zum Kochen bringen, vom Feuer nehmen und die kalte Milch dazugeben. Die Püreeflocken einstreuen, die Butter oder Margarine und den Kräuterschmelzkäse unterrühren.
• Die Eier trennen, das Eigelb unter die Kartoffelmasse heben, das Ganze mit Salz, Pfeffer, Muskat und Paprikapulver kräftig abschmecken und die gehackten Kräuter untermischen.
• Das Eiweiß mit etwas Wasser steif schlagen und vorsichtig unter die Masse heben.Die Käse-Kartoffel-Masse in eine gebutterte und ausgebröselte Auflaufform geben und im 180-200° C vorgeheizten Backofen 30-35 Minuten goldgelb backen.
• Das Kräuter-Käse-Soufflé herausnehmen, anrichten, ausgarnieren und sofort servieren.

Blumenkohlauflauf mit Schinken

• 400 g gekochte Kartoffeln • 300 g Blumenkohlröschen • 1/4 l Gemüsebrühe • 1-2 EL Butter oder Margarine • 1 Zwiebel • 150 g gekochten Schinken • 1 Schuss Weißwein • 2 Becher Sahne • 5 Eier • Salz • Pfeffer aus der Mühle • je 1 Prise Muskat, Kümmelpulver und Cayennepfeffer • 150 g geriebenen Gouda • 1 Bund Schnittlauch

• Die Kartoffeln pellen und in Würfel schneiden. Die Brühe erhitzen und die Blumenkohlröschen darin bissfest garen, herausnehmen und abschrecken. Die Butter oder Margarine erhitzen und die geschälte und fein gehackte Zwiebel darin anschwitzen.

• Den Schinken würfeln, zur Zwiebel geben und kurz mitbraten. Mit Weißwein ablöschen, die Kartoffeln und die Blumenkohlröschen dazugeben, kurz durchschwenken und in eine ausgefettete Auflaufform geben.

• Die Sahne mit den Eiern in eine Schüssel geben und gut verschlagen. Mit Salz, Pfeffer, Muskat, Kümmel und Cayennepfeffer kräftig abschmecken.

• Den geriebenen Käse auf dem Auflauf verteilen. In den auf 180-200° C vorgeheizten Backofen schieben und 20-25 Minuten backen. Herausnehmen, anrichten und mit dem frisch geschnittenen Schnittlauch bestreut servieren.

Nudel-Hackfleischgratin

• 400 g bissfest gegarte Hörnchennudeln • 2 Zwiebeln • 2-3 EL Butter oder Margarine • 2 Knoblauchzehen • 400 g gemischtes Hackfleisch • 1 Bund Frühlingszwiebeln • Salz • Pfeffer aus der Mühle • 1 TL Rosmarin • 2 Becher Sahne • 250 g geriebenen Edamer

• Die Zwiebeln schälen, fein hacken, mit der Butter oder Margarine in einer Pfanne glasig schwitzen.

• Die Knoblauchzehen schälen, fein hacken, zur Zwiebel geben und kurz anschwitzen. Das Hackfleisch dazugeben und unter ständigem Rühren braten.

• Die verlesenen, gewaschenen und in Scheiben geschnittenen Frühlingszwiebeln zum Fleisch geben und kurz mitbraten. Das Ganze mit Salz, Pfeffer und Rosmarin würzen.

• Eine ausgefettete Auflaufform mit einer Schicht Nudeln auslegen und die Hackfleischmasse gleichmäßig darauf verteilen.

• Die Sahne angießen, etwas geriebenen Käse darüber streuen und mit den restlichen Nudeln abdecken. Das Hackfleischgratin mit dem restlichen Käse bestreuen, mit Butterflöckchen belegen und im auf 180-200° C vorgeheizten Backofen 40-50 Minuten mit Alufolie bedeckt garen, herausnehmen, anrichten, ausgarnieren und servieren.

Schneller Auflauf

• 800 g Kartoffeln • Salzwasser • 1-2 EL Kümmel • 1-2 EL Butter oder Margarine • 2 Zwiebel • 2 Knoblauchzehen • 500 g Blattspinat (TK-Produkt) • Salz • Pfeffer aus der Mühle • 1 Prise Muskat • 1 Prise Cayennepfeffer • 1 Becher Sahne • 200 g geriebenen Emmentaler • 1 Hand voll gemischte, gehackte Kräuter

• Die Kartoffeln im Salzwasser mit Kümmel in 20-25 Minuten garen.
• Die Kartoffeln abgießen, pellen, in Scheiben oder Würfel schneiden und in eine ausgefettete Auflaufform geben.
• Die Butter oder Margarine in einer Pfanne erhitzen und die geschälten und fein gehackten Zwiebeln darin glasig schwitzen.
• Den Knoblauch fein hacken und kurz mitschwitzen.
• Den aufgetauten Blattspinat grob hacken, zu den Zwiebeln geben und 3-4 Minuten dünsten.
• Den Spinat mit Salz, Pfeffer, Muskat und Cayennepfeffer abschmecken und die Sahne angießen.
• Den Spinat gleichmäßig mit den Kartoffeln mischen und mit dem geriebenen Emmentaler bestreuen.
• Den Auflauf im auf 180-200° C vorgeheizten Backofen in 20-25 Minuten backen, herausnehmen, anrichten, ausgarnieren und mit den gehackten Kräutern bestreut servieren.

Gemüse-Gratin

250 g Kohlrabi • 250 g Karotten • 500 g Kartoffeln • 1/2 l Gemüsebrühe • 1-2 EL Butter oder Margarine • 1 Zwiebel • 1 rote Paprikaschote • 1 Schuss Weißwein • Salz • Pfeffer aus der Mühle • 1 Prise Muskat • 1 Prise Cayennepfeffer • 150 g jungen Gouda

• Die Kohlrabi, die Karotten und die Kartoffeln schälen und grob raspeln, in der Gemüsebrühe bissfest garen, herausnehmen, gut abtropfen lassen und bereitstellen.
• Die Butter oder Margarine in einer Pfanne erhitzen und die geschälte und fein gehackte Zwiebel darin glasig schwitzen. Die Paprikaschote halbieren, entkernen, in Würfel schneiden, zur Zwiebel geben und kurz mitschwitzen.
• Mit Weißwein ablöschen, das Gemüse untermischen, kurz durchkochen lassen und in eine ausgefettete Auflaufform geben. Mit etwas Brühe überziehen, mit dem geriebenen Gouda bestreuen und im auf 180-200 ° C vorgeheizten Backofen 15-20 Minuten backen. Herausnehmen, anrichten, ausgarnieren und servieren.

Schnelles Gemüsegratin

• 600 g fertig gegarte Kartoffeln • 600 g gemischtes Gemüse (TK-Produkt) • 1/4 l Gemüsebrühe • 2-3 EL Butter oder Margarine • 100 g rohen, geräucherten Schinken • 1 Becher Sahne • 200 g geriebenen Butterkäse • Salz • Pfeffer aus der Mühle • 1 Prise Cayennepfeffer • 1 Prise Muskat • einige Butter- oder Margarineflöckchen

• Die gegarten Kartoffeln pellen und in Scheiben schneiden.
• Das Gemüse in der Brühe bissfest garen und bereitstellen.
• Eine Gratinform mit Butter oder Margarine ausfetten und die Hälfte der Kartoffelscheiben einschichten, das Gemüse und den in Streifen geschnittenen Schinken darauf verteilen.
• Die Sahne mit 100 g Käse vermischen, mit Salz, Pfeffer, Cayennepfeffer und Muskat abschmecken und über das Gemüse gießen. Die restlichen Kartoffelscheiben darauf verteilen, mit dem restlichen Käse bestreuen. Einige Butter- oder Margarineflöckchen darauf setzen und im auf 180-200° C vorgeheizten Backofen 20-25 Minuten backen.

Pikantes Zwiebel-Apfel-Gratin

• 500 g gekochte Kartoffeln • 4 Zwiebeln • 500 g säuerliche Äpfel • Saft von 2 Zitronen • Butter oder Margarine • Semmelbrösel für die Form • 200 g fein geriebenen Butterkäse • 2 Becher Sahne • Salz • Pfeffer aus der Mühle • 1 Prise Muskat • 1 Tasse geröstete Mandelblättchen • 1 Tasse gemischte, gehackte Kräuter

• Die Kartoffeln pellen und in dünne Scheiben schneiden. Die Zwiebeln schälen und fein würfeln.
• Die Äpfel schälen, entkernen, in Scheiben schneiden und mit Zitronensaft beträufeln.
• Eine Auflaufform mit Butter oder Margarine ausfetten, mit Semmelbröseln bestreuen. Die Kartoffeln, die Zwiebeln und die Äpfel einschichten.
• Den Butterkäse mit der Sahne verrühren, mit Salz, Pfeffer und Muskat kräftig abschmecken und auf dem Auflauf verteilen. Den Auflauf im auf 180-200° C vorgeheizten Backofen 15-20 Minuten garen.
• 5 Minuten vor Garende den Auflauf mit den Mandelblättchen bestreuen. Nach Ende der Garzeit das Pikante Zwiebel-Apfel-Gratin herausnehmen, anrichten, ausgarnieren und mit den gehackten Kräutern bestreut servieren.

Gemüseauflauf mit Sahnedickmilch

• 600 g Kartoffeln • Salzwasser • 1-2 EL Kümmel • 2 Lorbeerblätter • Salz • Pfeffer aus der Mühle • 1 Prise Muskat • Fett zum Ausfetten • 1 Bund Frühlingszwiebeln • 400 g Mischgemüse • 4 Eier • 1/4 l Sahnedickmilch • 200 g geriebenen Schafskäse • einige Butter- oder Margarineflöckchen

• Die Kartoffeln waschen, mit dem Salzwasser, dem Kümmel und den Lorbeerblättern in einen Topf geben und in 20-25 Minuten garen. Die Kartoffeln abgießen, erkalten lassen, pellen und in Scheiben schneiden.
• Eine Auflaufform mit Butter oder Margarine ausfetten, die Frühlingszwiebeln putzen und in Ringe schneiden, mit dem Mischgemüse und den Kartoffeln in die Form geben.
• Die Eier mit der Sahnedickmilch verschlagen, 100 g gewürfelten Schafskäse untermischen, mit Salz, Pfeffer und Muskat abrunden und unter die Gemüsemasse rühren.
• Den restlichen Käse in Streifen schneiden, gitterförmig auf das Gemüse legen, einige Butter- oder Margarineflöckchen darauf verteilen und das Ganze im auf 180-200° C vorgeheizten Backofen 20-25 Minuten backen. Den Gemüseauflauf herausnehmen, anrichten, ausgarnieren und servieren.

Schlemmerkessel

• 4 Hähnchenkeulen • 1 kleine Kalbszunge • Salzwasser • 2-3 l Gemüse- oder Fleischbrühe • 1 Gewürzbeutel (Lorbeer, Wacholder, Nelken, Pfefferkörner) • 1 Zweig Rosmarin • 1 Zweig Thymian • 2 Zwiebeln • 1 Stange Lauch • 4 Karotten • 1 kleinen Sellerie • 8 Kartoffeln • 2-3 EL Butter oder Margarine • 2 Knoblauchzehen • 1 Glas Weißwein • 1/2 l gebundene Helle Sauce • einige Tropfen Zitronensaft • einige Tropfen Worcestersauce • Salz • Pfeffer aus der Mühle • 1 Prise Muskatpulver • 1 Prise Cayennepfeffer • 200 g geriebenen Gouda

• Die küchenfertigen Hähnchenkeulen und die Kalbszunge unter fließendem Wasser abwaschen und trockentupfen. Das Salzwasser in einem Topf erhitzen und die Fleischteile darin kurz blanchieren. Herausnehmen, unter fließendem Wasser abwaschen, gut abtropfen lassen und bereitstellen.
• Die Gemüse oder Fleischbrühe in einem Topf erhitzen. Den Gewürzbeutel und die Kräuter dazugeben und die Hähnchenkeulen sowie die Kalbszunge bei mäßiger Hitze darin 50-60 Minuten köcheln lassen.
• In der Zwischenzeit die Zwiebeln, den Lauch, die Karotten, den Sellerie und die Kartoffeln putzen. Je nach Bedarf in mundgerechte Stücke schneiden.
• Die Butter oder Margarine in einer Auflaufform erhitzen und die geschälten und gehackten Knoblauchzehen darin anschwitzen, das Gemüse dazugeben und kurz mitschwitzen, mit dem Weißwein ablöschen, mit der Hellen Sauce auffüllen, mit Zitronensaft und Worcestersauce würzen und mit Salz, Pfeffer, Muskat und Cayennepfeffer kräftig abschmecken.
• Die Hähnchenkeulen und die Zunge aus dem Sud nehmen, die Zunge in Scheiben schneiden und beides in den Auflauf geben. Mit dem geriebenen Käse bestreuen und im auf 180-200° C vorgeheizten Backofen 20-30 Minuten backen. Den Schlemmerkessel herausnehmen, anrichten, ausgarnieren und servieren.

Sauerkraut-Gratin

• 1-2 EL Butterschmalz • 2 Zwiebel • 2 Paar geräucherte Würstchen • 400 g Sauerkraut • 1 Schuss Weißwein • 2 Lorbeerblätter • einige Wacholderbeeren • einige Pfefferkörner • 1 Tasse Gemüsebrühe • 4 Scheiben Ananas • 400 g gekochte Kartoffeln • Salz • Pfeffer aus der Mühle • 1 Bund Schnittlauch • 250 g geriebenen Butterkäse

• Das Butterschmalz in einer Pfanne erhitzen und die fein gehackten Zwiebeln darin glasig schwitzen.
• Die Würstchen in Scheiben schneiden, zu den Zwiebeln geben und unter ständigem Rühren braten.
• Das zerpflückte Sauerkraut waschen, gut abtropfen lassen, zu den Zwiebeln geben und unter ständigem Rühren kurz braten.
• Mit Weißwein ablöschen, die Lorbeerblätter, die Wacholderbeeren und die Pfefferkörner dazugeben, mit der Gemüsebrühe auffüllen und bei mäßiger Hitze 20-25 Minuten dünsten.
• Die Ananasscheiben würfeln, die Kartoffeln pellen und in Scheiben schneiden, mit dem Sauerkraut in eine ausgefettete Auflaufform geben, mit Salz, Pfeffer und dem fein geschnittenen Schnittlauch bestreuen.
• Mit dem geriebenen Käse überziehen und im auf 180-200° C vorgeheizten Backofen in 30-40 Minuten garen. Herausnehmen, anrichten, ausgarnieren und servieren.

Gratin mit Mandelkruste

• 80 g gehackte Mandeln • 150 g geriebenen Emmentaler • 4 Scheiben Vollkornbrot • 2-3 EL Butter oder Margarine • 2 Zwiebeln • 500 g gekochte Kartoffeln • 500 g säuerliche Äpfel • 2 Becher Sahnedickmilch • 2 Eier • Salz • Pfeffer aus der Mühle • 1 Prise Muskat • 1 Prise Cayennepfeffer • 1 Bund Petersilie • Butter oder Margarine zum Ausfetten

• Die gehackte Mandeln mit dem Käse und dem geriebenen Vollkornbrot in einer Schüssel vermischen und bereitstellen.
• Die Butter oder Margarine in einem Topf erhitzen und die geschälten und fein gehackten Zwiebeln darin glasig schwitzen.
• Die Kartoffeln pellen, die Äpfel schälen und entkernen, beides in Scheiben schneiden und mit den Zwiebeln in eine ausgefettete Gratinform geben.
• Die Sahnedickmilch mit den Eiern verrühren, mit Salz, Pfeffer, Muskat und Cayennepfeffer abschmecken und die gehackte Petersilie unterziehen.
• Die Sahnedickmilch über die Kartoffeln gießen und das Ganze mit der Mandel-Brot-Mischung abdecken.
• Den Auflauf im auf 180-200° C vorgeheizten Backofen 20-25 Minuten knusprig backen. Das Kartoffelgratin mit Brotkruste anrichten, ausgarnieren und servieren.

Schafskäsegratin

• 1 kg mehlig kochende Kartoffeln • Salzwasser • 1-2 EL Kümmel • 2 Lorbeerblätter • 2 Zwiebeln • 2-3 EL Butter oder Margarine • 100 g Frühstücksspeck • 1/4 l Milch • 1/4 l Sahne • Salz • Pfeffer • 1/2 TL Kümmel • 1 Tasse gemischte, gehackte Kräuter • 200 g Schafskäse

• Die Kartoffeln waschen, mit dem Salzwasser, dem Kümmel und den Lorbeerblättern in einen Topf geben und in 20-25 Minuten garen. Die Kartoffeln abgießen, leicht abkühlen lassen, pellen und in feine Scheiben schneiden.
• Die Zwiebeln schälen und fein hacken. Eine Auflaufform mit der Butter oder Margarine ausfetten und die Kartoffeln, die Zwiebeln sowie den in Streifen geschnittenen Frühstücksspeck darin schichtweise anrichten.
• Die Milch mit der Sahne, dem Salz, dem Pfeffer und dem Kümmel kräftig abschmecken und die gehackten Kräuter untermischen.
• Den gewürfelten Schafskäse unter die Sahnemischung rühren und das Ganze gleichmäßig über die Kartoffeln verteilen.
• Das Schafskäsegratin in den auf 180-200° C vorgeheizten Backofen schieben und 25-30 Minuten garen. Herausnehmen, anrichten, ausgarnieren und servieren.

Kartoffel-Lauch-Auflauf

• 500 g gekochte Kartoffeln • 500 g Lauch • 2-3 EL Butter oder Margarine • 1 Becher Crème fraîche • 1 Becher Joghurt • 2 Eier • Salz • Pfeffer aus der Mühle • 1 Prise Cayennepfeffer • 1 EL Kräuter der Provence • 300 g geriebenen Emmentaler •einige Butter- oder Margarineflöckchen • 2-3 EL Zwiebackbrösel

• Die Kartoffeln pellen und grob raspeln. Den Lauch putzen, waschen und in dünne, schräge Scheiben schneiden.
• Eine Auflaufform mit Butter oder Margarine ausfetten, den Lauch und die Kartoffeln einfüllen.
• Die Crème fraîche mit dem Joghurt und den Eiern in einer Schüssel verschlagen, mit Salz, Pfeffer, Cayennepfeffer, Kräuter der Provence abschmecken.
• Die Masse gleichmäßig auf dem Auflauf verteilen, den geriebenen Käse darauf streuen, mit Butterflöckchen belegen und mit Zwiebackbröseln bestreuen.
• Den Auflauf im auf 180-200° C vorgeheizten Backofen zugedeckt 20-25 Minuten garen, herausnehmen, anrichten, ausgarnieren und servieren.

Grünkohl-Speck-Auflauf

• 1-2 EL Butterschmalz • 2 Zwiebeln • 250 g durchwachsenen, geräucherten Speck • 1 Kopf Grünkohl • 3/8 l Gemüsebrühe • 1 Lorbeerblatt • Salz • Pfeffer • 1 Prise Kümmel • 1 Prise Muskat • 1 kg mehlig kochende Kartoffeln • 1/4 l Milch • 1/2 Becher Sahne • 2 Eier • 250 g geriebenen Tilsiter • Butter zum Ausfetten • 1 Bund Petersilie

• Das Butterschmalz in einer Pfanne erhitzen und die fein gehackten Zwiebeln darin glasig schwitzen.
• Den in feine Würfel geschnittenen Speck zu den Zwiebeln geben und kurz mitbraten. Den geputzten und fein gehobelte Grünkohl dazugeben und unter ständigem Rühren 10-15 Minuten braten.
• Mit der Brühe auffüllen, die Gewürze dazugeben und bei mäßiger Hitze 15-20 Minuten köcheln lassen.
• Die Kartoffeln in Salzwasser garen, abgießen, pellen und in Scheiben schneiden.
• Den Grünkohl und die Kartoffeln mit 2/3 des Käses in eine ausgefettete Auflaufform schichten. Die Milch mit der Sahne, den Eiern und dem restlichen Käse vermischen, abschmecken und auf dem Auflauf verteilen.
• Im auf 180-200° C vorgeheizten Backofen 30-35 Minuten backen.
• Den Auflauf herausnehmen, mit gehackter Petersilie bestreuen, ausgarnieren und servieren.

Spargel-Auflauf

• 500 g Kartoffeln • Salzwasser • 1-2 EL Kümmel • 1-2 EL Butter • 1 Zwiebel • 1 Bund Suppengrün • 500 g bissfest gegarten Spargel • 1 Schuss Weißwein • 1/4 l Gemüse- oder Fleischbrühe • Salz • Pfeffer • 1 Prise Zucker • einige Tropfen Zitronensaft • 250 g Joghurt • 1 Becher Sahne • 2 Eier • 125 g geriebenen Gouda • 1 Bund Schnittlauch

• Die Kartoffeln in Salzwasser mit Kümmel in 20-25 Minuten garen, abgießen, leicht erkalten lassen, pellen und in Scheiben schneiden.
• Die Butter in einer Pfanne erhitzen und die fein gehackte Zwiebel sowie das klein geschnittene Suppengrün darin glasig schwitzen.
• Den Spargel in mundgerechte Stücke schneiden, dazugeben und mitschwitzen, mit Weißwein ablöschen und mit der Brühe auffüllen.
• Den Spargel bissfest garen, mit Salz, Pfeffer, Zucker und Zitronensaft abschmecken, mit den Kartoffeln vermischen und in eine ausgefettete Auflaufform schichten.
• Den Joghurt mit der Sahne und den Eiern verschlagen, den geriebenen Käse untermischen, mit Salz, Pfeffer und Zucker abschmecken und gleichmäßig auf dem Auflauf verteilen.
• Den Auflauf im auf 180-200° C vorgeheizten Backofen 20-25 Minuten backen, herausnehmen, anrichten, mit dem in Röllchen geschnittenen Schnittlauch bestreuen, ausgarnieren und sofort servieren.

Vegetarischer Fenchelauflauf

•600 g Kartoffeln • 600 g Fenchel • 2 Zwiebeln • 1/8 l Milch • 1/8 l Weißwein • 1 Becher Sahne • 2-3 Eier • 200 g geriebenen Butterkäse • Salz • Pfeffer aus der Mühle • 1 EL gehacktes Fenchelgrün • 1-2 EL Sonnenblumenkerne • 75 g Butter oder Margarine

• Die Kartoffeln schälen und den Fenchel in mundgerechte Stücke schneiden.
• Die Zwiebeln schälen und fein hacken.
• Die Kartoffeln, den Fenchel und die Zwiebel schichtweise in eine ausgefettete Auflaufform geben.
• Die Milch, mit dem Weißwein, der Sahne und den Eiern verschlagen, die Hälfte des Käses unterziehen, mit Salz und Pfeffer abschmecken und das gehackte Fenchelgrün unterziehen.
• Die Eiermilch auf dem Auflauf verteilen, mit dem restlichen Käse und den Sonnenblumenkerne bestreuen.
• Die Butter oder Margarine in Flöckchen darauf setzen und das Ganze im auf 180-200° C vorgeheizten Backofen in 30-40 Minuten garen.
• Den Auflauf herausnehmen, dekorativ anrichten, ausgarnieren und servieren.

Frischkäseauflauf mit Kartoffeln

• 800 g Kartoffeln • Salzwasser • 1-2 EL Kümmel • 1-2 EL Butter oder Margarine • 2 Zwiebel • 500 g gemischtes, küchenfertiges Gemüse (Erbsen, Karotten, Mais) • 1 Schuss Weißwein • 1 Tasse Gemüsebrühe • Salz • Pfeffer • 1 Prise Muskat • 1 Prise Cayennepfeffer • 250 g Kräuterfrischkäse • 1 Becher saure Sahne • 2 Eier • 125 g geriebenen Käse • 1 Bund Petersilie

• Die Kartoffeln im Salzwasser mit Kümmel in 20-25 Minuten garen.
• Die Kartoffeln abgießen, erkalten lassen, pellen und in Scheiben schneiden.
• Die Butter oder Margarine in einer Pfanne erhitzen und die geschälten und fein gehackten Zwiebeln darin glasig schwitzen.
• Die Karotten, die Erbsen und den Mais dazugeben und kurz mitschwitzen, mit Weißwein ablöschen, mit der Brühe auffüllen und kurz garen.
• Mit Salz, Pfeffer, Muskat und Cayennepfeffer abschmecken, mit den Kartoffeln vermischen und in eine ausgefettete Auflaufform schichten.
• Den Frischkäse mit der sauren Sahne und den Eiern verschlagen, den geriebenen Käse untermischen, mit Salz, Pfeffer und Muskat abschmecken und gleichmäßig auf dem Auflauf verteilen.
• Den Auflauf im auf 180-200° C vorgeheizten Backofen 20-25 Minuten backen, herausnehmen, anrichten, mit frisch gehackter Petersilie bestreuen, ausgarnieren und servieren.

Eisbombe „Fantasia“

• 2 dünne , fertige Biskuitboden • 1 Tasse Orangenlikör • 1/2 Tasse Maraschino • 500 g gemischte Früchte (Pfirsiche, Nektarinen, weiße und blaue Weintrauben, Kiwis, Mangos u.s.w.) • Saft von 1 Zitrone • 1 Päckchen Vanillezucker • 1 Tasse Rumrosinen • 1 Glas Nussnugatcreme • 1 Schuss Sahne • 4 cl weißen Rum • Zucker nach Geschmack • 4 Portionen gemischte Eiscreme • 4 Eiweiß • 100 g Zucker • Belegkirschen, kandierte Früchte, Kokosflocken, Pistazien • 6-8 große Sternwerfer

• Einen Biskuitboden mit Orangenlikör und Maraschino beträufeln.
• Die Früchte entsprechend vorbereiten, in Würfel schneiden, in eine Schüssel geben und vermischen, mit Zitronensaft beträufeln und mit Vanillezucker aromatisieren.
• Die Rumrosinen untermischen und mit Rum verfeinern. Mit Zucker süßen.
• Den zweiten Boden in eine ausgefettete Auflaufform legen und dick mit Nussnugatcreme bestreichen. Die Früchte und das gemischte Eis gleichmäßig darauf verteilen.
• Mit dem getränkten Boden das Ganze vollständig abdecken. Das Eiweiß steif schlagen und den Zucker einrieseln lassen.
• Die Eisbombe damit gleichmäßig überziehen. Mit Belegkirschen und kandierten Früchten ausgarnieren und unter dem Grill oder bei sehr starker Oberhitze goldgelb überbacken. Herausnehmen und frosten.
• Vor dem Servieren mit Kokosflocken und Pistazien bestreuen. Die Sternwerfer in die Eisbombe stecken, anzünden und sofort servieren.

Hirseauflauf mit Rosinen

• 1 EL Butter oder Margarine • 75 g Hirse • 1/4 l Milch • 1 Prise Salz • Saft von 1 Zitrone • 1 Schuss Sahne • 2-3 EL Honig • 2 Eigelb • 1 TL Zimtpulver • 1 Tasse eingeweichte Rosinen • 1/2 Glas Nussnugatcreme • 1 Becher Sahnedickmilch • 2 Eiweiß • 1 Prise Salz • Butter oder Margarine zum Ausfetten • Semmelbrösel zum Bestreuen • 600 g fein säuerliche Äpfel • Saft von 1 Zitrone • 1/4 l Apfelsaft • Honig zum Süßen • Melissenblätter zum Garnieren

• Die Butter oder Margarine erhitzen und die gewaschene Hirse darin andünsten.
• Mit der Milch auffüllen, das Salz, den Zitronensaft und die Sahne dazugeben und mit der Hirse etwa 20 Minuten ausquellen lassen.
• Den Hirsebrei mit Honig süßen, das Eigelb einrühren, vom Feuer nehmen und erkalten lassen.
• Das Zimtpulver, die eingeweichten Rosinen, die Nussnougatcreme und die Sahnedickmilch unter den Hirsebrei rühren.
• Das Eiweiß mit Salz steif schlagen und unter den Brei heben.
• Eine Auflaufform mit Butter oder Margarine ausfetten und mit Semmelbröseln bestreuen. Den Hirseteig glatt streichen und im auf 180-200° C vorgeheizten Backofen 25-30 Minuten backen.
• Die Äpfel schälen, entkernen, in Stücke schneiden und mit dem Zitronen- und dem Apfelsaft bissfest garen, mit Honig süßen und bereitstellen.
• Den Hirseauflauf anrichten, das Apfelkompott dazugeben, mit Melissenblättchen garnieren und servieren.

Schneller Apfel-Reis-Auflauf

• 4 Eigelb • 1/2 Glas Nussnugatcreme • 600 g fertigen Milchreis • 4 Eiweiß • 1 Prise Salz • 4 säuerliche Äpfel • Saft von 1 Zitrone • Butter oder Margarine zum Ausfetten • 4 EL Johannisbeergelee • 1 Tasse Mandelstifte • Butterflöckchen zum Belegen

• Das Eigelb in eine Schüssel geben und schaumig schlagen, die Nussnugatcreme kräftig darunter schlagen.
• Den Milchreis in eine Schüssel geben und die Eicreme darunter ziehen. Das Eiweiß mit etwas Salz steif schlagen und vorsichtig unter den Milchreis heben.
• Die Äpfel schälen, entkernen und mit Zitronensaft beträufeln. Eine Auflaufform mit Butter oder Margarine ausfetten und die Äpfel hinein setzen.
• Das Johannisbeergelee in die Apfelöffnungen füllen und den Milchreis um die Äpfel verteilen. Das Ganze mit den Mandelstiften bestreuen und die Butterflöckchen darauf setzen.
• Den Apfel-Reis-Auflauf im auf 180-200° C vorgeheizten Backofen 30-40 Minuten backen, herausnehmen, ausgarnieren, anrichten und servieren.

Apfelauflauf mit Streuseln

• 2 EL Butter oder Margarine • 4 säuerliche Äpfel • Saft von 1 Zitrone • 4 cl weißen Rum • 100 g Rumrosinen • 30 g gehackte Mandeln • 30 g gehackte Haselnüsse • 1 Päckchen Vanillezucker • 1/2 Glas Nussnugatcreme • 1 Becher Sahne • 300 g Mehl • 200 g Butter oder Margarine • 150 g Zucker • 1/2 l Vanillesauce • 1/2 Becher geschlagene, gesüßte Sahne

• Eine Auflaufform ausfetten. Die Äpfel schälen, entkernen und in Scheiben schneiden. Mit Zitronensaft und Rum beträufeln. Die Sahne mit der Nussnougatcreme glatt rühren und gleichmäßig über die Äpfel verteilen.
• Die Äpfel in die Auflaufform schichten, die Rumrosinen, die Mandeln und die Haselnüsse mit dem Vanillezucker darüber streuen.
• Das Mehl auf eine Arbeitsfläche sieben, die Butter oder Margarine in Flöckchen darauf setzen und den Zucker darüber streuen.
• Das Ganze mit bemehlten Händen zu Streuseln verarbeiten.
• Die Streusel gleichmäßig auf die Äpfel verteilen und das Ganze im auf 180-200° C vorgeheizten Backofen 40-45 Minuten backen.
• Nach Ende der Garzeit den Apfelauflauf herausnehmen, anrichten, mit heißer Vanillesauce überziehen und mit der geschlagenen Sahne garniert servieren.

Kirschgratin

• 500 g Kirschen • Butter und Zucker für die Form • 3 Eier • 200 ml Milch • 60 g Mehl • 2-3 EL Zucker • 1 TL Vanillezucker • Butaris Butterschmalz • Puderzucker zum Bestäuben • Zitronenmelisseblättchen zum Garnieren

• Die Kirschen waschen und entkernen.
• Eine emaillierte Pfanne mit Butter ausfetten und mit Zucker ausstreuen.
• Ein Ei trennen und das Eiweiß zu steifem Schnee schlagen.
• Die Milch mit dem Mehl, den ganzen Eiern und dem Eigelb sowie dem Zucker und dem Vanillezucker zu einem glatten Teig rühren und 25 Minuten ruhen lassen.
• Das Butterschmalz schmelzen und lauwarm unter den Teig rühren. Den Eischnee locker unterheben.
• Die Teigmasse in die Pfanne gießen, die Kirschen darauf legen und einsinken lassen. Das Ganze 3-4 Minuten auf dem Herd braten, dann unter dem Grill 3-4 Minuten Farbe nehmen lassen.
• Herausnehmen, mit Puderzucker bestäuben, mit Zitronenmelisseblättchen ausgarnieren und sofort servieren.

Schokomilchreis mit Früchten

• 1/2 l Milch • 1 Prise Salz • 1 Päckchen Vanillezucker • 1 EL geriebene Zitronenschale • 50 g Butter oder Margarine • 125 g Rundkornreis • 2 Eigelb • 1/2 Glas Nussnugatcreme • 100 ml Sahne • 4 Portionen Fruchtcocktail • 4 EL Zucker • 1 TL Zimtpulver • Pfefferminzzweige zum Garnieren

• Die Milch in einem Topf zum Kochen bringen. Mit Salz, Vanillezucker und Zitronenschale aromatisieren.
• Die Butter oder Margarine schaumig schlagen und unter die Milch rühren. Den Rundkornreis waschen, gut abtropfen lassen und in die Milch geben.
• Den Reis bei mäßiger Hitze und unter ständigem Rühren in 18-20 Minuten ausquellen lassen.
• Den Milchreis nochmals durchrühren, das Eigelb mit der Nussnugatcreme und der Sahne vermischen und darunter ziehen.
• Den Fruchtcocktail gut abtropfen.
• Den Milchreis nochmals mit Zucker süßen und dekorativ anrichten.
• Zucker und Zimt miteinander vermischen und den Reis damit bestreuen. Mit Pfefferminzzweigen garnieren und sofort servieren.

Feiner Brotpudding

• 4 altbackene Brötchen • 1/8 l Milch • 1 Tasse Sahne • 1 Päckchen Vanillezucker • 1 EL geriebene Orangenschale • 1 Tasse gehackte Mandeln • 75 g Rumrosinen • 100 g Butter oder Margarine • 1 Glas Nussnugatcreme • 4 Eigelb • 4 Eiweiß • 1 Prise Salz • Butter oder Margarine zum Ausfetten

• Die Brötchen mit einem scharfen Messer in feine Scheiben schneiden, in eine Schüssel geben, mit der Milch und der Sahne begießen und 5-10 Minuten ziehen lassen.
• Den Vanillezucker und die Orangenschale, die Mandeln sowie die Rumrosinen untermischen.
• In einer Schüssel die Butter oder Margarine mit der Nussnougatcreme schaumig schlagen.
• Das Eigelb nach und nach unter die Butter-Nussnugatcreme-Mischung rühren. Die Eigelbmasse unter die Brötchenmasse ziehen. Das Eiweiß mit dem Salz steif schlagen und unter die Brotmasse heben.
• Eine Auflaufform mit der Butter oder Margarine ausfetten und die Brotmasse einfüllen.
• Im auf 180-200° C vorgeheizten Backofen 20-25 Minuten backen. Herausnehmen, anrichten und mit Vanillesauce oder Fruchtmark servieren.

Gefüllte Äpfel

• 4 mittelgroße Äpfel • Saft von 1 Zitrone • 100 g Nussnougatcreme • 4 EL Rumrosinen • 2-3 EL Crème fraîche • 1 Glas Weißwein • 1/2 Tasse Marsala • etwas Weinbrand • Zucker nach Geschmack • 2 EL Butter oder Margarine • 2 EL Pistazienkerne • 2 EL Pinienkerne

• Die Äpfel schälen und mit einem Ausstecher das Kerngehäuse herauslösen. Die Äpfel mit Zitronensaft beträufeln und bereitstellen.
• Die Nussnugatcreme mit den Rumrosinen und der Crème fraîche vermischen und in die Äpfel füllen.
• Den Weißwein mit dem Marsala in eine Auflaufform geben. Mit Weinbrand aromatisieren und mit Zucker süßen.
• Die Äpfel in den Sud stellen, mit Butter- oder Margarineflöckchen belegen, im auf 180-200° C vorgeheizten Backofen 15-20 Minuten backen, anrichten, mit der Sauce überziehen, mit Pistazien- und Pinienkernen bestreut servieren.

Zimtnudeln mit Erdbeercreme

• 3-4 EL Butter oder Margarine • 4 EL Zucker • 1 Glas Orangensaft • 1 EL Zimtpulver • 1/2 Glas Nussnougatcreme • 500 g bissfest gegarte Bandnudeln • 400 g gemischte, frische Früchte • 1 Becher Sahne • einige Tropfen Erdbeerlikör • 100 g geriebenen Butterkäse • 100 g Mozzarellakäse • Melissenzweige zum Garnieren

• Die Butter oder Margarine in einer Pfanne erhitzen und den Zucker darin karamelisieren lassen. Den Orangensaft angießen und den Zuckerkaramel loskochen.
• Mit Zimtpulver und Nussnougatcreme aromatisieren, die Nudeln dazugeben und kräftig durchschwenken.
• Die Früchte verlesen, waschen, gut abtropfen lassen, mit der Sahne, dem Erdbeerlikör und dem Käse vermischen und mit Zucker nach Geschmack süßen.
• Die Früchte in eine ausgefettete Auflaufform geben und mit dem in Scheiben geschnittenen Mozzarellakäse belegen, im auf 180-200° C vorgeheizten Backofen 5-10 Minuten backen, anrichten, mit Melissenzweigen garniert und servieren.

Fruchtcocktail mit Cremehaube

• 1 kleine Honigmelone • 2 Nektarinen • 2 Kiwifrüchte • 2 Birnen • Saft von 1 Zitrone • 4 cl Maraschinolikör • 2 Päckchen Vanillezucker • Zucker nach Geschmack • 50 g gehackte Walnüsse • 50 g Pinienkerne • 2 EL Pistazienkerne • 2 Eiweiß • 1/2 Glas Nussnugatcreme • 1 Schuss Sahne • Schokostreusel und Borkenschokolade zum Bestreuen

• Die Honigmelone halbieren und mit einem Teelöffel das Kerngehäuse herausschaben. Das Fruchtfleisch auslösen und in Würfel oder Scheiben schneiden.
• Die Nektarinen waschen, halbieren, den Kern herauslösen und das Fruchtfleisch ebenfalls klein schneiden.
• Die Kiwifrüchte schälen und in feine Scheiben schneiden.
• Die Birnen schälen, entkernen, in Scheiben schneiden und mit Zitronensaft beträufeln.
• Die Früchte in eine Schüssel geben und vorsichtig miteinander vermischen. Mit Orangenlikör und Vanillezucker aromatisieren und 10-15 Minuten ziehen lassen.
• Den Fruchtsalat je nach Geschmack mit Zucker süßen. Die Walnüsse, die Pinienkerne und die Pistazien untermischen.
• Das Eiweiß in einer Schüssel steif schlagen, die Nussnugatcreme mit der Sahne glatt rühren, unter den Eischnee ziehen.
• Die Früchte in eine Auflaufform geben, mit der Eiweißmasse überziehen und unter dem Grill überbacken. Herausnehmen, mit Schokostreuseln und Borkenschokolade bestreuen und servieren.

Überbackene Sternfrüchte

• 1/2 l Milch • 2 Vanilleschoten • 3 Eigelb • 1 EL Speisestärke • 1/2 Glas Nussnugatcreme • 4 cl Eierlikör • 8 Sternfrüchte • 250 g frische Datteln • 4-6 cl Maracujalikör • Zucker nach Geschmack

• Die Milch in einen Topf geben und zum Kochen bringen.
• Die Vanilleschoten aufschlitzen, ausschaben, das Mark und die Schoten in die Milch geben und 4-5 Minuten ziehen lassen.
• Das Eigelb mit der Speisestärke verrühren, zur Milch geben und mit dem Schneebesen so lange schlagen, bis eine dickliche Sauce entstanden ist, zum Schluss die Nussnugatcreme unterziehen und auflösen lassen. Zur Seite stellen und erkalten lassen. Mehrmals umrühren und mit Eierlikör aromatisieren.
• Die Sternfrüchte waschen und in dünne Scheiben schneiden. Die Datteln längs halbieren, den Kern herausholen und das Fruchtfleisch in längliche Schnitze schneiden.
• Die Früchte in eine ausgefettete Auflaufform geben, mit Maracujalikör beträufeln und mit Zucker nach Geschmack bestreuen.
• Mit der Nugatvanillesauce überziehen, im auf 200° C vorgeheizten Backofen 5-10 Minuten backen, anrichten, ausgarnieren und servieren.

Melonensalat mit Rumsahne

• 1 kleine Honigmelone • 1/2 kleine Wassermelone • Saft von 1 Zitrone • einige Tropfen Maraschino • 1 Becher Sahne • 1 Päckchen Sahnesteif • 4 cl Rum • 1/2 Glas Nussnugatcreme • Pfefferminzblättchen zum Garnieren

• Die Honigmelone halbieren und das Kerngehäuse herauslösen. Das Fruchtfleisch mit einem Kugelausstecher ausstechen.
• Die Wassermelone entkernen. Das Fruchtfleisch mit einem Kugelausstecher ausstechen und in eine Schüssel geben.
• Die Früchte mit Zitronensaft und Maraschino beträufeln und im Kühlschrank 10-15 Minuten ziehen lassen. Anschließend im Eisfach kurz frosten.
• Den Melonensalat dekorativ anrichten. Die Sahne mit dem Sahnesteif steif schlagen.
• Den Rum und die Nussnugatcreme unter die Sahne ziehen und den Melonensalat damit garnieren. Mit Pfefferminzblättchen verzieren und sofort servieren.

Feiner Orangenauflauf

• 250 ml Milch • 75 g Butter oder Margarine • 1 EL geriebene Orangenschale • 50 g Speisestärke • Saft von 1 Orange • 4 Eigelb • 4 Eiweiß • 1 Prise Salz • 1/2 Glas Nussnugatcreme • 1 Schuß Sahne • 4 cl Orangenlikör • Butter oder Margarine zum Ausfetten • Zwiebackbrösel zum Bestreuen

• Die Milch mit dem Fett und der Orangenschale in einem Topf einmal aufkochen lassen. Die Speisestärke mit dem Orangensaft glatt rühren und das Eigelb darunter ziehen.
• Eine Tasse Milch abnehmen, etwas abkühlen lassen und unter die Stärkemasse ziehen. Anschließend in die restliche Buttermilch einrühren und nochmals aufkochen lassen.
• Die Masse vom Feuer nehmen und vollständig erkalten lassen. Das Eiweiß mit dem Salz steif schlagen, anschließend die mit der Sahne und dem Orangenlikör glatt gerührte Nussnugatcreme darunter ziehen und unter die Milchcreme rühren.
• Auflaufförmchen ausfetten und mit Zwiebackbröseln bestreuen. Die Masse zu drei Viertel in die Förmchen gießen und in ein Wasserbad in den auf 120° C vorgeheizten Backofen stellen.
• Den Orangenauflauf 15-20 Minuten backen, aus den Förmchen nehmen, ausgarnieren und servieren.

Griessschnitten mit Fruchtcreme

• 1/2 l Milch • 1 Prise Salz • 40 g Zucker • 20 g Butter • 100 g Grieß • 40 g gemahlene Mandeln • 2 Eier • 1-2 EL geriebene Orangenschale • Semmelbrösel zum Panieren • Butter oder Margarine zum Braten • 400 g gemischte frische Früchte • 4 cl Maraschinolikör • 1 Becher Sahne • 1/2 Glas Nussnugatcreme

• Die Milch mit dem Salz, dem Zucker und der Butter zum Kochen bringen.
• Den Grieß und die Mandeln einstreuen und das Ganze unter ständigem Rühren 10 Minuten ausquellen lassen.
• Den Brei vom Herd nehmen, 4-5 EL Grießbrei abnehmen und diesen mit einem Ei und der Orangenschale in einem Becher verquirlen.
• Die Eimasse unter den Brei heben und alles nochmals 10 Minuten ruhen lassen.
• Anschließend den Teig auf ein kalt abgespültes Blech streichen und nach dem Erkalten in Vierecke, Quadrate oder Rhomben schneiden.
• Die Schnitten zuerst in dem restlichen verquirlten Ei wenden und mit den Semmelbröseln panieren.
• Die Butter oder Margarine in einer Pfanne erhitzen und die Grießschnitten darin auf beiden Seiten goldgelb braten.
• Die vorbereiteten Früchte nach Bedarf klein schneiden, in eine Schüssel geben und mit dem Likör beträufeln. Die Sahne mit der Nussnougatcreme glatt rühren und unter die Früchte ziehen.
• Die Grießschnitten herausnehmen, anrichten, mit der Fruchtcreme überziehen, ausgarnieren und servieren.

Quarkknödel mit Nugatzwetschgen

• 500 g Speisequark • 5 Eier • 1 EL geriebene Zitronenschale • 1 Päckchen Vanillezucker • 4 EL Zucker • 200 g Weizenmehl • 12-16 Stück Würfelzucker • 12-16 Zwetschgen • Salzwasser • 400 g Zwetschgen • 2 EL Zucker • 1/4 l Rotwein • 4 cl Zwetschgenwasser • 1/2 Glas Nussnugatcreme

• Den Speisequark mit den Eiern in eine Schüssel geben und glatt rühren.
• Die Zitronenschale, den Vanillezucker und den Zucker dazugeben, schaumig schlagen, bis der Zucker aufgelöst hat.
• Das Weizenmehl sieben und mit dem Quark zu einem glatten, geschmeidigen Teig verarbeiten.
• Portionsweise Knödel abdrehen, den Würfelzucker in die geputzten, entkernten, halbierten Zwetschgen füllen und je eine Zwetschge in den Knödel einarbeiten.
• Salzwasser zum Kochen bringen. Mit Zucker verfeinern und die Knödel 15-20 Minuten gar ziehen lassen.
• Die restlichen Zwetschgen waschen, halbieren, entkernen, in Scheiben schneiden und bereitstellen.
• Den Zucker in einer Pfanne karamelisieren lassen. Mit Rotwein ablöschen und den Zuckerkaramel loskochen.
• Das Zwetschgenwasser mit der Nussnougatcreme einrühren, die Zwetschgen dazugeben und 8-10 Minuten bei mäßiger Hitze ziehen lassen.
• Die Quarkknödel herausnehmen, anrichten, ausgarnieren und sofort servieren.

Bratbirnen mit Avocadoschaum

• 4 mürbe, aromatische Birnen • Saft von 1 Zitrone • 1/2 Glas Nussnugatcreme • 2 EL Sultaninen • 2 EL Mandelsplitter • einige Tropfen Weißwein • 50 g Butter • 200 g Frischkäse • 2 Avocados • Saft von 1 Zitrone • 4 cl Orangenlikör • 1 Päckchen Vanillezucker • Zucker nach Geschmack

• Die Birnen waschen, trockentupfen und das Kerngehäuse großzügig herausstechen.
• Mit einer Gabel die Birnen mehrmals einstechen und anschließend mit Zitronensaft beträufeln.
• Die Nussnugatcreme mit den Sultaninen und den Mandelsplittern vermischen und die Birnen damit füllen.
• Die Birnen in eine ausgefettete Auflaufform setzen und mit Weißwein beträufeln. Die Butter in Flöckchen darauf setzen und im Backofen 10-15 Minuten garen.
• In der Zwischenzeit den Frischkäse in eine Schüssel geben, die Avocado schälen, halbieren, den Kern herauslösen und mit einer Gabel das Fruchtfleisch zerdrücken.
• Das Avocadofruchtfleisch mit Zitronensaft sofort beträufeln, mit dem Orangenlikör und dem Vanillezucker unter den Frischkäse rühren.
• Den Avocadoschaum mit Zucker nach Geschmack süßen. Die Bratbirnen anrichten, mit dem Avocadoschaum überziehen, ausgarnieren und servieren.

Schneller Keksauflauf

• 1 Packung Butterkekse • Butter für die Form • 4 Birnen • Zucker nach Geschmack • 1 Prise Zimtpulver • 1 Tasse gemischtes Trockenobst • Butter oder Margarineflöckchen

• Die Butterkekse aus der Packung nehmen, die Hälfte davon in kleine Stücke brechen.
• Entsprechende Auflaufförmchen mit Butter oder Margarine ausfetten und die Keksstückchen gleichmäßig auf dem Boden verteilen.
• Die Birnen schälen, entkernen, in feine Würfel schneiden, mit Zitronensaft beträufeln und mit Zimtpulver bestreuen.
• Das Trockenobst in fein hacken und im Rum marinieren. Abtropfen lassen, unter die Birnen mischen, gleichmäßig auf den Keksen verteilen und anschließend mit den restlichen Keksen abdecken.
• Einige Butterflöckchen obenauf setzen und das Ganze im auf 180-200° C vorgeheizten Backofen 10-15 Minuten backen.
• Den Schnellen Keksauflauf herausnehmen, dekorativ anrichten und servieren.

Vollkornkeksauflauf mit Äpfeln

• 1 Packung Vollkornbutterkekse • Butter für die Förmchen • 4 mürbe Äpfel • einige Tropfen Zitronensaft • Zucker nach Geschmack • 1 Prise Zimtpulver • 1 Tasse Rumrosinen • Butter- oder Margarineflöckchen

• Zubereitung wie „Schneller Keksauflauf"

Butterkeksauflauf mit Pflaumen

• 1 Packung Butterkekse • Butter für die Form • 400 g Zwetschgen • Zucker nach Geschmack • 1 Prise Zimtpulver • 1 Tasse Trockenpflaumen • Butter- oder Margarineflöckchen

• Zubereitung wie „Schneller Keksauflauf"

Palatschinken mit Kirschen

• 3 Eier • 1/4 l Milch • 5 EL Mineralwasser • 100 g Mehl • 3 EL Zucker • 1 Prise Salz • Butterschmalz zum Ausbacken • 2 EL Butter oder Margarine • 2-3 EL Zucker • 1 EL geriebene Zitronenschale • 1/2 Tasse Orangensaft • 1/2 Tasse Kirschsaft • 400 g Süßkirschen • 200 g Mascarpone • 1 Schuss Sahne • 100 g Butterkäse

• Die Eier mit der Milch, dem Mineralwasser, dem Mehl, dem Zucker und dem Salz in eine Schüssel geben und glatt rühren.
• Etwas Butterschmalz in einer Pfanne erhitzen und portionsweise dünne Pfannkuchen ausbacken, herausnehmen und warm stellen.
• In einer anderen Pfanne die Butter oder Margarine erhitzen und den Zucker darin karamelisieren lassen.
• Die Zitronenschale dazugeben, mit Orangensaft und Kirschsaft ablöschen und den Zuckerkaramel loskochen.
• Die gewaschenen, entsteinten Kirschen in die Sauce geben und erhitzen, nicht kochen lassen.
• Die Palatschinken mit dem Mascarpone bestreichen, den Kirschen füllen, zusammenrollen, halbieren und in eine ausgefettete Auflaufform setzen.
• Das Ganze mit dem in Scheiben geschnittenen Butterkäse belegen, Butter oder Margarineflöckchen darauf verteilen und im auf 180-200° C vorgeheizten Backofen 10-15 Minuten backen.
• Die überbackenen Palatschinken herausnehmen, anrichten, ausgarnieren und sofort servieren.

Gemischte Beeren mit Cremeschaum

• 100 g Himbeeren • 100 g Brombeeren • 100 g Blaubeeren • 100 g Erdbeeren • Zucker nach Geschmack • 4 cl Orangenlikör • 4 Eigelb • 1 Tasse Orangensaft • 2 Päckchen Vanillezucker • Saft von 1 Zitrone • 4 EL Zucker • 250 g Mozzarellakäse • 1 Tasse gehackte Nüsse

• Die Beeren verlesen, waschen und gut abtropfen lassen. Je nach Bedarf klein schneiden und in eine Schüssel geben.
• Die Beeren mit Zucker nach Geschmack bestreuen und mit Orangenlikör beträufeln. Im Kühlschrank 5 Minuten marinieren lassen.
• In der Zwischenzeit das Eigelb mit dem Orangensaft, dem Vanillezucker, dem Zitronensaft und dem Zucker in eine feuerfeste Schüssel geben und das Ganze mit dem Schneebesen im Wasserbad oder auf dem Herd aufschlagen.
• Den Schaum vom Feuer nehmen und leicht erkalten lassen, den in feine Würfel geschnittenen Mozzarella und die Hälfte der Nüsse unterrühren.
• Die Beerenfrüchte in einer Auflaufform anrichten. Mit der Creme überziehen und im auf 180-200° C vorgeheizten Backofen 5-10 Minuten backen.
• Die gemischten Beeren mit Cremeschaum herausnehmen, anrichten, ausgarnieren und sofort servieren.

Bananencrêpes

• 200 g Weizenmehl • 1/4 l Milch • 2 Eier • 1 Prise Salz • 1 EL geriebene Zitronenschale • Butter oder Margarine zum Ausbacken • 4 Bananen • Saft von 1 Zitrone • 150 g Magerquark • 2 Eier • 1 EL geriebene Zitronenschale • Honig zum Süßen • Butter oder Margarine zum Ausfetten • 1 Tasse Kokosraspel

• Das Weizenmehl in eine Schüssel geben, die Milch, die Eier, das Salz und die Zitronenschale dazugeben und zu einem glatten Teig verrühren.
• Die Butter oder Margarine in einer Pfanne erhitzen und portionsweise Crêpes ausbacken, herausnehmen und bereitstellen.
• Die Bananen schälen, in Würfel schneiden, mit Zitronensaft beträufeln.
• Den Quark mit den Eiern und der Zitronenschale verrühren, mit Honig nach Geschmack süßen und die Bananen unterziehen.
• Je einen Crêpe mit etwas Bananenquark bestreichen, zusammenrollen und in eine ausgefettete Auflaufform schichten.
• Die Bananencrêpes mit Kokosraspeln bestreuen und im auf 200° C vorgeheizten Backofen 10-15 Minuten garen.
• Nach Ende der Garzeit die Bananencrêpes herausnehmen, dekorativ anrichten, ausgarnieren und sofort servieren.

Pfannkuchenauflauf mit Nussnugat

• 200 g Weizenmehl • 4 Eier • 1/4 l Milch • 1 Prise Salz • 4 EL Mandelblättchen • Butter oder Margarine zum Ausbacken • 4 Bananen • Saft von 1 Zitrone • 250 g Magerquark • 1 Glas Nussnougatcreme • 2-3 EL Mandelsplitter

• Das Mehl in eine Schüssel sieben, die Eier trennen, das Eigelb mit der Milch, dem Salz zum Mehl geben und zu einem glatten Teig verrühren.
• Das Eiweiß mit etwas Salz steif schlagen und mit den Mandelblättchen unter den Teig ziehen. Den Teig an einem warmen Ort 15 Minuten ausquellen lassen.
• Anschließend etwas Butter oder Margarine in einer Pfanne erhitzen, portionsweise den Teig einfüllen und Pfannkuchen ausbacken.
• Die Bananen schälen, der Länge nach halbieren, in Scheibchen schneiden, mit Zitronensaft beträufeln. Den Magerquark mit der Nussnugatcreme in einer Schüssel vermischen.
• Die Pfannkuchen auf eine Arbeitsfläche legen, die Nussnugatfüllung darauf verteilen, glatt streichen, zusammenrollen, in eine ausgefettete Auflaufform setzen.
• Mit den Mandelsplittern bestreuen, im auf 180-200° C vorgeheizten Backofen kurz überbacken, dekorativ anrichten, ausgarnieren und servieren.

Quarkauflauf mit Orangen

• 500 g Quark • 50 g Grieß • 1 TL Backpulver • 75 g Butter oder Margarine • 100 g Zucker • 4 Eigelb • 1 EL geriebene Zitronenschale • 1 EL geriebene Orangenschale • 4 Eiweiß • 1 Prise Salz • Butter oder Margarine zum Ausfetten • 4 Orangen • 1 Tasse Zimtzucker

• Den Quark in eine Schüssel geben und glatt rühren. Den Grieß mit dem Backpulver vermischen und unter den Quark ziehen.
• Die Butter oder Margarine mit dem Zucker, dem Eigelb, der Zitronenschale und der Orangenschale in eine Schüssel geben und zu einem Schaum aufschlagen.
• Den Eischaum unter den Quark heben, das Eiweiß mit dem Salz zu steifem Schnee schlagen und ganz zum Schluß vorsichtig unterziehen.
• Eine Auflaufform mit Butter oder Margarine ausfetten, die Orangen schälen, in Scheiben schneiden und in die Form schichten.
• Die Quarkmasse gleichmäßig darauf verteilen und das Ganze im auf 200° C vorgeheizten Backofen 40-45 Minuten backen.
• Nach Ende der Backzeit den Quarkauflauf mit Orangen herausnehmen, dekorativ anrichten, mit dem Zimtzucker bestreuen, ausgarnieren und sofort servieren.

Überbackene Topfenpalatschinken

• 250 g Topfen • 250 g Mehl • 4 Eigelb • 1 Prise Salz • 1/4 l Milch • 1/4 l Mineralwasser • 1 TL geriebene Orangenschale • 1 TL geriebene Zitronenschale • 4 Eiweiß • 1 Prise Salz • Butterschmalz zum Ausbacken • 250 g Topfen • 2 Eier • 1 Glas Nussnougatcreme • 1 Schuß Sahne • 125 g eingeweichte Rumrosinen • 2 Päckchen Vanillezucker • 100 g Butterkäse • Butter- oder Margarineflöckchen zum Belegen

• Den Topfen in eine Schüssel geben und glatt rühren, das Mehl sieben. Das Eigelb mit dem Salz, der Milch und dem Mineralwasser zum Topfen geben und glatt rühren, das gesiebte Mehl untermischen.
• Die Zitronenschale und die Orangenschale unterziehen, das Eiweiß steif schlagen und vorsichtig unterheben.
• Etwas Butter oder Margarine in einer Pfanne erhitzen und portionsweise Palatschinken ausbacken, heraus nehmen und warm stellen.
• Den Topfen mit den Eiern, der Nussnougatcreme und der Sahne in eine Schüssel geben und glatt rühren, die Rumrosinen unterziehen.
• Die Palatschinken mit der Nussnougatcrememasse bestreichen, zusammenrollen, halbieren und in eine ausgefettete Auflaufform setzen.
• Das Ganze mit dem in Scheiben geschnittenen Butterkäse belegen, Butter- oder Margarineflöckchen darauf verteilen und im auf 180-200° C vorgeheizten Backofen 10-15 Minuten backen.
• Die überbackenen Topfenpalatschinken herausnehmen, anrichten, ausgarnieren und sofort servieren.

Himbeerauflauf

• 750 g frische Himbeeren • 4 EL Zucker • 6 cl Brombeerlikör • 75 g Mandelblättchen • 75 g Butter oder Margarine • 100 g Zucker • 2 EL geriebene Zitronenschale • 4 Eigelb • 1 Tasse Mehl • 1 1/2 TL Backpulver • 1/8 l Milch • 4 Eiweiß • 1 Prise Salz • Butter oder Margarine zum Ausfetten

• Die Himbeeren verlesen, waschen, gut abtropfen lassen und in eine Schüssel geben.
• Mit Zucker bestreuen, mit Brombeerlikör beträufeln und 10 Minuten ziehen lassen. Die Mandelblättchen bereitstellen.
• Die Butter oder Margarine mit dem Zucker, der Zitronenschale und dem Eigelb in eine Schüssel geben und schaumig schlagen.
• Das Mehl mit dem Backpulver vermischen und mit der Milch abwechselnd unter den Eischaum ziehen.
• Das Eiweiß mit dem Salz sehr steif schlagen und zum Schluss unter die Masse heben.
• Eine Auflaufform ausfetten, etwas Teig in die Form geben, zwei Drittel der Himbeeren einfüllen, mit der Masse bedecken, mit den restlichen Himbeeren und den Mandelblättchen bestreuen und im auf 180-200° C vorgeheizten Backofen in 40-45 Minuten backen.
• Nach Ende der Backzeit den Himbeerauflauf herausnehmen, anrichten, ausgarnieren und sofort servieren.

Griessauflauf

• 1 l Milch • 1 Prise Salz • 2 Vanilleschoten • 1 Päckchen Vanillezucker • 250 g Weizengrieß • 1/2 Tasse Himbeersirup • 75 g Butter oder Margarine • 50 g Zucker • 4 Eigelb • 1 EL geriebene Zitronenschale • 1 EL geriebene Orangenschale • 4 Eiweiß • 1 Prise Salz • 2 EL Zucker • Butter für die Form • 1-2 EL Grieß • Butterflöckchen • Erdbeermark • frische Erdbeeren

• Die Milch mit dem Salz und dem ausgeschabten Vanillemark sowie dem Vanillezucker in einen Topf geben und erhitzen.
• Den Grieß einrühren und unter ständigem Rühren ausquellen lassen. Vom Feuer nehmen und leicht erkalten lassen, den Himbeersirup untermischen.
• Die Butter oder Margarine mit dem Zucker und dem Eigelb in eine Schüssel geben und schaumig schlagen. Die Zitronenschale und die Orangenschale untermischen.
• Das Eiweiß mit dem Salz zu steifem Schnee schlagen und anschließend den Zucker unter kräftigem Schlagen einrieseln lassen. Den Grießbrei vorsichtig mit dem Eigelbschaum und dem steif geschlagenen Eiweiß vermischen.
• Eine Auflaufform mit Butter ausfetten und mit Grieß ausstreuen. Die Masse in die Form füllen und glatt streichen. Mit einigen Butterflöckchen belegen und das Ganze im auf 180 bis 200° C vorgeheizten Backofen 50-60 Minuten garen.
• Nach Ende der Garzeit den Grießauflauf herausnehmen und dekorativ anrichten. Mit etwas Erdbeermark überziehen, mit frischen Erdbeeren ausgarnieren und servieren.

Beschwipster Pflaumenauflauf

• 1 Paket Löffelbiskuits • 1 Tasse Pflaumenaperitif • Butter oder Margarine zum Ausfetten • 800 g reife Eierpflaumen • 2-3 EL Zucker • 1/2 Tasse Pflaumensaft • 1/2 Tasse Pflaumenaperitif • 4 Eigelb • 4 EL Mehl • 4 Eiweiß • 1 Tasse Zimtzucker

• Die Löffelbiskuits mit dem Pflaumenaperitif beträufeln, eine Auflaufform mit Butter oder Margarine ausfetten, und die Löffelbiskuits einschichten.
• Die Eierpflaumen waschen, halbieren, entkernen, in Stücke schneiden, mit Zucker bestreuen und 10 Minuten ziehen lassen.
• Die Eierpflaumen mit dem Pflaumensaft und dem Pflaumenaperitif in einen Topf geben und einmal aufkochen lassen. Vom Feuer nehmen und erkalten lassen.
• Das Eigelb mit dem Mehl glatt rühren, das Eiweiß zu steifem Schnee schlagen und vorsichtig unter die Eigelbmasse ziehen.
• Die Eierpflaumen gleichmäßig auf den Löffelbiskuits verteilen, mit der Eimasse bedecken und das Ganze im auf 180-200° C vorgeheizten Backofen in 45 Minuten garen.
• 10 Minuten vor Garende mit Zimtzucker bestreuen und fertig garen.
• Den Beschwipsten Pflaumenauflauf herausnehmen, dekorativ anrichten, ausgarnieren und sofort servieren.

Feiner Semmelpudding

• 4 altbackene Semmeln • 1/8 l Milch • 3-4 EL süße Sahne • 1 Päckchen Vanillezucker • 1 TL geriebene Orangenschale • 4 EL gehackte Mandeln • 75 g Rumrosinen • 100 g Butter • 75 g Zucker • 4 Eigelb • 4 Eiweiß • 1 Prise Salz •Butter oder Margarine für die Form

• Die Semmeln mit einem scharfen Messer in feine Scheiben schneiden, in eine Schüssel geben, mit der Milch und der Sahne begießen und 10 Minuten ziehen lassen.
• Den Vanillezucker, die Orangenschale und die Mandeln mischen.
• Die Butter in eine Schüssel geben und mit dem Zucker schaumig schlagen.
• Das Eigelb nach und nach unter die Butter-Zucker-Mischung rühren.
• Die Eigelbmasse vorsichtig unter die Brötchenmasse ziehen.
• Das Eiweiß mit dem Salz sehr steif schlagen und ebenfalls darunter heben.
• Eine Auflaufform mit der Butter oder Margarine ausfetten und die Semmelmasse einfüllen.
• Im auf 200° C vorgeheizten Backofen 15-20 Minuten backen, anrichten, mit Vanillesauce oder Fruchtmark garniert servieren.

Register

= Fleisch

= Geflügel

= Hack

= Vegetar.

= Fisch

Genehmigte Lizenzausgabe 1997 für
Nikol Verlagsgesellschaft mbH, Hamburg

Druck: Reclam, Ditzingen
Bindung: Sebald Sachsendruck, Plauen
Printed in Germany

ISBN 3-930656-83-3